基础教育改革与发展丛书
（第三辑）

丛书总主编　朱林生

# 区域视角：义务教育均衡发展实践研究

QUYU SHIJAO YIWUJIAOYU
JUNHENG FAZHAN SHIJIAN YANJIU

蒋亦华　何　杰　唐玉辉◎著

苏州大学出版社
Soochow University Press

图书在版编目(CIP)数据

区域视角：义务教育均衡发展实践研究 / 蒋亦华，何杰，唐玉辉著. —苏州：苏州大学出版社，2017.7
(基础教育改革与发展丛书. 第三辑)
ISBN 978-7-5672-2133-8

Ⅰ.①区… Ⅱ.①蒋… ②何… ③唐… Ⅲ.①义务教育—研究—中国 Ⅳ.①G522.3

中国版本图书馆 CIP 数据核字(2017)第 147510 号

书　　名　区域视角：义务教育均衡发展实践研究
著　　者　蒋亦华　何　杰　唐玉辉
责任编辑　张　凝
出版发行　苏州大学出版社
　　　　　(地址：苏州市十梓街 1 号　邮编：215006)
印　　刷　南通印刷总厂有限公司
开　　本　700 mm×1 000 mm　1/16
字　　数　199 千
印　　张　12.5
版　　次　2017 年 7 月第 1 版
　　　　　2017 年 7 月第 1 次印刷
书　　号　ISBN 978-7-5672-2133-8
定　　价　35.00 元

苏州大学出版社网址　http：//www.sudapress.com

# “基础教育改革与发展丛书”第三辑
## 编 委 会

# 总 序

目前，我国正处在从人力资源大国向人力资源强国、从教育大国向教育强国迈进的关键时期，在这特殊的历史阶段，基础教育正面临着一系列重大变革，需要我们用智慧去研究新情况、解决新问题，去创新我们的办学模式、教育模式和教育方法。淮阴师范学院长期坚持服务基础教育的办学理念，形成了鲜明的教师教育办学特色，在办学过程中，与区域中小学以及教育主管部门建立了亲密的战略合作伙伴关系，与基础教育之间建立了一种卓有成效的对话机制，注重在对话中发现问题，并提出解决问题的途径，取得了颇为丰硕的基础教育研究成果，在传承地方优秀教育理念、引领地方基础教育观念更新、推动地方教育与改革发展等方面做出了自身应有的贡献，成为区域基础教育改革与发展的直接参与者与有力推进者。

在这一背景下形成的“基础教育改革与发展丛书”（以下简称“丛书”）既是对该校近年来基础教育研究成果的总结，又是对当地基础教育改革发展的基本走向以及高等师范院校如何更好服务和引领基础教育改革与发展的战略思考。

“丛书”分三辑出版。第一辑为论文汇编，主要涵盖语文、数学、外语、物理、化学、生物、思想政治等学科的课程与教学研究，带有基础性和综合性的课程教学原理研究以及教育管理理论与实践研究。第二辑为专题研究，内容立足当前基础教育和教师教育改革与发展的热点和难点问题，深入、集中研究其中具有重大理论价值和重要实践指导意义的相关问题。第三辑为专著，主要围绕学科教学和基础教育改革与发展中的具有前瞻性、前沿性的深层次理论和实践问题，探索教育教学基本规律。

“丛书”突出彰显了以下几个方面的特点：

“丛书”是淮阴师范学院致力于更新基础教育理念和教师教育观念、引领地方基础教育发展、传承先进教育文化的产物。近年来，我国基础教育改革风起云涌，基础教育理念持续更新，新理念、新观念层出不穷；与之相对应，基础教育师资培养模式等也在持续变革，教师教育观念不断更新，教师教育体系在探索中持续重构。《丛书》体现了淮阴师范学院在基础教育理念和教师教育观念方面所进行的持续探索与努力，必将在推动基础教育改革与发展方面发挥重要作用。

《丛书》是淮阴师范学院从事教师教育的教师们教学相长的产物。书中的研究成果是他们长期思考与实践的结晶，同时《丛书》的编写对其专业成长必然发挥重要的促进作用。通过参与教育科学研究以及《丛书》的编写，他们的专业研究水平得到了很大的提升，同时也对其他教师的专业发展起到积极的示范作用。

《丛书》是淮阴师范学院致力于开放办学的产物。首先，《丛书》的作者队伍包括了淮阴师范学院的在职教师，以及与之有长期合作研究关系的部分淮安市中小学的教师，《丛书》在很大程度上是大学从象牙塔走向社会变革的一线并与变革的实施者直接对话的结果。其次，丛书所涉及的领域，诸如教师素质提高、教师专业发展、义务教育均衡发展、课程资源开发利用、课堂教学改革创新等问题，皆来源于基础教育实践的教育教学改革和学校管理方面的现实问题。再者，《丛书》的研究成果来源于教育实践，是教育理论与教育实践不断融通的产物，它又必将回归教育实践，通过各种方式对基础教育改革与发展实践产生积极影响。

相信《丛书》的出版将在提升淮阴师范学院基础教育研究品位、扩大其社会贡献度与美誉度等方面发挥积极作用，同时也将为全国其他一直致力于和基础教育表里通融、互通共进的师范院校提供参考和增添信心，共同为促进基础教育改革的深化，从而促进整个教育水平的提高做出更大的贡献。

袁振国

2011 年 12 月

于中国教育科学研究院

# 目 录
Contents

## 第一章 义务教育均衡发展的政策与理念



## 第二章 义务教育均衡发展的历史与经验



## 第三章 淮安市推进义务教育均衡发展实践(上)



## 第四章 淮安市推进义务教育均衡发展实践(中)

## 第五章　淮安市推进义务教育均衡发展实践(下)



## 第六章　淮安推进义务教育均衡发展的思考与建议

# 第一章　义务教育均衡发展的政策与理念

20 世纪 90 年代以来，我国义务教育发生了翻天覆地的变化，截至 2007 年底，全国普及九年义务教育的人口覆盖率已达到 99.3%，实现“普九”的县已占全国总县数的 98.5%。“普九”目标的实现，表明我国对保障公民基本受教育权利等方面的认识与实践达到了一个新的水平。我国义务教育的发展在取得巨大成就的同时，也面临着城乡不均衡、区域不均衡和校际不均衡的问题，并且这种不均衡在一些地方和有些方面还有扩大的趋势，已经严重影响了义务教育的公平性，成为当前义务教育发展的主要矛盾。教育公平是社会公平的重要基础和基石，在构建和谐社会、全面建设小康社会的时代背景下，实现义务教育均衡发展，将成为各级政府在新时期发展义务教育的重大政策行动。

## 第一节　义务教育均衡发展的时代背景

### 一、全球化的挑战和知识经济时代的到来

当前，全球化趋势在世界范围内兴起了新的科技革命和信息化浪潮，这使得知识经济不断深化，并日益改变着各国人民的生活和国家之间的竞争格局，教育日益成为国家发展水平和国际竞争能力的决定性因素，并在未来的经济社会发展中发生着巨大的作用，重视教育、优先发展教育已成为各国政府的国家战略。

当今世界的发展充满着巨大的变数，政治、经济、文化、科技的巨大转变使世界变得纷繁复杂，新的世界格局正悄然形成。同时，作为一个整体性的发展过程，应把全球化理解为世界各国、各地区在政治、经济、文化、科技等方面已经形成或正在形成一个相互联系、相互作用、相互依赖的有机整体。在此背景下，要求各个国家的社会发展应当具有全球战略，更加具有开放性。一方面，通过各种途径向世界开放，融入世界全球化的进程；另一方面，主动适应世界开放所带来的变化。对于一个开放的现代社会或者现代国家而言，

教育越来越成为一种重要的社会流动资源，对于个体而言，受教育程度已日益成为获取社会资源的一个重要指标，并已成为向上层社会流动的必备的先决条件。这也就意味着，在全球化的视域下，在开放的现代社会，个人地位的获得已不再依赖于社会的赞助，而是更多地要依靠个人自身的资本（这种资本并非金钱意义上的资本）、努力和成就。这样，教育就更加凸现出它的重要功能，就是平等化的功能。由于存在种种社会差别，全体社会成员不可能处于同一水平的社会位置上，而必然形成各种高低有序的社会层次（即社会学所谓的“社会分层”）。既然存在着社会层次，就可能发生社会成员在社会结构中的位置变动（即社会流动），而在开放的社会，教育能够使得处于弱势状态的人群向上流动，从而增进社会的平等，促进社会的稳定。从这个角度看，教育是弥合社会分化与差异的重要途径。而基础教育是提高全体国民素质，为培养各级各类人才打基础的奠基工程。基础教育遍及城乡，不分地域、民族、阶层，面向全体国民，为每一个国民的终身发展奠定基础。基础教育有如此鲜明的全局性、基础性特征，这就意味着，它不仅是弥合社会分化与差异的重要途径，而且对全体国民素质的提高具有基础性的作用。

全球化既是机遇也是挑战。全球化进程促进了世界各国、各地区经济与社会等各方面更紧密地相互联系与相互依赖。由于信息技术革命的推动和资本流动的加剧，全球化具有在世界范围内促进消除贫困和不平等的潜在力量，它利用新技术推进基础教育的发展。然而，全球化的同时，世界各国也存在着在知识市场中排斥贫困人群和处境不利人群的危险。在一个日益以知识为基础的全球化经济中，那些缺少基础教育机会的国家和家庭面临着进一步被边缘化的危险。在世界各地，教育发展的不平衡现象是客观存在的。国与国之间、一个国家内部不同群体之间，都存在着不同程度的差距。在当今知识经济的社会里，知识成为资本，教育成为创造与聚敛财富的重要手段，从这个意义上说，教育是一种财富，财富就在学习之中。对于个人而言，教育的差异就意味着社会地位与财富的差距，教育也就成为产生这种差距的重要原因。所以，从全球化的视域来看，教育系统的首要目标应是减少来自社会边缘和处境不利阶层的人群在社会上易受伤害的程度，以便打破贫困与排斥现象的恶性循环。而要实现这一目标，基础教育是必须跨越的第一步，基础教育不足或缺乏，必然加剧不平等现象。

由上可见，在全球化视域下，基础教育面临着一种张力。我们应该充分发挥基础教育作为社会发展平衡器、稳定器的作用,增进社会公平,促进社会稳定,尽量减少由于教育因素而造成的贫富分化、社会差异,走基础教育均衡发展之路。只有促进基础教育的均衡发展,才能真正公平地为每个人提供"生活通行证",奠定一个人终身学习的基础。而"教育公平是社会公平的起点和核心环节,其中义务教育的公平是最基本的公平"①。义务教育的均衡发展,正是义务教育制度的底线公平。②

在美国独立之初,其国民教育奠基人杰斐逊提出了一个很明确的理念:衡量教育是否能够造福于一个国家或民族,关键不是看它能造出多少杰出人才,而是要看它能否使大多教人享受必要的教育。这实际上就是公立教育制度建立的一个基本理念,也就是说,衡量教育的好坏不是着眼于培养少数精英,而是要使所有国民的素质普遍得到发展,这是基础教育的功能。③ 显然,在全球化视域下、在知识经济时代,基础教育更需要均衡发展。在此背景下,义务教育的均衡发展研究具有了必要性和现实意义。

### 二、和谐社会建设的推进和社会公平理念的深化

社会公平虽然是一个历史概念,但"人人生而平等"已成为近现代以来世界各国人民追求人身权利和社会公平的至理名言。近年来,公民的社会公平意识不断加强,公平理念不断深化。教育公平是社会公平的基础,是社会民主思想和教育民主思想的体现。《世界人权宣言》规定,人人都有受教育的权利。我国《义务教育法》规定,凡具有中华人民共和国国籍的适龄儿童、少年,不分性别、民族、种族、家庭财产状况、宗教信仰等,依法享有平等接受义务教育的权利。义务教育均衡发展是保证儿童、少年真正享有平等接受义务教育权利的基础。目前,我国已从法制和现实层面普及了义务教育,保证所有儿童、少年享有平等接受义务教育的权利。但改革开放后,我国经济和社会发展差异扩大,区域间义务教育发展水平的差异明显存在,区域内的差异一度呈现扩大趋势。虽然近年来强调义务教育均衡发展,并有国家层面的制度和经费保障,但差异仍然存在着,而且情况严重。各地区儿童、少年接受义务教育的情况仍然不平等,教育公平和社会公平面临挑战,从而影响社会和谐。

2004 年 9 月,中国共产党十六届四中全会做出的《中共中央关于加强党

---

① 陈小娅. 以科学发展观统领我国基础教育的改革和发展[J]. 教育发展研究,2005,(4).

② 阎光才. 均衡发展:义务教育制度的底线公平[J]. 教育科学研究,2003,(1).

③ 杨东平. 教育是社会发展的平衡器、稳定器[J]. 人民教育,2002,(4).

的执政能力建设的决定》中首次完整提出了“构建社会主义和谐社会”的概念。社会主义和谐社会，是我国社会发展的战略目标，指的是一种和睦、融洽并且各阶层齐心协力的社会状态。在我国构建社会主义和谐社会的进程中，人们对社会公平的关注度迅速提高。社会公平、正义是社会和谐的基本条件，而教育公平是社会公平的基石，是实现社会公平的“最伟大的工具”。要实现教育公平，教育均衡发展就显得尤为重要。推进教育均衡发展不仅是关系国家战略的重大问题，也是坚持科学发展观、落实“以人为本”治国理念的需要。均衡义务教育是教育均衡的基础和底线，义务教育均衡发展是教育均衡发展的首要目标。

为了实现社会和谐，为了促进教育均衡发展，政府的基本公共服务需要加强。2006 年，党的十六届六中全会提出，“完善公共财政制度，逐步实现基本公共服务均等化”；党的十七大报告也明确指出，“缩小区域发展差距，必须注重实现基本公共服务均等化”的奋斗目标。基本公共服务指覆盖全体公民、满足公民对公共资源最低需求的公共服务，涉及义务教育、医疗、住房、治安、社会保障、基础设施、环境保护等方面。基本公共服务均等化是指政府要为社会公众提供基本的、在不同阶段具有不同标准的、最终大致均等的公共物品和公共服务，内涵包括全体公民享有基本公共服务的机会均等、结果大体相等，同时尊重社会成员的自由选择权。① 基本公共服务均等化是缩小区域发展差距的基本要求和主要途径，是构建和谐社会的重要内容，是政府职能转变的方向，政府部门在履行社会管理和公共服务职能的过程中，强调以发展社会事业和解决民生问题为重点，促进基本公共服务均等化。教育是基本公共服务中最重要的领域，在这一国家社会政策背景下，教育均衡发展，尤其是义务教育均衡发展自然要受到政府和社会的重视，而学术研究正可为政府在义务教育均衡发展的决策方面提供支持。

**三、教育均衡发展成为新时期国家教育发展的重要战略**

智利诗人加布里拉·米斯特有一句名言：“我们所需要的很多东西都可以等待，但孩子所需要的东西不能等待。他的骨骼正在成型，他的血液正在生成，他的心灵正在发展。我们不能对他说明天，他的名字就叫今天。”②在人

---

① 陈文权. 十七大以来我国理论界关于“基本公共服务均等化”的讨论综述[J]. 行政学院学报，2008，(5).

② 刘世清. 教育政策伦理问题研究[J]. 教育学术月刊，2009，(6).

的生存问题和温饱问题基本得到解决以后,教育问题就成为人的基本需要。一个人能否成为一个具备现代社会特征的公民,能否理解和享受现代社会的基本文明,能否具备现代人的基本生活质量,取决于他能否受到现代社会的基本教育。教育贫困是处于教育贫困状态的人的贫困,同时也是全社会的贫困。① 国家领导层高瞻远瞩,他们充分认识到教育的意义和作用,多年来一直重视教育发展,近年来,在社会发展达到一定阶段之时,又适时制定了教育均衡发展的战略。

2005 年 5 月,教育部发布《关于进一步推进义务教育均衡发展的若干意见》,提出把义务教育工作的重心进一步落实到办好每一所学校和关注每一个孩子健康成长上来,有效遏制城乡之间、地区之间和学校之间教育差距扩大的势头,积极改善农村学校和城镇薄弱学校的办学条件,逐步实现义务教育的均衡发展。2006 年 6 月修订的《中华人民共和国义务教育法》第六条明确提出,要"促进义务教育均衡发展",从法律的层面确立了义务教育均衡发展的法制保障。2007 年 10 月,中国共产党第十七次全国代表大会也明确提出"优化教育结构,促进义务教育均衡发展"的目标,从而使义务教育均衡发展成为执政党工作的重要目标。2008 年 8 月 29 日,温家宝总理主持召开国家科教领导小组第一次会议,审议并原则通过从而使《国家中长期教育改革和发展规划纲要》制订工作方案,正式启动《国家中长期教育改革和发展规划纲要》研究制定工作,其中包括要研究制定义务教育均衡发展的指导意见。2010 年年初,教育部再次发布《关于贯彻落实科学发展观　进一步推进义务教育均衡发展的意见》,提出了义务教育均衡发展的具体操作办法和阶段性目标,《意见》明确指出,要把在县级行政区域内率先实现均衡为工作重点,大力推进区域内学校与学校之间义务教育均衡发展,积极鼓励有条件的地方努力推进区域与区域之间义务教育均衡发展,力争在 2012 年实现区域内义务教育初步均衡,到 2020 年实现区域内义务教育基本均衡的阶段性目标。2010 年 5 月 5 日国务院常务会议审议并通过了《国家中长期教育改革和发展规划纲要(2010—2020)》,2010 年 7 月 13 至 14 日,中共中央、国务院召开全国第四次教育工作会议,这是在现代化建设进入关键时期、站在教育改革发展新的历史起点上召开的一次重要会议,会议强调了《国家中长期教育改革和发

---

① 袁振国. 教育均衡发展:构建和谐社会的基础[J]. 教育发展研究,2005,(4).

展规划纲要(2010—2020)》的重要意义，对今后十年的教育发展进行了战略部署，对教育尤其是义务教育均衡发展提出了明确的任务要求。

从客观上说，我国区域间的教育差异一时难以大幅度缩小，而区域内的差异则相对容易缩小。由于我国实行以县为主的教育管理体制，县域内教育差异从理论上来说相对最容易缩小。但目前我国许多县域内义务教育的差异仍在加大，资源分配明显不均衡，学生择校的内在需求有增无减。因此，对于全国许多县来说，均衡发展首先需要从思想上加以重视，然后才是从技术上得到实现。事实上，县域内经济和社会发展联系紧密，以县为主的基础教育管理体制使得县域内义务教育均衡发展可以作为全国尺度义务教育均衡发展的突破口，成为现阶段教育发展的重要任务。然而，思想上的统一认识和下定决心难，技术上的实现要相对容易。所以，义务教育均衡发展需要提供技术，同时更需要统一思想，这是国家教育发展战略背景下的迫切需求。

### 四、省级统筹以县为主的义务教育财政管理体制的确立

新中国成立以来，我国的教育财政管理体制经历了几次变革。财政体制对教育经费区域均衡起着非常重要的作用。教育作为一种公共资源，其均衡首先是资源分配的均衡。[①] 一个地区占有的教育资源，可以从该地区每年获得的教育经费总收入来衡量，而教育经费水平又能反映教育发展的水平，因此，地区教育经费的均衡性可以反映地区教育发展的均衡性。

回顾我国教育经费的筹集和管理体制，自 1949 年到 20 世纪 80 年代中期，作为教育公共品的唯一供给者，中央政府提供着教育服务的财政支出，而地方政府则作为中央政府的代理人落实教育公共品的供给，因此教育经费在地区间差别不大，教育发展也较为均衡。改革开放以来，我国在经济发展上采取了非均衡发展的战略，使区域经济差异扩大，教育的发展在很大程度上是受经济发展制约的，所以教育发展不均衡的问题在改革开放后开始加剧，尤其是 20 世纪 80 年代后期教育投资与教育管理权限下放给地方之后，各地方政府也向更下一级的政府转移教育供给事权，各级地方政府财政能力的巨大差距使教育发展不均衡问题更为突出。因此，在建设社会主义和谐社会的大背景下，中央和省级政府有必要通过某些途径来平衡地区间的教育财政差

---

① 祁毓.区域公平背景下我国财政对教育支持的绩效变迁及路径再完善——基于泰尔指数及其分解的视角[J].地方财政研究，2009，(8).

距,逐步缩小地区间教育发展水平的差异,以维护教育公平。① 义务教育方面,2001 年伴随着农村税费改革的完成,农村教育供给的事权开始部分移回到县,并且从当年开始,我国政府对农村义务教育阶段贫困家庭学生实行了"两免一补"政策。2005 年底,国务院又发布了《关于深化农村义务教育经费保障机制改革的通知》,决定用五年的时间,按照"明确各级责任、中央地方共担、加大财政投入、提高保障水平、分步组织实施"的基本原则,逐步将农村义务教育全面纳入公共财政保障范围。这是以"农村"和"义务教育"为切入点,以中西部地区为突破口,以财政资金为保障而实施的解决目前城乡之间、区域之间教育不均等的重要手段。《通知》还提及,城市义务教育也应逐步完善经费保障机制,具体实施方式由地方确定,所需经费由地方承担。其中,享受城市居民最低生活保障政策家庭的义务教育阶段学生,与当地农村义务教育阶段中小学生同步享受"两免一补"政策;进城务工农民子女在城市义务教育阶段学校就读的,与所在城市义务教育阶段学生享受同等政策。2010 年,我国城市和农村义务教育已经实现了全部免费,对于实施了 24 年的义务教育政策来说,这是一块铭刻着"实至名归"字样的里程碑。

除了实施义务教育经费保障机制改革之外,国家还出台了许多有利于缩小区域间教育资源分布差距过大的政策,这些都从宏观上缩小了区域间的教育差异。从中观上来看,目前我国实行的是以县为主的基础教育财政管理体制,在这一背景下,县域尺度的义务教育均衡发展便有理由成为基础教育均衡发展的首要目标。

### 五、发达省份江苏省对义务教育优质均衡的追求

江苏省是教育大省,也是教育强省,江苏省的义务教育一直在全国处于领先地位。早在 1996 年,江苏省就全面实现了"两基"目标,基本普及了九年义务教育。2003 年,江苏全省小学适龄儿童入学率和在校生巩固率均接近 100%,小学毕业生升学率为 98.7%,初中生毛入学率达 99.2%,7~15 周岁残疾儿童接受九年义务教育入学率为 93%,义务教育事业发展的各项指标均位于全国前列。江苏省在贯彻执行《义务教育法》过程中,创出了一套行之有效的实施义务教育的做法和经验。近年来,义务教育继续向着高水平、高质量和均衡发展的目标迈进。为了切实解决义务教育发展中的深层次矛盾,高

① 魏后凯,杨大利. 地方分权与中国地区教育差异[J]. 中国社会科学 1997,(1).

水平、高质量普及义务教育，促进教育公平。2010 年初，江苏省发布了《实施中华人民共和国义务教育法办法（征求意见稿）》，规定义务教育实行省人民政府统筹规划、县人民政府管理实施的体制。县级以上人民政府应当将义务教育事业纳入国民经济和社会发展规划，加强对本行政区域内义务教育事业的指导和管理，保障义务教育经费、师资、校舍及设施设备供给，合理配置教育资源，缩小城乡之间、区域之间、学校之间办学条件和办学水平的差距，促进义务教育均衡发展。办法还规定县级以上人民政府教育督导机构应当对义务教育均衡发展状况等进行督导，督导报告向社会公布。因此，进行县域义务教育均衡发展研究，提出义务教育均衡发展均衡性测度和评价方法具有现实意义。“征求意见稿”中规定，县级教育行政部门应当根据适龄儿童、少年的数量和分布状况，合理确定本行政区域内义务教育公办学校的施教区，保障所有适龄儿童、少年都可以在其户籍所在地就近入学。确定或者调整公办学校施教区，应当听取当地居民的意见。公办学校施教区确定或者调整后，应当向社会公开。公办学校应当接收施教区内的适龄儿童、少年入学，不得跨施教区组织招生。“征求意见稿”中还规定，设区的市、县（市、区）人民政府应当将学校设置纳入城乡建设总体规划和教育事业发展规划，并根据本行政区域内适龄儿童、少年的数量与分布状况，按照国家和省的有关规定，制定、调整学校设置，预留学校建设用地。

2010 年 5 月，江苏省决定启动义务教育优质均衡改革发展示范区建设工作，鼓励部分地区先行先试、探索经验，引领全省义务教育又好又快发展。5 月20 日至 21 日，省政府在苏州市召开全省义务教育优质均衡改革发展工作会议。南京、无锡、苏州、常州 4 个市的所有区域及铜山县、如皋市、灌南县、洪泽县、盐城市盐都区、扬州市邗江区、丹阳市、靖江市、泗阳县 9 个县（市、区）成为首批省义务教育优质均衡发展示范区。其建设目标是在未来 3 年时间里，在义务教育优质均衡发展示范区内基本消除城乡、学校间的差距，基本解决义务教育择校过度等热点、难点问题，使区域内义务教育从基本均衡转变为优质均衡，适龄儿童、少年接受更加公平、更加高质量的义务教育。此前的 4 月 24 日至 26 日，省委组织部、省教育厅还联合举办了江苏省义务教育优质均衡发展专题研究班。全省各市、县（市、区）政府分管教育工作的市长、县（市、区）长及各省辖市教育局局长参加了研究班，为全省各县市教育系统推进义务教育均衡发展做了积极的思想动员工作。7 月 27 日，江苏省委常委会召开会议,审议并原则通过了《江苏省中长期教育改革和发展规划纲要》。8月28日,江苏省又召开教育工作会议。会议深入学习贯彻了全国教育工作会议精神,同时对实施《江苏省中长期教育改革和发展规划纲要》作出部署。《江苏省中长期教育改革和发展规划纲要》提出,江苏义务教育均衡发展的具体目标是:大力推进义务教育均衡发展示范区建设,努力扩大并均衡配置优质教育资源,苏南等有条件的地区2012年、其他地区2015年左右全面达到均衡,区域内教育质量、教师队伍、办学条件、管理水平显著改善,义务教育公平度、满意度大幅提升。健全城乡一体化的义务教育发展机制,在财政拨款、教师配置、学校建设等方面向农村倾斜。加大对经济欠发达地区的财政转移支付力度,完善发达地区对口支援欠发达地区、城市支援农村教育的机制。加大对薄弱学校的支持力度,优化配置优质教育资源,实行县级教育部门统一管理中小学教师制度,区域内教师和校长定期合理流动。义务教育阶段严禁设置重点学校(班),逐步减少择校现象。每个适龄儿童、少年按时入学并完成学业,消除义务教育阶段辍学现象,确保义务教育全覆盖。提高义务教育办学水平。根据学龄人口变化、城市化进程和新农村建设规划,合理调整义务教育学校布局。实施义务教育学校现代化建设工程,全面加强学校校舍、场地、师资队伍、设施装备等方面的建设。

当前,江苏义务教育均衡发展具有发达地区义务教育的发展特点,其模式可能部分适用于其他发达地区而大体上有别于欠发达地区,对发达地区县域义务教育均衡发展案例的研究正是义务教育均衡发展研究的第一步,对发达地区和欠发达地区建立相应的均衡标准都有参考意义。

## 第二节 义务教育均衡发展的内涵剖析

研究义务教育均衡发展,有必要对其内涵进行厘清。分析教育哲学家谢夫勒指出其定义有三种方式,即规定性定义、描述性定义和纲领性定义。规定性定义是创制的定义,是作者所下的定义,要求这个被界说的术语在整个讨论中自始至终表示作者所规定的特定要求。描述性定义,不是“我将用这个术语表示什么”这样的规定性主张,而是适当地描述被界说的对象或使用该术语的方法。实际上,词典就试图罗列描述性定义,给我们提供了不同场景下一个词的特定意义。纲领性定义明确地或隐含地告诉我们事物应该怎样。事物应该怎样与说事物在某种情景中实际怎样(描述性用法)完全不同,也与“我暂时用这表示它的意思”（规定性定义）迥然不同。纲领性定义，往往包含“是”和“应当”两种成分，是描述性定义和规定性定义的混合。我们所寻求的义务教育均衡发展的定义方式——以某种情境为基础，对义务教育均衡发展给出的一个纲领性的表述，是将义务教育均衡发展是什么和应该是什么结合起来的一种表述。研究者将从几个关键的概念入手来解析义务教育均衡发展的内涵。

## 一、发展和均衡发展

### （一）发展

进入21世纪，发展已经成为世界各国普遍关心的主题，这一主题涉及的内容日益丰富，所以，教育领域应该敏锐地把握发展主题，思考教育的发展。

随着时代的发展，人们对发展的认识和理解也在不断深化，已逐步由狭隘的经济发展观向多元的人文发展观演进。狭隘的经济发展观片面强调经济效率，结果带来的不仅是各个地区之间的经济不平衡，更引发了经济、政治、文化等之间的不平衡，最终损害的是人的生活和人的心灵。这种狭义的发展观特指经济增长，只关注生产总值的增长和工业化的进步。但是，随着时代的进步和社会的变革，狭隘的经济发展观已经被一种新的多元的人文发展观所取代。多元的人文发展观强调经济、政治、文化等各个领域的协调发展，发展的最终目的是提高人的生活质量，提升人的心灵尊严。在新的发展观的视野中，“发展”呈现出多方位、多视角的含义。现在无论何种学术领域的学者，都将发展视为一种累积。在累积之中，社会、文化、政治和经济均产生新品质，个人的人生目标也在不断修正，思想和行为趋向成熟。

这种发展观包含了以下三方面的基本价值：第一，满足基本需要的能力。每个人都有一定的基本需要，离开这样的需要，生命将不复存在。这些基本的需要包括食物、住房、健康和安全，当任何一项缺失时，绝对的欠发展就将出现。因此，所有经济活动的一个最基本的功能，就是帮助尽可能多的人摆脱由于缺少食物、住房、健康和安全而产生的无助和悲惨状态。在这一意义上，人们应该说，经济增长是改善生活质量的条件，因而也就是发展。如果个人和社会没有持续的经济进步，人的潜能的开发就不可能，满足基本需要的能力就会被削弱。“为了拥有更多，首先拥有足够。”所以，国民收入的增加，绝对贫穷和收入不平等的减少，更多的就业机会，构成了发展的必要条件，但不是充分条件。第二，自尊：成为一个人。发展的第二个要素是维持和增进人的自尊。每一个人都不应该是别人借以达到个人目的的工具。现在，所有社会中的个人都在寻求维持和增进自尊的基本形式，这些形式可能被称为真实、个性、尊严、尊重、荣誉，等等。自尊的性质和形式，可能在不同的社会和不同的文化背景中有着较大的差别。在发达国家的现代化价值传播中，许多有着浓厚的自我价值感的第三世界国家在与发达国家进行经济和技术交往的时候，遭受严重的文化混乱的折磨。由于贫穷，这些国家中的人们的自尊受到严重的损害。在发达国家，物质价值具有非常重要的意义，自尊和价值越来越多地被拥有经济财富和技术的国家所享有。与之相关，欠发达成为世界大多数人口的命运。因此，对发展中国家来说，"发展"成为重获自尊的具有合法意义的目标。第三，自由：免于被奴役，具有选择能力。发展的第三种具有普遍意义的价值是自由。在这里，自由的意义是摆脱生活的物质条件的异化，摆脱自然、物质、他人、悲惨、机构和教条性的信念的奴役。自由伴随社会及其成员选择范围的扩大，以及实现社会发展目标的外部限制的减少。自由还包括政治方面的一些自由，如表达自由、法制、政治参与和机会平等。经济增长和物质财富的增加，有助于增进自由、减少被奴役。

### （二）均衡发展

均衡，依《说文解字》："均"可解为"平"，"衡"可释为"衡量"或"准则"，"均衡"即"平衡"。均衡，最初是物理学中的名词，后被引入经济学领域。均衡发展是指通过合理的配置人类有限的资源，达到市场需求与供给的相对均衡，使经济中各种对立的、变动着的力量相当，形成相对静止、不再变动的状态。

均衡发展首先是一种发展的类型，是在对狭隘的经济发展观批判基础上形成的一种新的发展观，是一种以人为本的发展观，充分体现民主和公平的发展观。这种发展观是以均衡作为其特征的，那么这种发展就不会是一种单纯的增长、扩展或进步、改善，就不是一般意义上的发展，而是完全体现均衡本质、充分兼顾到平衡、协调意蕴的发展。均衡发展是在平衡合理的配置资源基础上的发展，更是全面、健康、和谐、可持续的发展状态。

## 二、教育和义务教育

### （一）教育

教育对我们教育工作者来说似乎是一个不证自明的原始概念，但是，真要形而上地说清楚教育是什么又不是一件容易的事情。对于什么是教育？一般说来，基本含义是教育者根据一定社会或阶级的要求，对受教育者有目的、有计划、有组织的施加影响，使受教育者身心得到发展，并将其培养成一定社会或阶级所需要的人的活动。简单地说，教育就是培养人或促进人的发展的活动。为彻底厘清教育均衡发展的内涵，我们有必要对教育的内涵进行剖析。

对于教育的内涵，可以从两个层面上来理解：一种是从宏观上讲，作为社会事业的教育；一种是从微观上讲，作为培养人的活动的教育。其中，作为事业的教育决定和制约着作为活动的教育，作为活动的教育展现和实现着作为事业的教育。对政府、社会和教育部门来讲，主要是谈宏观的、作为事业的教育；对学校和教师来讲，主要思考微观的、作为活动的教育。教育研究可以分为宏观的教育发展战略的研究和微观的教育教学活动的研究，而本研究更倾向于宏观的教育发展战略的研究，但是并不排除对微观层面教育发展战略实现途径的关注。

### （二）义务教育

义务教育是指国家、社会、学校和家庭必须依法保障适龄儿童、少年接受的规定年限的教育。我国的“义务教育法”规定：凡年满六周岁的儿童，不分性别、民族、种族，应当入学接受规定年限的义务教育。条件不具备的可推迟到七周岁。义务教育具有全民性、强制性和福利性以及政府保障性。全民性，就是指义务教育所针对的对象不单纯是部分群体，而是全体公民。接受义务教育既是每个公民的基本权利，也是其应尽的基本义务。强制性，是指义务教育是以法律保障的一种公民必须接受的基本教育。国家、政府、社会、家庭都必须予以保证，公民个人则必须接受，它具有强迫性。福利性，是指从国家对个人发展的角度来讲，对公民进行强制性的义务教育有利于个人的成长和发展，具有国家福利性。政府保障性，是指凡义务教育都是由政府承担、法律确定并保障的，其主要责任者就是政府，可以说政府承担着国家义务教育的责任。义务教育从其本质上讲，是一种由法律法规确立并保障的、由政府提供的、每一个公民都必须接受的、基本的国民教育。

## 三、教育均衡发展与义务教育均衡发展

### （一）教育均衡发展

教育均衡发展问题的研究和实践是近几年的事，2002 年 3 月《人民教育》

发表了《为了每一个孩子的幸福成长——山东省寿光市教育均衡发展透视》一文，以此为标志展开了对教育均衡发展的探讨和争鸣。从此，均衡发展问题成了教育领域的一个热点问题。教育均衡发展，是指通过法律法规确保给公民或未来公民以同等的受教育的权利，通过政策制定与调整及资源调配而提供相对均等的教育机会和条件，以客观公正的态度和科学有效的方法实现教育效果和成功机会的相对均衡。①

"教育均衡发展"主要指我国不同地区之间、同一地区不同学校之间、同一学校不同群体之间的教育均衡发展问题。在教育资源分配方面，教育均衡发展要求政府提供的办学条件要基本平等，使不同区域之间，一定区域内城乡之间、学校之间和群体之间教育内部诸要素间均衡协调发展；在教育制度保障方面，教育均衡发展要求保障受教育权利平等的实现，使受教育者获得平等的入学机会和学业成功机会；在就学进程方面，教育均衡发展要求受教育者在接受教育的起点和结果方面拥有相对平等的入学和获得学业成功的机会，在就学过程中得到同等的对待；在教育目标方面，关注每个受教育者潜能的最大程度的发展，为其提供适宜的发展环境和条件，使其能够获得尽可能的发展与成长。教育均衡发展是教育发展的一种相对稳定的平衡状态，它是教育发展的一种动态的平衡，并非绝对平等的静止状态。在一个区域内，教育发展由于各个因素的复杂性和多变性，这个过程只能是后发的和被动的，所达到的均衡只是相对的、暂时的和有一定条件的，不可能是绝对的、永久的、无条件的。均衡又是动态调整和螺旋式上升的过程，不是一蹴而就的。不同的历史阶段有不同的均衡要求，达到一定的相对均衡后又会出现新的不均衡。②

教育均衡发展既是一种教育的发展理念，也是对教育发展的一种认识观、发展观。教育均衡发展，是科学发展观在教育领域的具体化，主要是指政府采用经济的、政策的、法制的、行政的、督导评估等手段，逐步弱化和缩小地区之间、学校之间的差距，既要确保公民享受同等受教育的权利和义务，相对均等的教育机会和条件，实现教育效果和成功机会的相对均衡，又要推动区域内教育的平衡、协调、优质、高效发展。因而，教育均衡发展体现在三个层

---

① 于建福. 教育均衡发展：一种有待普遍确立的教育理念[J]. 教育研究，2002，(2).

② 彭世华. 发展区域教育学[M]. 教育科学出版社，2003 年版，第 72 – 73 页.

面，一是经济与教育发展的协调均衡；二是城乡之间教育以及学校发展的均衡协调；三是教育活动中对待学生的公平和平等。

### （二）义务教育均衡发展的内涵

义务教育具有强制性、民主性和福利性等特征，其发展在本质上就应该是均衡的，不均衡发展的义务教育实质上不是真正意义上的义务教育，也就称不上义务教育。基础教育区域非均衡发展是指各区域基础教育在办学经费投入、硬件设施、师资调配、办学水平和教育质量等方面处于一种不均衡的状态，具体体现在基础教育发展的两个方面：一是量的发展不均衡，如区域基础教育内各级学校的入学率、生师比、生均经费和图书册数不均衡等；二是质的发展不均衡，主要是质量和效益的发展不均衡。①

义务教育均衡发展，指政府规定最基本的办学条件标准，均衡配置公共教育资源，促进区域之间、城乡之间、学校之间的均衡发展，为每个儿童、少年提供平等的学习条件、权利和机会，让所有的孩子都能享受大致均等的良好教育。义务教育均衡发展至少包含三方面内涵：第一，为受教育者提供均等的受教育机会。即为每个学校提供大致相当的师资、校舍、教科书与相关资料、生均经费，以及公共的、统一的义务教育课程。第二，为受教育者提供获得学业成功机会均等的受教育条件。第三，促使每个受教育者获得最大限度的发展。

## 四、县域义务教育均衡发展

### （一）内涵

所谓县域义务教育均衡发展，是指县、市、区根据当地经济社会发展的实际因地制宜、实事求是地调整义务教育发展思路，实现城乡之间不同义务教育学校在办学条件和师资建设上的相对均衡，确保区域内的义务教育均衡协调高质量发展，确保不同的受教育群体在受教育权利、条件以及成功机会等方面达到相对的平等。县域义务教育均衡发展的最基本表现是，城乡中小学校的经费投入、校舍建设、设施配备以及师资队伍建设均按照统一标准进行，在同一县域内实现学校建设的标准化、师资配备的均衡化以及教育质量的优质化。

### （二）外延

县域义务教育均衡发展包括三个层面：县域义务教育与县域经济的协调

---

① 薛海平，胡咏梅. 我国基础教育区域非均衡发展研究[J]. 教育理论与实践，2004，(1).

发展；城乡之间教育以及学校发展的均衡协调；教育活动中对待学生的公平和平等。县域义务教育均衡发展是教育均衡发展的突破口和切入点，也是本研究的基本内容，对于其内涵我们已经有了一个基本的把握，现就其外延进行以下简要剖析。

包括义务教育在内的教育发展，是经济社会发展的一个子项目，不可能游离于区域经济社会发展之外。就教育发展谈教育发展，抛开其生长和发展的空间与土壤是片面的、不科学的。科学发展观强调，区域经济和社会事业统筹协调发展，城乡统筹协调发展，要统筹兼顾，以人为本，最终要实现全面协调可持续发展。笔者认为，县域义务教育均衡发展首先需要研究的一个领域或层面，应该是县域义务教育与县域经济社会发展之间的均衡协调发展问题。

义务教育均衡发展的核心问题，体现在城乡不同学校之间办学条件和师资配备，以及不同群体之间受教育机会和条件等方面的差异。县域义务教育均衡发展就应把城乡之间义务教育的均衡发展作为主要的研究领域。重点是城市学校与乡村学校之间在办学条件、师资队伍及管理水平上的差异程度。

教育可以分为作为事业的教育和作为活动的教育。作为事业的教育的均衡发展涵盖在上述三个领域之内。但是作为活动的教育，是作为事业的教育的展开，更是其基本支撑，没有作为活动的教育的均衡发展，作为事业的教育的均衡发展也只能是一句空话。因此，义务教育的课堂教学、学生管理都应体现一个公平均衡的问题，都应列为县域义务教育均衡发展研究的重要领域。

### （三）可行性

就全国来讲，应该讲义务教育均衡发展，就某一个地区来讲更应该讲义务教育均衡发展。中国是世界上人口最多的国家，也是发展最不平衡的国家之一，是穷国办大教育，要想实现全国内整体的均衡，在现阶段或在短时间内是很困难的，甚至是不可能的，这也就是让许多人对教育的均衡发展谈虎色变，认为不可能实现甚至彻底绝望的原因所在。有困难并不能就此放弃或无所作为，而应该找准突破口扎实地做一些工作。我国的行政区划是中央、省、市、县、乡五级，当前呈现出省直管县并逐步取消市这一级的趋向，县一级在整个行政区划中是相对稳定的，具有相对稳定的人口、土地、资源，具有相对独立的行政决策权，经济社会各项事业发展相对均衡，差距较小。因而，县域内实现义务教育均衡发展具有一定的可行性，同时也具有一定的必要性。

## 第三节 义务教育均衡发展的理论基础

义务教育均衡发展观的形成有着深厚的理论基础，它包括历史上的教育平等思想、教育公平思想和教育民主化思想；经济学上的资源分配理论；现实社会中的科学发展观；等等。这些思想与理论，都成为义务教育均衡发展观的理论基础。

### 一、教育平等思想：义务教育均衡发展的理论基点

教育平等是一个事实判断，是指个体在接受教育的权利和机会条件方面的平等性。它最初是作为一种理想提出的，之后被具体化为国家和地区的一种教育实践。早在两千多年前，思想家、教育家孔子就提出了“有教无类”的思想。17世纪，夸美纽斯提出“人人都应学到关于人的一切事项”。18世纪法国启蒙思想家卢梭基于“天赋人权”的思想赋予教育平等以人权意义。美国总统杰斐逊在《独立宣言》中也指出“人人生而平等”。

马克思在1866年就提出了一个基本观点：教育是人类发展的正常条件和每个公民的真正利益。恩格斯更是明确指出：需要国家出资对一切儿童毫无例外地实行普遍教育，直到它作为社会独立成员的年龄为止。他认为这只是一件公平的事情，因为每一个人都无可争辩地有权全面发展自己的才能。马克思、恩格斯有关教育平等的论述包括两层深刻的含义：其一，教育是每个公民应该拥有的一项平等权利；其二，这种平等表现为每个人智力和能力发展的平等。基于对个人价值的认知和崇尚，民主和自由已成为人类长远的共同追求。民主和自由的基本原则是平等。平等意味着社会的每一个成员都享有共同的权利，特别是法律上和政治上的权利。显然，民主与自由在教育领域的反映即为教育平等。平等是个动态概念，教育平等也不例外。不同的历史时期，不同的哲学体系，以及不同的人对教育平等的理解也不尽相同。

#### （一）萨托利的教育平等观

“平等表达了相同的性质……两个或更多的人或客体只要在某些方面处于同样的相同或相似的状态，那就可以说他们是平等的。”①实质上更确切地说，平等是与利益获得有关的相同性，不平等则是与利益有关的差别。萨托

---

① 萨托利. 民主新论[M]. 东方出版社，1993年版，第340页.

利认为："平等的历史进步可以分为四类或四种形式：第一，法律政治平等；第二，社会平等；第三，机会平等；第四；经济平等。"①然而，社会平等是一个笼统概念，它实际上是政治、经济、教育等平等的统称。具体的教育平等问题便可以归结为教育权利平等、教育机会平等。

（二）德沃金的教育平等观

德沃金把平等权利分为两类：一类是平等对待的权利，这是某些机会或资源或义务的平等分配权力。例如，每个公民在民主制度中都有平等的选举权，但是，每个人只有一次投票权。另一类是作为一个平等的个人应该受到平等对待的权利。这一权利就是同其他人一样受到同样的尊重和关心的权力，而不是接受某些义务或利益的分配的权利。②

德沃金举例来解释两类权利，如果我有两个孩子，一个快要死了，另一个也遭受病痛的折磨，仅剩下的一点药给哪个孩子呢？如果我以掷币的方式来决定谁可以吃仅剩的药，那么我就没有表现出平等的关心。按照第一类平等权利的原则，剩下的药应该平分给两个孩子。按照第二类平等权利原则，两个孩子应该受到平等的尊重和关心，但是快病死的孩子应得到更多的关心，这样才体现出作为一个平等的个人而受到的平等对待的权利。因此，仅剩下的药应该给快要病死的孩子。③ 显然，第二类平等才具有合理性和正当性。在德沃金看来，作为一个平等的个人而受到平等对待的权利是基本的，而平等对待的权利则是派生的。④ 由此，我们应该对那些因天赋、家庭出身、背景和社会环境而处于不利地位的人给予更多的关心和尊重。就教育来讲，我们应该更加关心和照顾那些贫困山区和农村孩子们的教育问题，以及天赋较差或自身残疾的人的教育问题，这样才能体现教育的平等。

（三）诺齐克的教育平等观

诺齐克认为，不平等是人们不同的天赋、不同的习得技能、不同的能力和不同的资源导致的状态。在他看来，公正的社会无须刻意追求平等，无须建立中央政府机构对人们的劳动所得进行再分配，而应让人们享有完全支配自己劳动所得的权力。他认为，当政府的职权超出守夜人的范围而进入负责或

---

① 萨托利．民主新论［M］．东方出版社，1993 年版，第 347 页。

② ［美］德沃金．认真对待权力［M］．北京：中国大百科全书出版社，2008 年版，第 362 页．

③ ［美］德沃金．认真对待权力［M］．北京：中国大百科全书出版社，2008 年版，第 365 页．

④ ［美］德沃金．认真对待权力［M］．北京：中国大百科全书出版社，2008 年版，第 366 页．

监理分配的公正时，他一定会侵犯到个人所拥有的自然人权。①

政府机构既不是不平等的根源，也无力消除不平等。平等常常意味着权利的丧失，为了平等，一部分人必须拿出自己的部分财产，以供再分配。这种权利的丧失，不仅对有产阶级如此，对无产阶级同样如此。因此，无产阶级为了取得再分配的资源，将会依赖政府或一定的组织，从而放弃自己的部分或全部的独立与自由。教育平等，对诺齐克而言，就是每个人充分利用自己的学习所得和能力，选择适合自己的教育。

### （四）科尔曼的五种教育不均等问题

科尔曼从不均等的教育反观教育平等问题，认为教育的不均等有五种：一是以社区对学校的投入差异来界说；二是根据学校的种族构成来界说；三是以学校的各种无形的特点以及可直接归因于社区对学校的无形投入的某些因素来界说；四是可根据学校对背景相同和能力相同的个体所产生的教育结果来界说；五是可根据学校对具有不同背景和不同能力的个人产生的教育结果来界说。科尔曼认为，(1) 研究教育平等问题，可以从投入与产出两个维度来认识。投入既有因行政作用而输入的资源，也有学生输入的资源；既有无形的资源，也有有形的资源；(2) 教育平等的内涵由平等的学校转变为平等的学生，即教育平等的内涵“从平等的得到条件同等优越的学校重新规定为在标准化的成绩测验中有平等的表现(即平等的结果)”；(3) 对教育平等的含义的界说应考虑到能否将其转变为教育政策。教育平等作为一个历史范畴，随着其内涵的不断丰富与发展，人们对教育平等的认识和追求也在逐渐深化。

事实上，教育平等的内涵主要包括四个方面：首先，人是目的又是手段。人受教育的目的不仅是为了社会的发展，它另一个重要的目的是个体自由和谐的发展，只有在发展社会的同时尊重每一个个体的基本人权与自由的发展，才符合教育平等的原则。其次，教育权利平等原则。这里所谓的教育权利，指的是受教育权利，是相对于政治上、经济上的平等而讲的教育上的平等权利。再次，机会均等原则。良好的教育制度，乃是使每个人有均等的入学机会，在接受教育过程中享有相对均等的待遇，有相对均等的学业成功机会。最后，差别性对待原则。由于教育效果会因受教育者个体的天赋与机遇而不

---

① 转引石元康. 当代西方自由主义理论[M]. 上海三联书店，2000 年版，第 155 页.

同，机会均等不可能机械地实现，故要实现教育平等就必须对每一个个体提供不同的教育待遇。差别性原则的基本前提是，使全社会中处于最不利地位者获得最大利益。基于以上对教育平等内涵的考察和对教育均衡发展内涵的剖析，笔者认为教育平等思想正是教育均衡发展的理论基点。

## 二、教育民主化思想：义务教育均衡发展的基本取向

教育民主化随着现代教育的产生和发展而逐步形成，并影响和指导着教育现代性的增长。正是伴随现代教育发展而实行的普及教育，使教育不再是少数贵族的特权，而成为人的基本权利，民主化自然也成为现代教育的基本理念。教育民主化的基本内涵是教育机会均等（包括追求结果的均等），随着教育机会的扩大和教育水平的提高，教育民主化的内涵在不同的发展阶段又有更为丰富的内涵。①

从根本上说，民主是一个政治性问题，也是个社会性问题。它涉及国家制度和人民权利，也涉及观念意识；它是人类为之奋斗的理想，也是国家组织管理的具体实践。民主思想的本质自其产生以来一直未变，那就是追求自由、平等、公正的社会理想。诚如维特根斯坦所言，早期的文化将变成一堆瓦砾，最后将变成一堆灰土，但精神将萦绕着灰土。人类共有的理念具有人类普遍的价值，民主就属于这样的理念。教育民主是民主这一范畴在教育领域中的体现，本质上是教育的政治属性，它从属于政治。

### （一）杜威的教育民主化思想

杜威在阐述民主社会特征时指出："第一个要素，不仅表明有着数量更大和种类更多的共同利益，而且更加依赖对作为社会控制的因素的共同利益的认识。第二个要素，不仅表示各社会群体之间能更加自由的相互影响（这些群体由于保持隔离状态，曾经是各自独立的），而且改变社会习惯，通过应付由于多方面的交往所产生的新的情况，社会习惯得以不断地重新调整。这两个特征恰恰就是民主社会的特征。"②

在杜威看来，共同参与的事业范围的扩大和个人各种能力的自由发展，这是民主主义的特征。"民主政治热心教育，这是众所周知的事情。根据表面的解释，一个民主的政府，除非选举人和受统治的人都受过教育，否则这种

---

① 谈松华主编. 中国教育现代化的区域发展[M]. 广东教育出版社，2003 年版，第 314 页.
② 杜威. 王承绪译. 民主主义与教育[M]. 人民教育出版社，2001 年版，第 97 页.

政府就是不能成功的。”“民主主义不仅是一种政府形式，它首先是一种联合生活方式，是一种共同交流经验的方式。”①杜威指出：“如果没有我们所想的教育，没有我们所想的家庭教育和学校教育，民主主义便不能维持下去，更谈不上发展。教育不是唯一的工具，但它是第一的工具，首要的工具，最审慎的工具。通过这种工具，任何团体所珍视的价值，其所欲实现的目标，都被分配和提供给个人，让其思考、观察、判断和选择。”②因此，必须以社会共同利益为目标，用民主的价值来改造教育，用民主的思想来支配整个教育制度，只有这样，教育中民主主义的标准才能够得以彻底应用，人们才能从这些束缚中解放出来真正成为民主社会的一员。杜威认为，他所构造的教育既可以让儿童过上完满的生活，又可以对人类的政治生活进行改造，从而把个人能力的解放与社会的向前发展密切地结合起来，进而实现民主主义的理想。在此，关于民主和教育的关系问题，杜威为我们提供了一个崭新的视角：在教育领域内，民主不仅是目的，而且是手段。

### （二）陶行知的教育民主化思想

陶行知是中国近代生活教育理论与实践的创始人。他于1946年所确立的生活教育的基本方针是“民主的、大众的、科学的、创造的”。陶行知指出：民主教育应该是整个生活的教育。民主运用到教育方面，有两重含义：第一，民主的教育是民有、民治、民享的教育。第二，民主的教育必须办到各尽所能、各学所需、各教所知。他指出，“民为贵，人民第一，一切为人民”。他强调“民主教育是人民的教育，人民办的教育，为人民自己的幸福而办的教育。有人民的地方，就是民主教育到的地方”。这充分说明了陶行知的教育的人民性，即教育属于人民；也体现了其作为人民教育家的情怀。陶行知还指出，民主教育就是教人做主人，做自己的主人，做国家的主人，做世界的主人。而主人的特征就是自由、平等、全面发展的人。他曾写过一副对联：“在立脚处谋平等，于出头处求自由。”他认为，所谓平等应是大家的立脚点，或起点是平等的。这才是真正的平等。

教育平等即教育为公，也就是教育机会均等，其包括受教育机会均等，发展的机会均等，以及教育管理机会均等。陶行知认为，所谓自由包含两重意

---

① 杜威. 王承绪译. 民主主义与教育[M]. 人民教育出版社，2001年版，第97页.

② 杜威. 人的教育[M]. 上海人民教育出版社，1965年版，第82页.

义,即外部宽松无压力,内部努力有力量;也就是外部教育环境要宽容、理解、尊重,人自身要努力奋斗。这两方面做到了,人的自由也就实现了。总之,其民主思想是生活教育的基础及重要组成部分,其实质表现为"以民为贵,以民为本,使人自由、平等、全面发展"。教育民主化是极具魅力的并带有普遍性的敏感问题,也是世界各国教育界关注的焦点。

20世纪60年代以来,教育民主化成为世界教育改革的主流。米亚拉雷指出:"教育民主化现已成为几乎所有教育革新和教育改革一项固有的目标。教育民主化是目前全球教育系统演变的一个基本趋势。"①教育民主化实际上包含两个方面:一是教育民主,它是把政治的民主扩展到教育领域,使受教育成为公众的权利和义务,它不仅包括平等的受教育权利,也包括个体在教育领域中的人身自由和思想自由的权利,以及在民主体制下的个人政治社会化、社会意识同化问题。"教育民主"实质上是宏观的作为事业的教育的民主。二是民主教育,它是把专制的、不民主的、不充分民主的教育改造成为适合公平的民主原则的教育;它特别包括教育的民主决策和管理、教育过程中师生关系的民主这两个方面。民主教育实际上是微观的、作为活动的教育的民主。前者是后者的前提,后者是前者的延伸。教育民主和民主教育就是使人人享有受教育的权利,在教育机会面前人人平等,人人成为民主化教育的主体。概括地说,"教育民主化是个体享有越来越多的平等教育机会,并受到越来越充分的以自主和合作为特征的民主形式的教育和教育制度不断转向公正、开放、多样的演变过程"②。

实现教育民主化是义务教育均衡发展的根本取向,要将教育民主化这一理想或重要理念逐步变成现实,首先要追求教育平等,让越来越多的人得到更加理想的教育;其次要推行教育管理民主化,让尽可能多的人帮助重新创造教育;再次要优化教育活动,构建民主平等的新型师生关系。

### 三、教育公平思想:义务教育均衡发展的指导理念

#### (一)西方学者关于教育公平的观点

进入20世纪后,人民开始更多地关注教育的各种功能,探讨教育与社会、经济、文化的密切关系。关于教育的社会功能,西方主要有两种观点:一是以

---

① 米亚拉雷.现代教育史[M].台北五南图书出版公司,1993年版,第250页.
② 叶发钦.论教育民主化与创新人才的培养[J].广西社会科学,2000,(5).

杜威为代表的民主主义学派和以涂尔干、帕森斯为代表的功能论学派。他们认为，教育有助于缩小社会不平等，教育公平可以促进社会公平。二是以科林斯、鲍尔斯为代表的冲突论者。他们认为，教育的筛选器功能只会加剧原有的社会不平等。杜威认为，教育有三大功能：整合、发展、平等。首先使青年人逐步社会化，成为社会中的人；其次，培养青年人健全的心理和良好的道德；再次，通过教育为青年人提供平等的竞争机会，改变原有的社会地位、经济状况的差别，缩小贫富差距，从而实现社会的公平。教育不仅具有筛选器的功能，而且具有平衡器、稳定器的作用，它突出强调了国家对个人应尽的义务这一观念，提出在教育实践中通过教育立法，延长普及义务教育年限。尽管它是资产阶级政治和经济利益的要求和无产阶级及其他劳动人民斗争的结果，但它毕竟对于维持社会稳定、缓和阶级矛盾起到了重要作用。功能主义者认为，极力扩大教育机会均等是促进社会平等的主要途径，但由于受到能力、家庭导向、个人动机等因素的影响，教育机会均等将不可避免地带来教育成就的差别，进而导致新形态的不公平，教育则通过将这种不公平合法化，以帮助消除社会分裂和冲突的紧张趋势。

冲突论者批判功能论者忽视了社会的对立、压迫与冲突的问题，把学校看成是社会上不断变化的相互作用的焦点。柯斯林认为，学校的主要作用是传授社会支配集团的身份文化，学校教育发展的动力来自不同身份集团之间的冲突，只要特定的身份集团支配学校教育，那么学校就要利用学校来传播自己的身份文化，以保证其在生产劳动组织中的支配地位。① 鲍尔斯认为，美国的大众教育不仅培养了具有熟练技术的合格的工人，而且为资本主义制度的不平等寻找到合理的借口。根据教育成就和考级来分配报酬，使人相信，现有的制度已经给了他们一次走向成功道路的平等而公正的机会，至于以后在生活道路上出现的差异，则与自己的天赋或努力程度相系。这掩盖了资本主义教育阶级性的实质。教育不可能成为一种促进更大的平等和社会正义的改革力量，不可能仅仅通过制度本身便实现教育平等和社会平等。

公平的问题一直被学者们称为迷宫。教育公平也是理论界众说纷纭的一大难题。公平在现代汉语中一般是指处理事情合情合理，不偏袒哪一方。因此，人们通常认为公平是公正、正义、平等的近义词。诚如博登海默所说，

---

① 钱志亮.社会转型时期的教育公平问题[J].教育发展研究,2000,(7).

正义有着一张普洛透斯似的脸，变化无常，随时可呈不同形状，并且有极不相同的面貌。[①] 美国著名哲学大师罗尔斯在其伦理学巨著《正义论》中阐述了著名的关于制度的正义原则。

其主要精神实质，一是每个人获得最广泛的与他人相同的自由的平等权利；二是人获得不均等待遇及其获得的地位、职位、利益的机会应该对所有人开放；三是如起始状况（收入和财富分配）不同，处于不利地位者的利益应用补偿的办法来保证。罗尔斯的公平观明确指出了各原则孰先孰后的优先性问题，即：首先保证一切人的平等自由和机会均等，同时允许最少受惠者获得“补偿利益”的不均等分配。前者是一种水平性的、横向的公平，后者则是垂直性的纵向的公平，即不均等地对待不同的。正如亚里士多德所言：平等地对待平等的，不平等地对待不平等的。我们认为，教育公平不等于绝对的平等，更不是绝对的平均，而是一个相对的概念。教育公平的主要特点是平等、差异、补偿，从本质上讲是其合理性。教育公平可大体界定为，公民能够自由平等地分享现有公共教育资源，在非公共教育资源和非公共教育权利方面要区别对待，同时，应努力减少和控制教育公平的自然因素，清除主观造成的障碍。

西方关于教育公平的实证研究较多，但有关教育公平的理论探讨却相对较少，其中较为系统的阐述，仍是麦克马洪的教育公平理论。麦氏提出教育公平有三种类型：水平公平，指的是对相同的人的相同对待；垂直公平，指的是对不同的人的不同对待；代际公平，指的是确保上一代人身上的不平等现象不至于全然延续下去。[②] 麦氏所言的这三类公平，在逻辑上是较为混乱的。在水平公平和垂直公平中，教育是作为一个被分析研究的对象而存在的；而在代际公平中，教育却是作为一种工具或者手段。水平公平和垂直公平研究的是教育本身是否不公平的问题，而代际公平研究的却是教育能否达到公平这一目的的问题。实质上，代际公平不属于一般而言的教育公平。

（二）国内学者关于教育公平的观点

国内有学者将教育公平划分为教育的市场公平和教育的社会公平，以及

① ［美国］E. 博登海默. 法理学：法律哲学与法律方法［M］. 北京. 中国政法大学出版社，1999 年版，第 103 页.

② 郑晓鸿. 教育公平界定［J］. 教育研究，1998，(4).

反映这两者的观念层次的公平。① 观念层次的公平，是对教育市场公平和教育社会公平的主观的价值判断。教育市场公平，是以教育运行的高效率为其价值取向的；而教育社会公平，则是以教育内部的秩序的稳定为其价值取向的。教育市场公平中的机会均等是起点的公平，同等的投入获得同等的收益是过程，他们必然导致结果的不平等。教育社会公平则要求一种结果的公平。就具体的教育单位的教育活动来讲，两者的关系是此消彼长的，实现教育市场公平必然破坏教育社会公平，反之亦然；就整个社会来讲，两者又是互补一致的——教育市场公平的实现可导致更高层次教育社会公平的实现，而教育社会公平的实现又是教育市场公平的一个必要条件。②

教育公平是教育的一种基本价值观念与准则，是实现社会公平的伟大工具，也是人类一直追求实现的美好理想。教育公平是一个历史的范畴，随着时代的发展其内涵是不断发展变化的。同时，教育公平又是一个相对的概念，是与一定标准或参照相比较而言的，不是一个绝对的概念，因为绝对的公平是不存在的。教育公平的内容可以从两个层面来理解，一是理念状态的教育公平，即教育公平的基本精神、基本倾向或原则。二是现实状态的教育公平，即根据理念中的教育公平原则，结合实际运用的具体实践。理念中的教育公平用亚里士多德的话说，就是“平等地对待平等的，不平等地对待不平等的”。换句话说就是，一方面，是无差别平等的教育公平；另一方面，是有差别的平等的教育公平。理念中的教育公平要求“人人享有平等的受教育权利”。但是这种法律确立的教育权利，或理念中的教育公平，并不会必然转化为现实权利，对受教育者施以适合其能力发展的教育。对于受教育者来说，作为受教育权利的个体，也可用此原则要求权利实现的任何一方为其提供自认为适合其发展的差别教育。理念状态的教育公平原则非常重要，但他“并未告诉我们，在这些事情上如何确定平等性和比例性，所以它作为行为的具体指导仍然缺少实用性”③。在理念层面上，每个时代、不同的背景，人们对教育公平的具体内容与规则都会有不同的理解，对教育公平的实践更是五花八门。

---

① 郑晓鸿. 教育公平界定[J]. 教育研究,1998,(4).

② 罗伯特·丹尼. 教育投入与结果的不公平——对纽约州的分析[J]. 见罗伯特·丹尼，劳伦斯·O·毕卡斯编. 教育结果公平[M]. 科温出版公司,1994 年英语版.

③ 汤姆. L. 比彻姆. 哲学的伦理学[M]. 中国社会科学出版社,1990 年版,第 334 页.

### (三) 义务教育均衡发展的公平理念分析

研究者认为,应当根据有关平等、自由、民主、教育公平等基本理论,现代化、市场化等现实因素,以及教育目标、受教育者状况等,确立更为合理恰当的教育公平的具体内容或理念,尤其是作为义务教育均衡发展所依据的核心理念。

#### 1. 权利平等理念

只有对受教育者的受教育权利予以切实的保证,才能够从起码的底线意义上体现出对个人缔结社会的基本贡献和对人的种属尊严的肯定,才能够从最本质的意义上实现教育发展的基本宗旨,亦即以人为本发展的基本理念,才能够从最实效的意义上为教育的健康发展确立其必要的条件。受教育权利就是接受教育的权利。受教育权利是我国宪法赋予公民的基本权利,也是作为人之为人的基本人权,并且是受国际性公约认可保障的基本权利。学校阶段受教育者的受教育权利主要包括四个方面的内容,一是受教育的基本权利,即就学机会、教育条件及教育效果的平等要求权;二是要求受到不同教育,即受到适合其潜能发展的教育权;三是受教育的福利权,即受教育者有从国家、家庭、社会、学校和个人那里接受法律规定的,包含自身所要求的诸项帮助权利;四是受教育者有接受教育的选择权,即有选择接受教育的形式和选择自己认为好的学校的自由。

#### 2. 机会平等理念

教育机会实际上是指受教育者发展的可能性空间,是使每个受教育者进入教育机构和参与教育活动的各种条件的总和。教育机会均等有两个层面上的含义:一是共享教育机会,即从总体上来说每个受教育者都有大致相同的基本教育机会;二是差别机会,即受教育者之间的教育机会不可能完全平等,有着程度不同的差别。根据平等理念,每个受教育者应当具有相同的受教育权利,平等的受教育机会。从现实角度来看,义务教育阶段是主要由政府提供的最基本的保底教育阶段,应确保每个人都能均等地接受,而不应有太大的不均衡。教育机会均等原则试图为受教育者寻找或调整一条共同的起跑线,但是世界上没有完全相同的两片树叶,更没有兴趣、爱好、天赋、才能以及家庭背景完全相同的两个人,即使双胞胎也不是完全没有差别,正如恩格斯所指出的那样,"两个意志的完全平等,只是在这两个意志什么愿望也没有的时候才存在;一旦他们不再是抽象的人的意志而转为现实的个人的意志，转为两个现实的人的意志的时候，平等就完结了”①。因此，除了学校外在的教育条件以外，对受教育者主体来讲，几乎不存在这样一条理想的同一起跑线。在承认受教育者的种属尊严和平等的前提下，应进一步承认受教育者之间的差别。让因天赋不同，使受教育者实际获得的教育机会有差异，符合自由的原则，也符合现实的原则，可能与平等理念有悖，但应该是公平的。

3. 弱势补偿理念

弱势补偿原则的基本含义是挑选出处于不利地位的群体，从这一不利群体的特殊地位、视角来看问题和分析问题，以是否最大限度地满足这一不利阶层的利益为标准来确定教育资源的分配。罗尔斯也指出，“社会和经济的不平等（例如财富和权力的不平等），只要其结果能给每个人，尤其是那些最少受惠的社会成员带来补偿利益，他们就是正义的”②。此原则的主旨是立足于教育的整体利益，对教育发展过程中的不利群体的教育进行必要的调整和补偿，使不利群体普遍地得到由教育带来的收益，进而使教育的质量不断有所提高。教育中的不利群体通常是指处于家庭经济不利地位的贫困家庭学生、身体或智力不利的肢体障碍学生和智力障碍学生，处于与主流文化相对不利地位的少数民族学生，与我国特有的户籍制度相关联的流动人口子女，以及所谓的以违法犯罪学生为代表的反社会学生等。对教育整体而言，具体到教育资源分配，有责任对在实施教育过程中形成的不利群体进行必要的补偿。罗尔斯曾指出，“为了平等地对待所有人，提供真正同等机会，社会必须更多地关注那些天赋比较低和出生于较不利的社会地位的人们……遵循这一原则，较大的资源可能要花费在智力较差而非较高的人们身上，至少在某一阶段，比方说在早期教育期间就是这样”③。也就是说，在满足了一部分人接受良好教育需求的同时，还应该及时向处于不利地位者，向“最少受惠者”进行必要的补偿。罗尔斯还指出：“假定有一种自然禀赋的分配，那些处在才干和能力的同一水平上，有着实现他们的同样愿望的人。应当有同样的成功前景，不管他们在社会体系中的最初地位是什么，亦即不管他们生来是属于

① 马克思恩格斯选集（第三卷）[M]. 人民出版社，1995 年版，第 142 页.

② [美国]约翰. 罗尔斯著（Raws. J）. 何怀宏等译. 正义论[M]. 中国社会科学出版社，1988 年版，第 14 页.

③ [美国]约翰. 罗尔斯著（Raws. J）. 何怀宏等译. 正义论[M]. 中国社会科学出版社，1988 年版，第 101 页.

什么样的收入阶层。在社会的所有部分，对每个具有相似动机和禀赋的人来说，都应当有大致平等的教育和成功前景。那些具有同样能力和志向的人的期望，不应该受到他们的社会出身的影响。"①

弱势补偿原则的实质是不平等分配教育资源，是向着有利于贫困人群的方向去倾斜，以此来减少贫困人群或不利群体在接受教育方面的不公正，进而减少社会的不公正。

**四、资源分配理论：义务教育均衡发展的资源配置原理**

资源经济学认为，人类的资源是稀缺的，而人类的需要是无限的、多种多样的。国民经济是由相互联系、相互依存的各个组成部分构成的有机整体，要解决资源稀缺性与人们需要的无限性、多样性之间的矛盾，必须是有限的资源按照一定的客观比例分配到国民经济的各个组成部分，并使资源得到最充分、最有效的使用。均衡最初是物理学的名词。当一个物体同时受到方向相反的两个外力的作用，这两种力量恰好相等时，该物体由于受力相等处于相对静止状态，这种状态就是均衡状态。有学者指出，均衡这一概念最早由马歇尔引入经济学中，主要指经济中各种对立的、变动着的力量相当，相对静止，不再变动的状况。为合理配置人类有限的资源，达到市场要求与供给相对均衡，经济学家提出了资源分配的理论。教育均衡发展与经济均衡发展有其相通之处，也就是二者都是指资源配置的相对均衡。但二者有着本质的不同，教育均衡发展中讲的教育资源配置，实质上就是教育资源在教育系统内部各组成部分或不同子系统之间的分配，这既包括社会总资源对教育的分配，也包括教育资源在各级各类教育间、各级各类学校间、各地区教育间以及各群体之间的分配。而经济均衡发展更多的是指，按比例合理地分配有限的资源，以此达到资源最充分、最有效的使用。义务教育均衡的目的在于，最大限度地实现公平，是"公平优先、兼顾效率"；而经济均衡的目的在于最大限度地追求效率，是"效率优先、兼顾公平"。

县域义务教育均衡发展实质是农村义务教育资源的均衡配置问题。有学者指出，教育资源可以从静态、动态、制度等不同视角来理解。静态的教育资源可分为三类，人力资源、物力资源和财力资源。人力资源是指教育过程

① ［美国］约翰．罗尔斯著（Raws．J）．何怀宏等译．正义论［M］．中国社会科学出版社，1988 年版，第 101 页．

中的人员及相互之间的结构比例。物力资源是指国家和社会用于学校教育资金的物化形式，体现为教育过程中物化劳动的占有和消耗。财力资源是指人力资源和物力资源消耗的货币反映。动态的教育资源分为四类：一是原生教育资源，即原本存在但要经过开发才能生成的资源，它重视资源的内在性以及人才开发探索的影响；二是衍生教育资源，即随着教育资源的利用消耗，其作用影响仍存在的资源，体现了资源隐蔽性和长效性的特点；三是再生教育资源，即资源使用和消耗之后还可以重新产生的资源，体现了资源的衍生性和再生性的特点；四是创生教育资源，即由人的创造性思维和创造性劳动产生的资源，体现了资源的无限性和人的创造性。从这一视角看，教育资源是指具有教育意义或能够保证教育实践进行的各种条件。制度视角下的教育资源在于把制度看作最重要的教育资源，原因在于教育制度可以节约教育中的个人交易费用。交易费用是为获得有关他人信息、处理与他人关系、确保人与人有效沟通和互动的费用。教育制度作为一种资源，其建立必须受到一些制约，满足一些条件。一个有效率的制度最根本的特征在于，它能够提供一组有关权利责任和义务的规则，能为一切创造性和生产性的活动提供最广大的空间。每个人都不是想方设法通过占别人的便宜来增加自己的利益，而是想方设法通过增加生产实现自己的利益最大化。

县域义务教育均衡发展的根本问题在于，从多重视角出发，探寻丰富村教育资源的思路，最大限度地实现教育资源的最优化均衡配置。

### 五、科学发展观：义务教育均衡发展的政策思想支撑

科学发展观的实质是以人为本，实现人与自然、人与社会的全面、和谐、可持续发展。其根本要求是统筹兼顾。其核心内容是坚持五个统筹，即统筹城乡发展、统筹区域发展、统筹经济与社会发展、统筹人与自然的和谐发展、统筹国内改革和对外开放发展。义务教育均衡发展是落实科学发展观的现实体现，尤其体现了五个统筹的前三个统筹，即城乡发展统筹、区域发展统筹、经济社会统筹。

统筹城乡发展：就是要注重农村发展和解决农民问题，促进城乡协调发展。城乡差距持续扩大是中国社会经济发展中的突出矛盾。城市化水平低、农村人口比重大、农业经营规模小是农民增收的主要障碍。中国已经进入工业化中期阶段，正处在城乡关系和工农关系调整的关键时期。一方面，经济增长主要来自非农产业，非农产业可以依靠自身积累实现增长；另一方面，农

业是弱势产业,农民增收缺少重要支撑,又面临激烈的国际竞争,不能再为工业化提供原始积累,应该给予扶持。困难在于,中国非农业人口占少数,非农产业效率低,短时期不可能用很大力量“反哺”农业。城乡差距将会在比较长的时期内存在,近期呈继续扩大的趋势。国家已经在财政、税收和其他社会经济政策方面开始向农村倾斜,有可能抑制差距扩大的趋势,减缓差距扩大的强度。城乡义务教育发展不均衡也是城乡差别的一个重要方面,而义务教育又是从根本上解决“三农”问题的关键。政府作为义务教育的主要责任者,引导和推进义务教育均衡发展是其应尽职责,同时,这也是落实科学发展观的客观要求。

统筹区域发展:注重帮助落后地区,促进地区协调发展。中国自古以来地区经济发展不平衡。改革开放以来,纵向比较,各个地区都有很大发展;横向比较,地区差距拉大了。这既有自然地理条件、历史文化因素、原有经济基础和市场潜力不同等客观原因,也有经济体制、政策选择和发展战略不同等方面的原因。中国的地区发展战略,包括鼓励沿海地区率先发展和帮助落后地区发展两个方面。东部沿海地区率先发展,各省、自治区内部都有一部分市、县率先发展起来,不仅带动了全国的发展,也是当前和今后相当长的时期内全国经济增长的主要支撑,这个战略方向要坚持。现在突出地提出统筹区域发展的问题,就是要帮助落后地区发展,实现地区协调发展和共同富裕,这也是中国发展战略的大局。统筹区域发展就是要求政府加强对区域发展的协调和指导,全面部署和兼顾东中西各大区域的发展。与经济相对应的教育发展的不均衡也是同时存在的,在一定的区域内和在不同的区域之间分层次逐步实现教育均衡发展是极其必要的。全国范围内的教育均衡一下子实现不现实,但我们可以先在一定的区域内如县域内逐步推进。让各级各类教育全部做到均衡也是很困难的事情,我们可以先解决义务教育的均衡问题。

统筹经济社会发展:就是要求我们把社会发展与经济发展兼顾并重,使之共同发展。回顾改革以来的进步,先是从政治高于一切到以经济建设为中心、发展是硬道理,这对我国经济发展、国力增强起了巨大作用;后来是进一步强调经济增长质量,强调生活质量,强调新的多元化的生活方式,强调生态和环境美。现在一个新问题突出了,就是社会事业发展不能总落后于经济产业的发展水平,提出要关心公共管理,关心社会保障,关心健康事业、教育和文化等。作为社会事业的教育要与经济协调发展,同步推进,实现经济与包括教育在内的社会事业统筹协调发展，是顺应民心、符合时代发展要求的。

当前，我国的义务教育既有地区之间发展不均衡的问题，也有与经济发展不协调、不均衡的问题，同时还有区域内部城乡之间、学校之间以及不同群体之间不协调、不均衡的问题，这些不均衡会带来许多问题，都是有悖于科学发展观精神的。这一系列不均衡问题，都需要在科学发展观指导下逐步予以解决。

# 第二章　义务教育均衡发展的历史与经验

国家推进义务教育均衡发展的相关政策，既是我国经济社会发展不均衡的现实制约与反映，也与我国现阶段义务教育发展对自身发展历史与国际经验的超越，或者更加准确地说，义务教育均衡发展政策是多因素相辅共生的结果与相互叠加的产物。党的十八大报告进一步将“均衡发展义务教育”作为全面建成小康社会进程中义务教育的战略性任务，标志着这一政策将实现新的重大跨越。促进义务教育优质均衡发展，已成为党和国家在新时期明确的教育发展战略方针，充分体现了党和国家对义务教育阶段均衡发展和促进教育公平的高度重视。义务教育均衡发展政策的演进历程具有其内在逻辑，通过对这一政策演进的历史线索与内在逻辑的分析，并结合对我国推进义务教育均衡发展的典型案例以及主要发达国家实施义务教育均衡发展经验的分析，将为我们深入实施均衡发展义务教育政策提供可资参照的理论坐标和现实借鉴。

## 第一节　我国义务教育均衡发展的政策变迁

### 一、义务教育均衡发展政策的变迁历程

改革开放之初，基于战略的考量，国家将非均衡发展作为义务教育发展政策的基本取向。当时国家提出，普及义务教育要根据各省、市、自治区的实际情况，进行分区规划，提出不同要求，分期分批予以实现，鼓励经济文化发达地区教育率先发展。义务教育的政策目标、进度要求和具体措施主要取决于各地区的经济发展和财政收支状况，体现出非均衡性。基于非均衡发展的政策设计取向，在“十一五”末期我国所有省(区、市)分期分批全部实现了“两基”目标，义务教育发展取得瞩目的成就。然而，非均衡发展的制度惯性使得我国义务教育发展也逐步走向非均衡。在新时代背景下，这种非均衡发展现状暴露出越来越严重的问题：择校问题愈演愈烈，教育质量差距越来越大，这使得区域均衡发展或包容性发展已成为宏观层面义务教育改革发展政策设

计的必然取向。①

鉴于此，国内教育政策研究学者阮成武教授根据义务教育均衡化推进过程的政策特征，将我国义务教育均衡发展的政策演变划分为非均衡发展、非均衡向均衡发展过渡和均衡发展三个政策阶段。② 义务教育均衡发展政策套嵌在这一政策变迁的历程之中，并表现出自身的阶段性特征。

### （一）非均衡发展政策阶段：1985 年—2000 年

我国从 1985 年《中共中央关于教育体制改革的决定》提出普及九年义务教育，1986 年颁布《义务教育法》，提出了到 2000 年底全国 85% 的人口地区基本普及九年义务教育。这一政策目标的实现主要是通过非均衡政策，由中央政府将发展基础教育的责任交给地方，各地根据不同经济社会发展情况分期分批实现的。早在 1980 年，《中共中央国务院关于普及小学教育若干问题的决定》就提出，要“根据各地区经济、文化基础和其他条件的不同，由各省、市、自治区进行分区规划，提出不同要求，分期分批予以实现”，“必须正确处理普及与提高的关系，各地应当首先集中力量办好一批重点学校，创造经验，典型示范”。

1985 年《中共中央关于教育体制改革的决定》将非均衡发展作为教育发展的基本战略和方式：“必须鼓励一部分地区先发展起来，同时鼓励先发展起来的地区帮助后进地区，达到共同的提高。”相应地，全国分为三类地区分期分批普及九年义务教育，政策目标、进度要求和具体措施都体现出非均衡性。于是，“按照财政分级管理、分灶吃饭的要求，把义务教育的投资支出全部下划到地方财政——城市是市财政，农村是县、乡财政，由地方政府全部负责和安排对义务教育的投资，这就等于把实施义务教育的责任和义务全部交给了地方政府，从而使义务教育的普及与发展只能取决于各地区的经济发展，取决于地方政府的财政收支状况”③。1993 年《中国教育改革和发展纲要》延续了这一政策，要求教育发展从各地经济、文化发展不平衡的实际出发，因地制宜，分类指导，鼓励经济文化发达地区教育率先发展。

### （二）非均衡向均衡发展过渡政策阶段：2001 年—2010 年

“普九”目标基本实现以后，分级管理、分灶吃饭的财政和管理体制，使地

---

① 张绍荣，朱德全. 区域义务教育均衡发展的政策设计与路径选择[J]. 教育与经济，2015，(1).

② 阮成武. 我国义务教育均衡发展政策的演进逻辑与未来走向[J]. 教育研究，2013，(7).

③ 余晓晨，苌景州. 走出义务教育投资管理困境的思路[J]. 教育研究，1994，(4).

区、城乡之间的义务教育发展差距越来越突出。2001 年《国务院关于基础教育改革与发展的决定》制定的"新三片"政策,也体现出非均衡发展的路径依赖和政策惯性。随着农村税费改革试点的开展,以及减轻农民负担的政策推动,原先以县乡为主的义务教育投入机制和管理体制严重失灵,甚至连国家确立的"保运转、保工资、保安全"的底线都难以保住。加之,进城务工人员子女就学问题使义务教育均衡发展的要求更加凸显。为此,2002 年《教育部关于加强基础教育办学管理若干问题的通知》提出:"积极推进义务教育阶段学校均衡发展",义务教育自此逐步向均衡发展转变。2005 年《教育部关于进一步推进义务教育均衡发展的若干意见》和 2006 年新颁布的《义务教育法》规定,"国务院和县级以上地方人民政府应当合理配置教育资源,促进义务教育均衡发展"。2010 年《教育部关于贯彻落实科学发展观 进一步推进义务教育均衡发展的意见》出台,国家及教育主管和相关部门出台了一系列促进义务教育均衡发展政策,核心是把推进均衡发展作为义务教育一项重要任务。比较而言,这一阶段的政策具有过渡性,只是教育系统的部门政策,重点是遏制城乡区域、学校之间的差距,加快薄弱学校改造,尚未触及城乡二元体制和区域发展不平衡等深层次矛盾,没有上升为中央和各级政府及职能部门的整体推动的基本政策。

### (三)均衡发展政策阶段:2010 年—至今

2010 年,《教育部关于贯彻落实科学发展观 进一步推进义务教育均衡发展的意见》提出,要"把均衡发展作为义务教育的重中之重"。《国家中长期教育改革和发展规划纲要(2010—2020 年)》提出,"均衡发展是义务教育的战略性任务"。2012 年《国务院关于深入推进义务教育均衡发展的意见》及相关部委的系列文件确立了,深入推进义务教育均衡发展的指导思想、基本目标、政策措施和体制保障。党的十八大报告围绕办好人民满意的教育,提出"均衡发展义务教育"的新论断,实现了义务教育均衡发展政策的新的跃升。首先,从根本上改变了地方负责、分级管理的体制机制,将义务教育作为政府主导提供的旨在保障全体公民生存和发展基本需求的公共服务,由国务院和地方政府根据职责共同负担,全面纳入财政保障范围。其次,实现了从"鼓励一部分地区先发展起来"到"达到共同的提高"的根本转变,打破了城乡二元、区域分化的体制障碍,彰显义务教育的均等性与普惠性。再次,从以资源均衡配置为核心的政府行为,深入到学校布局、建设、管理以及具体教育过程中，涵盖各类特殊群体，力求为每位学生提供平等和适合的教育，义务教育被落实到公众对它的满意度上。

可以看出，我国义务教育先是实行分地区、有步骤推进的非均衡发展政策，以实现基本普及和全面普及，从根本上解决适龄儿童、少年“有学上”的问题，为均衡发展奠定基础。没有这一基础，均衡发展无从谈起。然而，非均衡发展面临的城乡、区域、校际及群体之间的差距与失衡，又是这种发展方式无法解决的。在新的社会背景和政策环境下，义务教育成为由政府主导提供的基本公共服务，成为人的一种不可剥夺和不可放弃的基本权利，并成为人的平等发展的基石。也就是说，它为每一个现代社会的人的生存和发展提供了一条公平的起跑线。① 在这种情况下，实现发展方式根本转变，均衡发展义务教育成了一种历史的和逻辑的必然。②

## 二、义务教育均衡发展政策变迁逻辑的多视角分析

教育政策分析可以概括为四种不同取向的分析模式，即发生取向的分析模式、过程取向的分析模式、目的取向的分析模式和政策话语的分析模式。③ 对一个具体教育政策的分析，往往需要多个分析模式的综合运用。对于义务教育均衡发展这样一项关系重大、利益相关者众多、制定和实施过程复杂的教育政策，其变迁逻辑难以用某种单一的分析模式来把握，往往需要多视角的分析。

### （一）政策形成的动力机制

改革开放以来，发展义务教育的责任及其管理权经历了由中央集中统一管理到地方分权的责任下移，再到管理重心逐级上升的演变过程。1985 年，中央政府从民族素质提高和国家兴旺发达的整体利益出发，决定动员全党、全社会用最大的努力，积极地、有步骤地实施九年义务教育。中央除支持贫困地区义务教育发展外，将义务教育的责任和权力都交给地方。在这种体制下，各地政府在完成“普九”验收的任务驱动下，成为推动义务教育发展的强大动力。然而，2000 年“普九”达标验收完成后，这一动力机制出现失灵，加之税费改革切断了乡镇集资收费举办义务教育的取费途径，加剧了城乡之间义务教育发展的不均衡。中部地区既没有中央政策支持，又没有东部地区的经

---

① 曾天山等. 义务教育均衡发展是实现教育公平的基石[J]. 当代教育论坛，2007，(1).

② 阮成武. 我国义务教育均衡发展政策的演进逻辑与未来走向[J]. 教育研究，2013，(7).

③ 谢维和. 教育活动的社会学分析[M]. 北京：教育科学出版社，2007 年版，第 175 页.

济实力，义务教育出现严重的“中部凹陷”；区域之间发展目标及其水平的梯度差异与户籍、居住地等因素捆绑，使教育机会被体制性分割，进城务工人员子女平等接受义务教育存在道道关隘。到2005年逐步建立以县为主的经费保障新机制，开始了义务教育均衡发展的政策进程。《教育规划纲要》将义务教育全面纳入财政保障范围，实行国务院和地方各级人民政府根据职责共同负担，省级政府统筹落实的投入体制。政策责任主体及其关系的演进，反映出义务教育均衡发展政策动力机制的演变。在非均衡发展政策阶段，各地分期分批实现“普九”任务，打破了原先大一统、齐步走的教育利益格局。教育利益分化释放出巨大动力和活力，激发了一些地区和学校“先发展起来”，同时，发展不平衡问题也随之凸显。此后，政策责任主体逐步上移，最终被纳入由政府主导提供的基本公共教育服务范畴。按照新的政策设计，省级政府要建立推动有力、检查到位、考核严格、奖惩分明、公开问责的义务教育均衡发展推进责任机制，县域义务教育均衡发展也将作为考核地方各级政府及其主要负责人的重要内容。由此，促进国家、地方政府和部门与人民群众的教育利益整合，使它成为义务教育均衡发展政策的动力机制。①

（二）政策目标的价值取向

对教育政策目标及其与政策措施的关系演变过程进行分析，有利于澄明义务教育均衡发展政策的价值取向与合理性。实行九年义务教育之初，正逢我国改革开放，破除平均主义和大锅饭，提倡一部分地区、一部分人先富裕起来。与之相对应，“普九”是基于各省、市、区之间及省、市、县范围内发展的不平衡，“鼓励一部分地区先发展起来”。1994年实行分税制改革，中央和地方政府各自承担本级各项事业费，由此造成了公共服务属地化分割及区域碎片化，东部与中西部地区义务教育差距进一步拉大。一些地方政府为寻求税源和减少公共支出，在一定程度上降低了公共服务的提供水平。21世纪以来，尽管近年来各地义务教育都有了新的发展，但城乡之间、地区之间、学校之间的差距依然存在，在一些地方和有些方面还有扩大的趋势，成为义务教育发展中需要高度关注的问题。2006年《中共中央关于构建社会主义和谐社会若干重大问题的决定》提出：“坚持公共教育资源向农村、中西部地区、贫困地区、边疆地区、民族地区倾斜，逐步缩小城乡、区域教育发展差距，推动公共教

---

① 阮成武. 我国义务教育均衡发展　政策的演进逻辑与未来走向[J]. 教育研究，2013，(7).

育协调发展。”2007 年《政府工作报告》提出：“让所有孩子都能上得起学，都能上好学。”此后，《教育部关于贯彻落实科学发展观 进一步推进义务教育均衡发展的意见》要求东部地区和中西部有条件地区要在推进教育现代化过程中，提升义务教育均衡发展水平；中西部农村地区要在巩固提高基础上大力推进义务教育均衡发展；要以县级行政区域内率先实现均衡为工作重点，大力推进区域内学校与学校之间义务教育均衡发展，积极鼓励有条件的地方努力推进区域与区域之间义务教育均衡发展。《国务院关于深入推进义务教育均衡发展的意见》提出：“总体规划，统筹城乡，因地制宜，分类指导，分步实施，切实缩小校际差距，加快缩小城乡差距，努力缩小区域差距，办好每一所学校，促进每一个学生健康成长。”义务教育政策目标从非均衡向均衡发展的过渡与跃升，与不同时期经济社会发展水平及政策的价值取向密切相关。非均衡发展体现了效率优先的价值取向。在促进民生改善，全面建成小康社会的新阶段，促进人的全面发展，逐步实现全体人民共同富裕成为主要政策目标。在此之下，均衡发展义务教育政策体现了公平优先的价值取向。

### （三）政策实施的过程保障

义务教育均衡发展政策从制定出台到具体实施的政策过程能否得到控制，取决于对影响政策实施过程的各种变量及它们之间相互关系的认识与控制。[①] 在非均衡向均衡发展过渡政策阶段，不断调整但又尚未完全到位的过渡性政策，改变了原先的中央政府与地方政府、城市政府与农村政府、进城务工人员随迁子女流入地政府与流出地政府、政府与学校、学校与学校、学校与家长之间的权力边界与利益关系，带来教育投入责任与管理权力、教育资源分配与获得等方面关系的调整。这必然引起一系列权力和利益博弈、矛盾和冲突，致使政策过程难以控制，政策目标和措施的执行力和确定性随之减弱。例如，《国务院关于基础教育改革与发展的决定》要求“按照小学就近入学、初中相对集中、优化教育资源配置的原则，合理规划和调整学校布局”，而在政策执行过程中，很多地方政府将调整学校布局等同于学校撤并。据统计，全国县域学校数由 2001 年的 464 962 所减少到 2010 年的 241 010 所，减幅达 51.83%；县域教学点由 2001 年的 113 656 个减少到 2010 年的 66 736 个，减

---

① 谢维和. 教育活动的社会学分析[M]. 北京：教育科学出版社，2007 年版，第 175 页.

少58.72%。[①] 其重要原因就是地方政府为了降低教育投入和管理成本,以及为带动城镇经济发展,受地方利益和部门利益的驱动所致。《教育规划纲要》将促进教育公平提升为国家基本教育政策,重点是促进义务教育均衡发展和扶持困难群体,并提出将均衡发展作为义务教育的战略性任务。此后,国务院出台了《关于深入推进义务教育均衡发展的意见》等一系列推进义务教育均衡发展的政策,并将其纳入《国家基本公共服务体系"十二五"规划》。教育部联合相关部委出台了旨在提高质量、加强资源保障、规范管理等方面的具体政策,并与27个省(区、市)和新疆生产建设兵团签署义务教育均衡发展备忘录,强化省级统筹,制定出义务教育均衡发展的时间表、路线图。[②] 随后,省级政府建立义务教育均衡发展推进的责任机制,将县域义务教育均衡发展作为考核地方各级政府及其主要负责人的重要内容,教育、发展改革、财政、人力资源社会保障、编制等部门形成各负其责、协力推进义务教育均衡发展的工作机制。与此同时,教育部实施"省级评估、国家认定"的县域义务教育督导评估制度。这一政策体系理清了各级政府及其部门之间的权力边界,整合和协调相关主体之间教育利益关系,使得原先相互推诿的现象逐步消解,政策执行力和确定性随之增强。

当然,这一政策落地生根会受制于一些新的影响变量。所有适龄儿童"有学上"问题的解决,势必导致教育规模和教育需求的"分母"越来越大,若优质教育的"分子"得不到相应扩充,"上好学"的矛盾就会愈加尖锐。这主要表现为入学机会的限定性与人民群众的选择性之间、公平教育的普惠性与优质教育的稀缺性之间、教育资源配置的外因性与教育质量提高的内生性之间的矛盾。[③] 这些矛盾将成为政策执行力和确定性的影响变量。

### (四) 政策话语的文化规则

政策话语视角的教育政策分析,是通过对教育政策文本所使用的语言、词汇和逻辑修辞等,来分析教育政策的目标指向和价值取向,揭示政策所蕴含的文化规则以及其中存在的权力背景。[④] 从以上三个政策发展阶段可以看

---

① 邬志辉.恢复和建设是布局调整的重要内涵[N].中国教育报,2012-8-14.

② 柴葳,荣雷.开启义务教育均衡发展新篇章——教育部与各省(区、市)签署义务教育均衡发展备忘录纪实[EB/OL].http://www.moe.edu.cn/publicfiles/business/htmlfiles/moe/s6070/201209/141735.html.

③ 阮成武,朱家存.上好学政策面临的实践挑战与应对策略[J].中国教育学刊,2013,(1).

④ 阮成武.我国义务教育均衡发展 政策的演进逻辑与未来走向[J].教育研究,2013,(7).

出，前两阶段主要使用的是经济学话语，教育发展受制于经济发展水平，特别是地方政府的财政收支状况。在此之下，政策制定移植“均衡”这一经济学概念，将义务教育均衡发展主要定义为教育资源配置均衡，即在平等原则的支配下教育机构、受教育者在教育活动中平等待遇的实现，其最基本的要求是在正常的教育群体之间平等地分配教育资源和份额，达到教育需求与教育供给相对均衡，并最终落实在人们对教育资源的支配和使用上。①

从2003年《国务院关于进一步加强农村教育工作的决定》开始，义务教育均衡发展政策逐步转换成以社会学、伦理学、政治学、新公共管理理论为主的政策话语。该《决定》提出：“发展农村教育，使广大农民群众及其子女享有接受良好教育的机会，是实现教育公平和体现社会公正的一个重要方面，是社会主义教育本质要求。”此后，《国务院关于深化农村义务教育经费保障机制改革的通知》提出：“将农村义务教育纳入公共财政保障范围”，“完善以人为本的公共财政支出体系，扩大公共财政覆盖农村范围，强化政府对农村的公共服务，推进基本公共服务均等化”。《教育部关于进一步推进义务教育均衡发展的若干意见》提出：“建立和完善保障义务教育均衡发展的公共财政体制”，“逐步缩小学校办学条件的差距，切实保障弱势群体学生接受义务教育”。教育部《县域义务教育均衡发展督导评估暂行办法》对义务教育发展基本均衡县的评估认定，要求评估前向社会公告，评估结果向社会公布，接受社会监督，将公众满意度作为评估认定的重要参考。《国务院关于深入推进义务教育均衡发展的意见》进一步确立了以人民群众主观感受和满意度为主要特征的政策话语，将深入推进义务教育均衡发展定位为努力实现所有适龄儿童、少年“上好学”，突出要求“保障特殊群体平等接受义务教育”，体现了一种弱势补偿的政策伦理。此时，义务教育均衡发展开始摆脱对地方经济发展水平的依附，成为由政府主导提供的旨在保障全体公民都能公平而可及地获得的大致均等的基本公共服务。从以上的政策演进可以看到，义务教育均衡发展政策在义务教育从非均衡、非均衡向均衡过渡和均衡发展的演进过程中，政策主体、政策目标、政策过程、政策话语等核心要素及其关系的演变；相互耦合和关联，既有外在的社会制约性，也体现出政策演进自身的系统性与逻辑性。

① 翟博. 教育均衡发展：现代教育发展的新境界[J]. 教育研究，2002，(2).

## 三、义务教育均衡发展政策的趋势分析

目前,我国深入推进义务教育均衡发展的政策理念、框架及举措已经系统形成,但是,这一政策会沿着自身的系统性与逻辑性向前演进。新时期,我国提出全面建成小康社会的发展目标,对义务教育均衡发展提出了新要求。因而,在政策实践中丰富、完善均衡发展义务教育政策框架,不仅是可能的,而且是必要的。

### (一) 动力机制:实行新型非均衡发展

均衡与非均衡是不同经济社会条件下义务教育两种不同的发展方式和政策选择;同时,二者矛盾运动和转化也构成推动义务教育发展的动力机制。如果说全面普及义务教育是通过非均衡政策实现的,那么,均衡发展义务教育同样需要非均衡政策来实现,只不过它是一种新型非均衡发展。[①] 因为,前者以教育利益分化为特征,即一部分地区、学校先发展起来的同时,另一些地区和学校则处在后发展甚至落后状态;与之不同的是,新型非均衡发展以教育利益整合为特征。

在全面建成小康社会的进程中,均衡发展义务教育是一种由政府主导提供的全体公民都能公平可及地获得的大致均等的基本公共服务,具有均等性与普惠性;与之相应的是,均衡发展义务教育政策将从先前受制于地方经济水平、行政区划以及户籍制度的一种派生性政策,上升到基本公共服务体系均等化的基础性地位。面对区域、城乡、校际以及群体之间发展水平很不均衡的实际,需要在政策上区别对待、抓住重点、合理倾斜,确立发展义务教育的优先方向,填平凹陷,补齐短板。也就是说,均衡发展不是平均用力,不是简单的平均化和无差异化,而是需要以非均衡发展政策来实现其均衡发展。具体来说,需要落实十八大提出的"重点向农村、边远、贫困、民族地区倾斜,支持特殊教育,提高家庭经济困难学生资助水平,积极推动进城务工人员子女平等接受教育,让每个孩子都能成为有用之才"。落实《国务院关于深入推进义务教育均衡发展的意见》提出的"中央财政加大对中西部地区的义务教育投入,省级政府要加强统筹,加大对农村地区、贫困地区以及薄弱环节和重点领域的支持力度","各地逐步实行城乡统一的中小学编制标准,并对村小学和教学点予以倾斜……重点为民族地区、边疆地区、贫困地区和革命老区

---

① 阮成武.我国义务教育均衡发展　政策的演进逻辑与未来走向[J].教育研究,2013,(7).

培养和补充紧缺教师”，“对长期在农村基层和艰苦边远地区工作的教师，在工资、职称等方面实行倾斜政策，在核准岗位结构比例时高级教师岗位向农村学校和薄弱学校倾斜”。特别是要改变原先“三片”地区义务教育发展目标水平递减的政策，建立完善弱势补偿的政策机制，使处境不利地区、学校和学生群体获得相对平等的发展机会，填补先前政策形成的“中部凹陷”。唯有以非均衡发展作为杠杆和推手，才能有效实现区域、城乡、群体和校际义务教育总体均衡。

### （二）价值取向：以发展平衡保障和促进机会均等

义务教育均衡发展作为一种法定目标和国家政策导向，有着特定的目标内涵和价值取向。“均衡”是“机会均等”与“发展平衡”的统一体。机会均等指所有适龄儿童、少年均等享受由政府主导提供的方便可及、质量确保的基本公共教育服务，反映了一种教育公平。发展平衡是实现城乡、区域、校际及不同群体之间在教育资源、管理和质量及其制度保障水平上的基本平衡，反映了一种社会公平。机会均等与发展平衡相互依存，机会均等是核心、落脚点，发展平衡是保障、着力点；同时，二者又有各自的内涵，前者是就适龄儿童、少年个体之间而言，后者则是就不同区域、城乡、学校及其家庭而言。均衡发展义务教育是要促进区域、城乡、校际及不同群体在公共服务体系建设和保障水平的基本平衡，以此为适龄儿童、少年接受机会均等的义务教育奠定社会基础。

为此，政府应发挥独特优势和担当自身责任，加强城乡及不同区域交通、通信、公用设施等公共服务机构设施和能力建设，加强社会建设，创新社会管理，改善基本民生，兜住教育公平的底线。具体地说，就是以促进县域基本均衡为着力点，实现县域内城乡学校之间义务教育的平衡发展。在此基础上，随着区域关系、城乡关系、工农关系的改变，城市政府与农村政府之间、进城务工人员随迁子女流出地政府与流入地政府之间，中央政府与省、市、县政府之间，政府、学校与家庭之间，农民、市民及其第三极——进城务工人员之间，必然构成新的权力边界和利益关系。为此，应打破城乡分治的户籍制度壁垒，建立以居住地为基准的公共服务体系与管理机制，将义务教育全面纳入由当地政府主导提供的基本公共服务。在实现路径上，可通过国务院相关部门与省级政府间的磋商协调，调整教育经费及相关教育资源的配置原则，消解不同地区之间、城乡之间及不同层级政府之间的利益博弈和冲突，保持区域间基本公共服务范围和标准的基本一致。同时,加强相关制度和规则衔接,推进省域内基本公共服务均等化,并逐步实现跨省域义务教育服务均等化。

### (三)过程保障:确保每个适龄儿童少年均等享有良好教育

与解决"有学上"问题不同,均衡发展义务教育要"努力实现所有适龄儿童、少年'上好学'"。"好"的程度及其评价,体现了教育与人民群众需求的吻合度,对适龄儿童、少年发展及民生改善的贡献度,最终反映人民群众的满意度。当然,实现所有适龄儿童、少年"上好学",不同于一般意义的"上好学",它具有特定的教育对象范围、公平特性和质量水准,即每个适龄儿童均等享有良好教育。抓住以下三个环节,政策实施才会有过程保障。

第一,教育对象范围涵盖"所有适龄儿童、少年"。这就是编织起一张义务教育的"天网",使所有适龄儿童、少年"学有所教",而不应有任何挑选、遗弃、排斥。随着教育对象涵盖面越来越广,教育对象的差异性、家庭背景的复杂性、教育需求的多样性也就越来越凸显。为此,应改革义务教育入学政策,增强教育提供方式的便利性与多样性。一是优化学校布局结构、加强学校标准化建设,特别是农村小微学校建设,统一城乡教师编制标准,加强教师流动管理,办好老百姓家门口的学校,使老百姓孩子"就近入学"更加方便、放心和满意。二是保障各种处境不利的贫困人群平等接受义务教育,包括保障进城务工人员随迁子女、农村留守儿童、残疾儿童、城市低保家庭儿童、农村家庭经济困难儿童、孤儿、流浪儿童等,解决他们平等接受义务教育所存在的各种困难和特殊需要。三是对于那些超越均衡发展的高端性、选择性教育需求,即"上自己想上的好学校",可通过发展民办教育和社会培训机构来实现,政府加强法制建设和监督管理。四是建立义务教育的公共服务机制,建立完善面向所有适龄儿童、少年接受义务教育的学籍管理与监测系统。

第二,教育公平特性体现"均等享有"。政府及教育主管部门应通过政策推动,如制定一系列旨在促进城乡、区域和校际均衡的办学标准、质量标准、经费标准、教师编制标准等,实现区域、城乡、校际义务教育办学条件标准化,以教育资源均衡配置保障适龄儿童、少年的教育机会均等。在此基础上,进一步将资源均衡配置落实到全体适龄儿童、少年均等享有上。按照科恩的观点,"在教育机会均等的概念中,应该包括各种相互联系的不平等的源泉,而这些不平等源自学校和教室的内部"。"个体受教育结果层面上的不平等显示了社会环境中的那些不平等所带来的直接和间接的影响。"①也就是说，不平等的学校和教室往往是由于学校环境、学校组织结构、班级规模、课程设置和教学语言等直接或间接的社会因素造成的，科恩由此提出通过改变教室里的社会机制来创造公平教室。显然，让所有适龄儿童、少年"上好学"，创造公平教室是十分必要和有效的。政府应在政策上为每一位学生（特别是处境不利地区、学校和学生群体）提供相对均等的学校环境、班级环境、教师队伍、课程资源、教学设备、生活设施，为适龄儿童、少年获得教育过程和结果的机会均等创造必要条件。

第三，教育质量水准达到"良好教育"。义务教育均衡发展政策是在普及基础上解决均衡问题，换言之，它是一种具有特定价值取向和功能的政策，不能将义务教育要解决的所有问题都"绑架"到这一政策上。从理论上讲，均衡发展义务教育的质量水准既不是具有稀缺性和竞争性的优质教育，也不是只具有最低质量保障的基本教育，而是一种具有可靠质量保障、人人均等共享并为进一步发展提供必要基础的良好教育。因此，均衡发展义务教育重点不是整体将其提升为优质教育，而是使所有适龄儿童、少年接受良好教育。当然，这不等于稀释、扼制或取消优质教育，而是发挥优质教育的共享、辐射功能，建立优质教育资源共享机制，如通过学校联盟、集团化办学、委托管理、评估认证等方式，以及大力推进教育信息化，开发丰富优质数字化课程教学资源，促进优质教育资源的共用共享，带动生成更多的良好教育。

### （四）政策话语的文化规则：充分尊重和合理引导教育民意

随上述政策走向的变化，均衡发展义务教育的政策话语也将进一步发生转变。这种转变除在表达方式和语言上的转换，还应在话语权亦即政策制定、执行和评价的参与者构成及其关系上实现进一步转变。目前，无论政策制定还是执行与评价，政策主体都是各级政府及教育主管部门。这种供给、支付和监管三重角色合一的格局，反映出政策话语的政府主导，不利于各种主体的利益表达和利益整合。随着政府执政理念突出人的主体地位，政府职能将进一步转变，教育政策制定、执行与绩效评价应当进一步充分尊重教育民意，确立人民群众在政策制定、执行与评价上的话语权。所谓教育民意，包括人民群众在义务教育上的诉求、意见及其实现的满意程度，以此保障公众

① 莫琳·T.哈里楠.教育社会学手册[Z].上海：华东师范大学出版社，2004年版，第346页.

对政策的知情权、参与权和监督权。为此，均衡发展义务教育政策制定应改变城市中心主义和政府本位主义倾向，以及长期以来“受益者缺席”的决策机制，积极发挥社会及公众的参与功能，问需于民、问政于民。政府应大力发展电子政务，建立反映义务教育均衡发展状况的统计指标、信息发布与查询平台，为社会及公众提供透明、准确、有效的信息服务。同时，政策执行及其绩效评价，政府及其责任人的政绩考核，应将公众对义务教育均衡发展的满意度作为重要依据，评估和考核结果向社会公布，接受社会的监督。

当然，充分尊重民意也需要对其进行科学分析与评估，加以正确引导。一方面，教育有其自身规律，教育活动及其结果获得总是需要受教育者的主体参与和努力，而不是外在的输出、赠予和赋予就能实现的；教育结果往往具有内生性、间接性与未来性，教育公共服务与其他公共服务有着不同的一面。另一方面，义务教育均衡发展的实现需要一个漫长的渐进努力过程，而教育民意诉求及其满意标准多指向不同利益个体和群体的直接利益、当前利益和具体利益。因此，均衡发展义务教育政策制定、执行与评价，需要建立教育民意的表达渠道、对话平台与疏导机制，加强教育民意引导，促进教育利益的整合与协商，维护好、发展好广大人民的根本利益和长远利益，保障教育的国家利益和公共利益。

### 四、义务教育均衡发展战略的政策评析

从教育发展的外部环境看，我国义务教育资源配置方面存在的区域、城乡、校际差距，与我国区域经济社会发展存在的巨大差异和城乡二元社会结构有关。从教育发展的内部环境看，其与我国长期坚持的城市优先的教育资源配置政策和重点学校制度有关。上述政策是在区域经济社会发展极端不平衡、城乡二元社会特征突出、国家教育资源极度短缺，而经济社会发展又急需各级各类人才的形势下做出的选择。我国教育经过30多年的改革和发展，基本解决了“有学上”的难题之后，然而，广大人民群众对城市优先的教育资源配置政策和重点学校制度导致的教育差距过大却日益不满。由此，我国义务教育改革和发展的主要矛盾开始从“有学上”转向“上好学”。①

自改革开放以来，我国长期采取了“效率优先、兼顾公平”的发展原则，这也直接影响到我国教育政策与制度的设计，导致了我国教育尤其是义务教育

① 张耒.县域义务教育均衡发展政策指向及战略选择[J].中国教育学刊,2013,(11).

的非均衡发展。正是由于缺乏保证义务教育均衡发展的政策和制度支撑，近年来，义务教育发展的泛市场化、产业化、商品化的倾向日益严重，导致义务教育城乡之间、地区之间、学校之间的失衡。目前，我国义务教育发展不均衡问题最终都可以还原为政策和制度问题。许多不均衡问题本身就是政策、制度缺失或不健全造成的。所有的义务教育发展不均衡问题，最终都可以通过政策修订和制度创新进行调节。因此，推进义务教育均衡发展，重点在政策和制度建设，关键是进行政策创新和制度变革，只有建立了科学合理的政策制度，才能保障义务教育的可持续均衡发展。①

有学者通过梳理义务教育均衡发展的历史，审视国家义务教育均衡发展政策的实施现状，发现我国义务教育均衡发展仍呈现诸多明显不足②：一是区域义务教育均衡发展缺乏差异性政策设计，国家、省、市、县的相关政策设计缺乏统整的层次性、逻辑性，宏观、中观、微观政策重点不突出、层次不分明，路径分解职责不清晰，导致政策设计最终落实不到位。二是区域义务教育均衡发展在路径选择上缺乏针对性和联动性，国家、省、市、县各个层面特别是省域、市域、县域缺乏多域良性互动，难以构成无缝对接格局。三是区域义务教育均衡发展在政策设计与路径选择上存在脱节现象，导致难以形成有效合力。作为一项系统变革，区域义务教育均衡发展的改革成效既取决于“自上而下”宏观层面科学的政策设计，又依赖于“自下而上”中观与微观层面合理的路径选择。科学的政策设计能为变革提供导向定位，合理的路径选择则可为变革确定行进路线。要破解我国义务教育均衡发展的难题，应立足于国家视野加强区域义务教育均衡发展政策的顶层设计，并从宏观、中观、微观和省域、市域、县域多重基点出发，综合审视及重构我国区域义务教育均衡发展改革的政策设计与路径选择问题，这对于未来我国进一步深入推进区域义务教育均衡发展改革或有裨益。

当前，义务教育均衡发展已成为我国一项基本国策。在实现义务教育全面普及之后，义务教育的工作重点是均衡发展，努力让所有的适龄儿童少年都“上好学”。均衡发展的最终目的是让每个孩子都均衡地享受教育资源，通过保障教育质量来促进义务教育阶段学校的内涵发展。均衡发展就是要办

---

① 张侃. 制度视角下的我国义务教育均衡发展[J]. 教育科学，2011，(3).

② 张绍荣，朱德全. 区域义务教育均衡发展的政策设计与路径选择[J]. 教育与经济，2015，(1).

好每所学校、教好每个学生。显而易见,我国当前义务教育均衡发展的政策目标发生了巨大转变,其重心开始下移,直指义务教育的宗旨。一方面,义务教育均衡发展政策目标的重心下移,是对现行义务教育政策所暗含的路径依赖的突破和创新。回溯近些年对义务教育均衡发展问题的关注,其政策目标主要集中在加大财政资金投入和学校硬件改善问题上,旨在为义务教育均衡发展争取外部环境的支持,从性质上属于顶部外求式均衡发展。当然,顶部外求式均衡发展是解决地区教育发展不均衡问题的主要措施,也是世界通行的普遍做法。世界各国尤其是西方主要发达国家,经过不断探索和实践基本建立起了适应本国国情的教育财政转移支付制度。但是,顶部外求式均衡发展还只是教育均衡发展的初级形式,均衡发展不应该仅停留于办学条件达到某种标准,而应该走学校内涵式发展的道路,即底线内生式均衡。另一方面,因为政府的高投入并不能保证学校教学的高质量,学校发展在满足了一定的物质条件之后,物质投入和质量提升之间并不是对等关系,也就是说,高投入的物质均衡并不一定带来高水平的质量均衡。底线内生式均衡追求教育质量均衡,它是在现有经济条件下,以义务教育的培养目标为标准的教育均衡。它不仅重视政府适当的经济投入,更重视学校的内涵发展,强调通过学校的内涵发展来促进办学质量的提高。底线内生式均衡重视的是基础教育发展的底线,每个区域、每所学校的发展都要达到一个底线标准,每个基础教育学校毕业的学生都要在底线上合格。①

## 第二节 我国推进义务教育均衡发展的典型案例

十多年来,我国各地在推进义务教育均衡发展方面积极探索,做了大量卓有成效的工作,取得了很多开创性的实践成果。通过推进义务教育均衡发展,区域内薄弱学校办学条件明显改善,城乡教育均衡发展体制机制进一步健全,学校间办学条件差距不断缩小,义务教育学校教学质量稳步提升,义务教育均衡发展取得了巨大成绩。通过对我国不同区域推进义务教育均衡发展的典型案例分析,可以进一步累积、提炼我国推进义务教育均衡发展的政策实践经验,也可以看出我国推进义务教育均衡发展具有多元化、区域性的显著特征。

---

① 许杰.重心下移:义务教育均衡发展政策走势[J].中国教育学刊,2012,(3).

## 一、一个无须择校的城市：安徽省铜陵市义务教育均衡发展经验①

安徽省铜陵市城区义务教育均衡发展，主要是坚持科学的发展观、坚持科学的教育管理思想、坚持科学的质量观的结果。其直接效果是国家的教育方针政策得以认真执行和落实；不以升学率作为学校的唯一评价指标，从而避免了学校间的恶性竞争；积极主动加强办学经费的统筹管理和调控，从制度上保证了均衡发展的环境。铜陵市城区义务教育均衡发展取得了成效，被誉为“一个无须择校的城市”，各校办学水平大体相当，中小学基本刹住了择校风，教育乱收费现象得到了有效遏制，其主要做法表现为：

一是调整布局，整合资源。根据社会经济发展变化，以及区划调整和城区改造，适时对学校重新布局规划和调整，关停撤并了规模偏小、低效质差的13所学校；投入1.5亿元，在生源集中的学区新建和改扩建了22所中小学。

二是取消重点，均衡配置。为了整治“择校风”，打破长期形成的“重点校——好生源——好师资——好财源”的怪圈，铜陵市取消了重点初中，加大力度改善义务教育薄弱学校的办学条件，在资金、项目和教学器材分配上，坚持“雪中送炭”，不搞“锦上添花”，经过多年努力，市区各校全部配备了微机室、语音室、电子备课室和多媒体教室，中小学实验器材、电教器材和音体美器材全部达到省I类标准，在学校硬件配置上基本达到了均衡。

三是丰富内涵，提升质量。薄弱学校升级是义务教育均衡发展必须解决的重要一环，铜陵市着重抓了四点：将薄弱学校校长配备放在内涵建设的首位；将薄弱学校师资队伍建设作为内涵建设的重点；将教育教学质量提升当作薄弱学校内涵建设的核心；将以评估促管理当作内涵建设的保障。其主要做法有：充实薄弱学校教师队伍；实施“名师迁移”——有意识将名师调到新建或薄弱学校任职或任教；将骨干教师分散到各校。对骨干教师——学科带头人评选方式进行改革，将评选指标切块分配到每所学校，从而稳定骨干教师队伍。不惜重金强化对校长的培训，送他们到沿海开放城市挂职，请专家学者前来传授先进教育思想。同时，开展国际交流，让校长走出国门，开阔眼界。

四是依法治教，规范办学。为切实保障生源的均衡分布，创建平等和谐的义务教育环境。早在十年前，铜陵就取消了重点初中和小学，取消了全市统一的小学毕业升学考试，义务教育阶段所有学生全部实行免试就近入学。示

① 吴海升. 义务教育均衡发展研究——以铜陵现象为例[J]. 江淮论坛，2009，(6).

范高中切块划片分配指标，按计划从高分到低分录取。对凡在市内有固定住所的农民工子女，享受本地学生待遇，义务教育阶段免交借读费，还可在市区报考省示范高中。目前，进城上学的农民工子女已占铜陵市区在校生的5%。

总结铜陵市义务教育均衡发展的做法，最为关键的一点，就是坚定不移地执行国家的相关规定，切实履行政府职责，把群众最关心的事做好。政府能从义务教育发展大势出发，切实把发展教育作为工作的重心，把教育摆在优先发展的战略地位，多方面、多层次予以支持。

## 二、义务教育均衡发展示范县：江西省分宜县义务教育均衡发展模式①

作为江西省首批义务教育均衡发展示范县之一的分宜县，近年来采取有力措施，大力推进义务教育均衡发展，目前已基本形成学校布局合理化、办学条件标准化和教育管理规范化的义务教育一体化发展新格局，初步实现了义务教育均衡发展的目标。总的看来，该县义务教育均衡发展模式有以下特点：

### 1. 实施“初中进城，小学进镇，幼儿入园”工程，促进城乡义务教育均衡发展

为了解决城乡教育资源分配不公的问题，促进县域义务教育均衡发展。2009年分宜县政府投资1.2亿元，无偿划拨土地186亩，在县城建立了分宜第六中学，在全省率先实施农村“初中进城”工程。分宜六中是该县规模最大、设备最优的学校，可以容纳学生4500名，目前全县所有农村初中学生在该校就读。实施“初中进城”工程后，分宜六中进一步规范了寄宿生管理制度，对学生进行“全封闭”管理，根据学生人数，配备了专职的生活教师，对学生进行全天候的管理。学校配备了专职食品卫生管理员，实行食品定点采购制度，从业人员一律持证上岗，县防疫部门定期对学校食品进行检疫，确保师生饮食安全。为了减轻农村学生因进城就读带来的经济负担，分宜县政府还对进城就读的农村初中生实行交通费减半补贴，具体办法是：县政府负担交通费40%，乡镇政府负担10%，学生家庭负担50%。同时，为了缓解分宜六中的经济压力，分宜县政府对该校水电费进行了相应的补偿。

对原来乡镇中学和村级小学进行有效整合，分宜县撤并乡镇中学13所，并将其改办为高标准的寄宿制小学，农村小学三年级以上的学生全部集中到

---

① 桂勇，付卫东．我国县域义务教育均衡发展模式探析——以江西省分宜县为例[J]．湖南科技大学学报（社会科学版），2014，(3)．

镇中心学校寄宿，三年级以下的小学生每天坐校车上学，乡村分别给予40%和10%的交通补贴。该县在全县小学实施“2+1”项目，即每个学生必须掌握2项体育技能和1项艺术技能，每天保证1个小时的课外活动。这些举措大大丰富了小学生的课余生活，增强了儿童体质，培养了他们良好性格和情操，有利于学校素质教育的开展。同时，该县调整乡镇小学(包含教学点)40所，将原来中心小学改为中心幼儿园，原村级小学用于开办村幼儿园。中小学布局调整后，富余的大量校舍和一定数量的师资，为快速发展的农村学前教育提供了现实条件。该举措加快了农村学前教育的普及，满足了农村家长对子女接受学前教育的强烈需求。这样既巩固了义务教育成果，又促进了农村学前教育的发展，使该县义务教育和学前教育形成良性循环的态势，为缩小城乡差距、促进教育公平提供了有利条件。

2. 建立教育园区，满足城镇化背景下进城务工子女的教育需求

为了适应城镇化进程，满足城镇化背景下人民群众日益强烈的教育需求，近年来，分宜县在县城北环路东路两侧投资2.5亿元建立教育园区。教育园区内除了投资1.2亿元新建的分宜六中外，还新建了分宜三小分校和县第二中心幼儿园，分别扩建改建了分宜五中和分宜三中，新建了县文化中心、体育中心和青少年校外活动中心，以此带动该县城新城区建设，从根本上解决了新形势下县城新城区及城乡接合部学生读书难的问题。更重要的是，使农村孩子扩大了交往的范围，接受了现代城市文明的熏陶，开阔了他们的视野，对他们综合素质的提高意义深远。总之，分宜县教育园区的设立，有力地促进了城乡教育资源的整合，有效化解了县城学校大班额的问题，也大大缓解了县城学校办学压力，充分满足了进城务工农民子女读书的需求，有效地促进了城乡义务教育均衡发展。

3. 加大教师队伍建设力度，促进义务教育师资均衡配置

义务教育均衡发展的最基本要求是在教育机构和教育群体之间公平地配置教育资源，达到教育供给和教育需求的相对均衡。在教育资源中师资又是最重要的资源。国内外经验证明，“教育的发展和质量的提高，是和一支稳定的、训练有素的、积极性高又可靠的教师队伍分不开的”①。分宜县实施中

---

① 雅克·哈拉克.尤莉莉，徐贵平译.投资于未来——确定发展中国家教育重点[M].北京：教育科学出版社，1993年版，第228页.

小学名师培养工程，截至2011年，全县重点培养了15名校长、50名学科带头人和200名中小学名教师，进一步发挥了名校长、名教师和学科带头人的示范作用。同时，该县积极推进学校人事制度改革，全面实行教师聘任制，根据教师岗位编制比例和职务比例结构，配齐配足学科教师，核定编制时向农村学校倾斜，新增教师优先满足农村学校的需要。2008年以来，该县先后从师范院校公开招聘225名教师，优先充实到农村薄弱学校。为保证农村初小及教学点有优质的师资，该县还采取“定向招聘”的方式，每年向师范院校定向招聘一批有本地户籍的优秀毕业生，规定其五年内必须在初小或教学点安心任教，五年后再续签合同或自由调动。该举措有效缓解了农村偏远初小和教学点师资严重短缺的问题。

### 三、区域推进义务教育均衡发展的优秀工作案例①

2015年6月，全国义务教育改革发展现场经验交流会在江苏省泰州市召开。会议交流了北京、天津、安徽、河南、江苏、云南、厦门、杭州、泰州等地推进义务教育均衡发展的经验和做法。近年来，各地改革创新、真抓实干，做了大量卓有成效的工作，农村学校、薄弱学校办学条件明显改善，均衡发展体制机制进一步健全，县域内学校之间办学条件差距明显缩小，教育教学质量稳步提升，人民群众对义务教育的满意程度不断提高，义务教育均衡发展取得了巨大成绩。《中国教育报》2015年7月11日和14日辟出两个专栏板块，对我国各地义务教育优质均衡发展的优秀案例进行介绍，本书从中撷取部分典型案例与读者共享。

#### （一）河北省石家庄市：增加存量做加法，集团办学做乘法

石家庄市针对市区、山区、平原等不同区域，因地制宜，分类实施，充分发挥市级统筹作用，创新管理体制机制，积极推进教育要素均衡协调配置，不断提升扩充中小学优质教育资源。

##### 1. 一加一乘，推动市区优质教育资源提升扩充

一是做好加法，增加存量。以标准化学校建设、中小学校舍安全工程等为抓手，强化项目推动，加大公办中小学新、改建、扩建力度。同时，严格落实《石家庄市教育设施规划建设管理条例》，科学合理地确定教育设施布局。仅2014年，市区就新建中、小学校24所，增加学位17 058个。二是做好乘法，盘

① 各地义务教育均衡发展优秀工作案例[N].中国教育报，2015-7-11.

活资源。积极推进集团化办学。由于3个新城区面临由农村县向城区转型的实际，因此，市里启动实施了新老城区及正定县教育一体化发展工作，通过学校联盟、校长教师交流、教科研互动、对口支援等形式，积极推进新老城区教育深度融合，整体提升学校办学品质。

2. 教育扶贫，促进山区教育跨越式发展

针对西部山区学校办学条件差、规模小、布局散、教育质量低等问题，从2011年开始，石家庄市实施了“山区教育扶贫工程”。目前，工程已累计投入资金9.08亿元，新建、改建、扩建的56所项目学校全部投用，累计转移安置学生41 132名。一是加强顶层政策设计；二是大力改善办学条件；三是家庭经济困难学生免费就读；四是着力提升教学质量。

3. 政策倾斜，实现平原教育发展的良性突破

石家庄市积极探索教育改革新机制、新方法，突出均衡要素，合理配置资源，不断推动平原地区义务教育科学发展、均衡发展。一是着眼长远，调整布局，积极实施学区化管理；二是大力推进标准化学校建设，均衡配置物化资源；三是以均衡配置师资为重点，切实加强师资队伍建设。

（二）山西省晋中市：全市一盘棋，城乡一体化

晋中市位于山西省中部，辖11个县（区、市）、327万人口，义务教育学校903所。近年来，晋中市按照“全市一盘棋，城乡一体化”思路，整体设计了“四化两改三保证”均衡发展模式。“四化”即学校建设标准化、教师交流制度化、教育管理规范化、教学手段信息化；“两改”即改造薄弱学校、改革高中招生制度；“三保证”即保证贫困生不失学、保证学困生不流失、保证农民工子女和城市学生享受同等待遇。

1. 实施“千校达标”工程

市委、市政府把“千校达标”工程作为市长工程、县长工程，先后投资31亿元实施了寄宿制学校建设工程、农村薄弱初中建设工程、校舍安全工程，新建、改建、扩建学校近800所；投资8亿元实施了城区和县城学校扩容改造工程，新增学位2万多个；投资6亿元实施了标准化配套系列年活动；投资4亿元实施了教育信息化工程。全市近5年投入近50亿元实现了校舍安全全覆盖，校舍标准化全覆盖，装备标准化全覆盖，“校校通”和“班班通”全覆盖。

2. 实施“万人交流”计划

晋中市有2.8万名义务教育专任教师，从2008年开始推进教师制度化交

流工作。全市 5 年交流和公选校级领导 1 300 多人、教师 1.5 万人。

3. 优质高中招生指标全部分配到校

晋中市从 2001 年开始，探索优质高中招生指标到校办法，比例从 5% 逐步提高到 100%。规定只有在片区内的学校入学，并在该校建有学籍，连续 3 年在本校就读的初中应届生，才能享受该校指标。

4. 实行阳光招生和均衡编班

2009 年开始，每年招生前，由县级教育行政部门制定招生方案，确定划片范围，制作划片示意图，并向社会公示。每年秋季开学前，对义务教育起始年级学生进行电脑派位、随机编班。

（三）上海市闵行区：扩大优质资源，各校特色发展

近年来，上海市闵行区区委、区政府持续提升政府教育公共服务能力和城乡基础教育一体化水平，地区之间、学校之间的差距明显缩小，优质学校比例不断提高，一大批学校形成了自己鲜明的办学特色，均衡发展成效明显。

1. 引进培育并重，扩大优质教育资源

闵行区通过整体引进、合作办学、一校多区、委托管理等形式，扩大优质资源规模，满足区域居民的优质教育需求，整体提升了区域教育品质。

2. 创新管理体制，破解城乡二元结构

推进基础教育统筹管理体制建设，充分发挥区、镇两级政府发展教育的积极性和主动性，政府各部门从人、财、物各方面为义务教育发展提供支持，优化城乡学校资源配置和教育环境，促进城乡教育一体化发展。因受教师编制制约，创新"纳民小学"管理机制，推行由镇政府委托、各镇资产公司举办的办学模式。通过采取政府购买服务的方式，对全体学生实行全免费。区政府加大经费投入，改善 16 所"纳民小学"办学条件，区教育局推进公办学校与纳民小学的结对帮扶，大大缩小了"纳民小学"与公办学校的差距。

3. 坚持育人为本，深化课堂教学改进

推进"中小学生学业质量绿色指标评价系统"项目，积极实施《课堂教学改进三年行动计划》，推进课堂教学改进研究，建立具有闵行特色的基于信息化的课堂教学和学业质量评价体系，坚持把"探索教育评价改革"作为推进教育改革发展的重要任务，建立和完善全面的质量标准，促进学校、教师和学生的可持续发展。

4. 强化内涵建设，提升教育内生力

坚持15年整体推进“新基础教育”研究，搭建“智慧传递”平台，把全区教育工作者的日常小智慧汇聚、提炼、升华为推动区域教育发展的大智慧，实现了教育智慧的增值与共享，创新区域教育内涵发展机制，激发了教育活力，促进了学校自主发展。

（四）江苏省泰州市：阶段式推进迈向高位均衡

近年来，江苏省泰州市以促进教育公平为根本，以深化改革创新为动力，以加快信息化建设为手段，全面推进义务教育优质均衡发展，走出了一条具有泰州特色的义务教育发展之路。

1. 实施三步走战略，阶段式推进，致力实现义务教育全域高位均衡

第一阶段，实现县域基本均衡。2014年，所有市（区）通过国家义务教育发展基本均衡县（市、区）督导评估认定，实现县域基本均衡目标。第二阶段，推进县域优质均衡。2014年底，靖江市、姜堰区通过江苏省首批“优质均衡发展县（市、区）”验收，其他市（区）在迈向优质均衡的道路上也取得实质性进展。第三阶段，致力全域高位均衡。突破县域管理体制束缚，推进跨区域教育共同体；立足师资动态均衡目标，推行名师片管校全市域走教制度；着眼师资队伍整体提升，开展教师市级平台全员培训；打造“泰微课”自主学习平台，实现优质教育资源全市共享。

2. 坚持硬软件齐抓，融合型发展，进一步放大优质资源辐射带动效应

通过实施薄弱学校改造、推进现代化学校创建等，全面改善学校办学条件。通过实行校长教师交流轮岗及推动名师送教走教，努力实现师资动态均衡。通过组建名校集团（共同体）、实行学区一体化、推进名校孵化、尝试跨区融合等举措，进一步放大名校资源效应。

3. 集聚三方面合力，创新性引领，有效激发教育主体内生发展活力

完善教育管理制度，政府层面做到规划布局到位、经费投入到位、师资配备到位、公平政策到位、督查考核到位。提升管理服务水平，部门层面推进学校管理标准化、教育评价多元化、教育教学信息化。激发内在发展活力，学校层面实施校本课程开发、课堂教学优化、特色文化立校、特殊群体关爱。

（五）河南省新郑市：政府主导部门联动形成教育合力

近年来，新郑市坚持“均衡普惠和优质特色”两个重点，强力推进“四大工程”，努力探索“从让每个孩子都有学上的初级均衡，到教育资源合理配置的

基本均衡，再到每个孩子都能享受公平优质教育”的均衡发展之路。

1. 教育合力工程

教育均衡发展“政府主导，部门联动”。认真落实“以县为主、分级管理”的管理体制，坚持政府主导，强化部门职责，完善督导机制，努力打造教育均衡发展的硬环境、大格局，全市上下形成齐抓共管工作格局和教育合力。

2. 中小学标准化学校建设工程

教育资源配置“统筹协调、均衡达标”。按需撤并，科学调整学校布局。完善机制，切实加强经费保障。统筹师资，着力推进队伍建设。编制上力求“教育优先”，确保师资力量“够”。政策上力争“三个倾斜”，确保农村教师“稳”。管理上力促“专业发展”，确保队伍素质“高”。改革招生制度，引领学校规范发展。2011 年实施十二年免费教育，减轻初中升学压力，在区域内形成了办学条件基本相当、学生基本不择校的良好格局。

3. 共同体建设工程

通过交流共享，让城乡教育“互帮互动、共同提升”。以“云信息网络”促进城乡教育“探究”共享。在所有中小学和教学点全面使用“班班通”的基础上，将信息技术与教学研究融合一体，实现了城乡教师网络学习和网上教研“人人通”。借助“大交流平台”促进城乡教育“协同”共进。通过校际交流平台促学校综合提升，主题论坛平台促队伍思想碰撞，师资交流平台促教师专业成长。

4. 内涵提升工程

个性化发展促城乡学校“优质高效、各具特色”。一方面持续推进“多元课程”建设，中小学开发出符合本校和学生实际的校本课程 300 余项；另一方面统筹推进课堂教学改革，“道德课堂”实践探索、“动感高效”课堂等教学形态推动了全市课堂生态文化的形成。

（六）广东省佛山市顺德区：让每个学生接受最适合的教育

近年来，佛山市顺德区加强顶层设计、填谷扬峰，抓住义务教育发展的“牛鼻子”，以“一个目标”“两个破解”“三维构建”的措施，大力推进义务教育内涵发展、优质发展。

1. “一个目标”

让每所学校都成为“名校”。顺德区将义务教育的发展目标定位于提高质量、提升内涵，办好每一所学校，让每一所义务教育学校都成为名校，让每个学生都能接受最优质、最适合的义务教育。

2.“两个破解”

解决义务教育发展中的难点问题。一是破解作为经济发达地区异地务工人员子女入读难题。建立异地务工人员子女平等就读机制，坚决落实“两个为主”政策，非户籍学生100%享受免费义务教育。目前，共有近13万名的非户籍适龄儿童在顺德接受义务教育，占义务教育学生总数的58%，其中88%以上在公办学校就读。二是破解城镇新建住宅小区基础教育设施建设难题。为满足城镇化带来的学生布局的变化，顺德区对新建住宅小区基础教育设施实行同步设计、同步建设、同步验收，保障教育资源及时配套。

3.“三个构建”

驱动创新促每一所学校内涵提升。构建有利于激发学校活力的管理机制，让社会资源广泛进入学校，形成发展合力；构建现代学校制度，促进特色发展。

构建有利于学校内涵提升的评价制度。全面实施学校自主发展评价体系，改变学科教学评价和对学生的评价，成立学生综合素质成长记录册，引导学生自我认识、自我教育。

构建有利于形成义务教育优质均衡发展大格局的保障机制。改革教师人事制度。统一城乡学校教师编制标准、城乡教师引入标准及统一公开招聘制度，实现教师待遇“同城化”。

完善校际帮扶和各项保障机制。在全区建立“义务教育学校发展共同体”52个，涵盖所有义务教育学校，通过“跨校结对”“跨校带教”“跨校共研”的形式，推进校际共同提升。不断提高城乡统一的义务教育公用经费标准，并由学校自主编制预算。

（七）重庆市南岸区：强化内涵，建设现代学校

近年来，重庆市南岸区围绕“书香南岸，幸福教育”发展愿景，把推进义务教育均衡优质发展，作为强化社会保障、增进民生福祉的重要举措，为每一个孩子提供公平优质的教育机会。

1. 强化职责，提升教育优先发展战略高度

决策优先，将教育作为社会事业发展“排头兵”，纳入国民经济和社会发展整体规划，同步实施，强力推进。规划优先，着眼教育现代化，将教育纳入新型城市化布局，优先留足教育用地，夯实“家门口就有好学校”的坚实基础。

投入优先，在依法保障财政性教育经费“三个增长”和“一个比例”的基础上，多渠道筹措教育经费。

2. 强化保障，提升义务教育发展均衡程度

在学校标准化建设上，近3年累计投入17亿元，新增校地11.6万平方米，全区中小学校的校舍标准化率达85%。师资专业化方面，优先保证教师用编、开辟优秀人才引进绿色通道，每年新进本科及以上学历教师300余名。同时，实施考评多元化。

3. 强化内涵，提升人民群众教育满意程度

深化课程改革。坚持自上而下发动学校开展课程领导力建设，丰富办学内涵；坚持自下而上，引领学校主动发展，自觉向建设现代学校方向迈进；坚持开放互动，促进上下互动、校际联动，形成学校发展规划、课程体系等成果。

创新管理模式，探索一校多点、两校一法人、大学区等集团化办学模式，成功打造8个新型优质办学集团，辐射引领全区50%的学校快速成为政府放心、群众满意的优质学校。坚持特色发展，启动积极心理健康教育实验区建设，积极塑造学生阳光心理。实施“135”特色学校建设行动，打造“一校一品”，使区内超过40%的学校成功创建成为国家级、市级特色学校，超过50%的学校成功创建成为区级特色学校。

### （八）贵州省黔东南州丹寨县：农村孩子享“同质校舍同优师资”

丹寨县是一个只有17万人口的国家级贫困县，始终坚持“小县办大教育，穷县办好教育”。2010年起，大力推进义务教育均衡发展，从根本上改变了全县教育落后的面貌。2014年9月，通过国家义务教育发展基本均衡县评估认定。

1. 相对集中办学，提供优质公平教育

2003年通过“两基”验收后，丹寨县逐步明确了“减少数量，增加容量，提高质量，实现均衡”的思路，并将小学向中心乡镇集中。2008年，全县共完成22所农村小学寄宿制学校建设，基本形成小学在中心校办学的合理布局。

2. 软硬兼施，逐步优化办学环境

硬件方面，2008年至2014年，共投入6.3亿元，基本完成学校标准化建设，建成18所标准的寄宿制学校，实现了“校舍同质”。同时，实现“班班通”教学设备全覆盖，学校的设备、图书配备均达到国家标准，全县学校实现“设施同配”。软件方面，推行校长岗前培训、岗上竞聘、择优选聘，多方式促进校

长交流、挂职锻炼。为解决教师结构失衡、城乡教师配备失衡问题，进行教师资源合理调配，出台政策鼓励骨干教师扎根农村学校。加大教师公租房、周转房建设，极大改善农村教师住宿条件。全县义务教育学校，在实现“质量一体”的同时，基本实现了“师资同优”。

3. 孩子寄宿，老师就是爱心“父母”

在吃的方面，每年投入300万元，配备200名食堂人员，将其工资纳入财政预算。强力推广“3 + X”和“4 + X”营养午餐模式，为中小学生提供高质量的“免费营养餐”。在住宿条件上，实行24小时动态管理，教师对口联系寄宿生，及时掌握学习、生活和思想动态。对于低龄儿童，专门安排教师做“爱心父母”，“一对一”或“一对多”特别进行关照。此外，建立“留守儿童之家”；出台政策，保障进城务工随迁子女100%就近入学，并享受“寄宿”孩子同等待遇。

（九）甘肃省张掖市高台县：以改革拓宽均衡发展途径

近年来，高台县围绕义务教育均衡发展这一战略任务，把办好每一所学校、育好每一名学生作为最大追求，全力推进义务教育均衡发展，小学、初中校际均衡差异系数为0.28和0.16。

1. “六大工程”，奠定均衡发展的新基点

一是学校布局调整工程，初步形成了中心小学在乡镇集中，完全小学在中心村集中的学校布局。二是标准化学校建设工程，全县21所义务教育学校全部实现标准化办学。三是教育信息化提升工程，“班班通”覆盖率达100%。四是教师安居房建设工程，基本实现农村教师“居者有其屋”。五是特色学校创建工程。六是“阳光圆梦”工程，全县进城务工人员子女就近入学率达100%，“三残”儿童入学率达96.3%。

2. “三个注重”，培育均衡发展的新活力

一是注重铸师魂、塑形象。二是注重提学历、强素质。大力实施“双名”工程，建立教师成长梯次管理办法，着力加强教师培训。三是注重强管理、重交流。6所城区城郊学校与14所农村小学、173名城区名师与农村教师结成帮扶对子，有449名城乡教师进行了交流，占教师总数的23.5%。

3. “五项改革”，拓宽均衡发展的新途径

一是管理改革，实行以中心校为依托，辐射管理薄弱学校和教学点的管理模式，实现了“一校多区”。二是课程改革，以项目试点校为龙头，建立学校

课程建设联合体,资源共享,开发了校本课程 149 种,实现了课程建设的"区域联动"。三是教学改革,创新构建"三段六环""一引二导三思"高效课堂模式,积极开展多层次的教学教研活动,实现了课堂改革和教研改革的"双轮驱动"。四是德育改革,开发独特的红色教育资源,大力推行"成长导师制"等德育品牌活动。五是评价改革,全面推行"学业考试成绩(等级)+综合素质评价(等级)"为主要依据的招生制度,实现了教学相长。

## 第三节　主要发达国家实施义务教育均衡发展的经验与启示

### 一、英国义务教育均衡发展的经验与启示①

#### (一)英国义务教育均衡发展举措

1. 实施"教育优先区"计划

英国为了改善处境不利地区和群体的教育状况曾经实施了"教育优先区"这一政策 1967 年《普劳顿报告书》中指出:"处于最低劣的贫穷与不利状态的环境中,直接而明显影响到学校和学生的学业成就。教育机会均等理念的实现,广大劳工阶层子女的未来已迫使我们不得不思考教育改革的方案。"②该报告中提出家长要承担关心及参与子女教育的责任,同时教育部门和学校要尽相应的义务,即要减少班级人数、扩充幼儿教育、改进师资培养及待遇、改善社会服务。普劳顿报告中提出统计以下数据:政府经济补贴的情况、学生逃学缺课情况、学生辍学率、学习障碍学生所占的比例、父母的职业、教师流动率等方面,将这几个方面综合起来用于界定处于不利环境的学校和地区,使其成为政府补助的对象。政府根据数据制定一系列指标,并根据这些指标确定教育优先区的学校。政府通过加大对这些学校的资金投入,使其校舍、教学设施图书资料、师资水平等方面尽快达到全国的平均水平,从而实现教育机会均等理想目标。

2. 实施"教育行动区"计划

1979 年伴随着撒切尔夫人为首的保守党执政,英国政府在教育政策上注重教育的选拔性,教育的目标侧重精英教育。新一届工党上台后,对以往保守党的教育政策进行了严厉的批评和深刻的反思,教育政策开始由精英教育

---

① 罗丹. 英国义务教育均衡发展的政策及启示[J]. 辽宁行政学院学报,2013,(7).

② 杨军. 英国促进基础教育均衡发展政策综述[J]. 外国教育研究,2005,(12).

转向大众教育，提倡教育机会均等，促进大多数学生的发展。工党政府针对英国学校存在的较突出的两极分化问题，发表了名为《追求卓越的学校教育》的教育白皮书，宣布今后教育改革将着眼于大多数学生，而不是少数学生，并将学生学业表现不良的教育薄弱地区和薄弱学校作为改革的突破口。新工党政府采用招标的方式，让教育以外的社会力量积极参与教育薄弱地区学校的管理和运作，同时提供新的管理思路、经验和资金，提高薄弱学校的教育质量，从而达到提高全国教育质量的目的，促进教育均衡发展的实现。“教育行动区”（Education Action Zone）计划就是工党政府积极引进校外力量，以公立私营、学校和社区共建等方式改造薄弱学校的有效尝试。“教育行动区”一般设立在因学生学业成绩低下而需要特别支持的城镇和乡村。每个“教育行动区”所属学校总数不超过20所，2001年英国已经成立了73个“教育行动区”。政府在“教育行动区”制定了一系列优惠政策，涉及课程、人事、资源、经费等方面；此外，政府还在日常预算之外每年向每个“教育行动区”提供25万英镑的追加拨款。政府鼓励各“教育行动区”采取措施实现结盟学校在校舍、图书和设备等方面的资源共享。英国政府认为，从根本上改善薄弱学校，主要可以通过以下途径：（1）获得家长支持。当家长参与到教育中，家长和学校形成合作共同体时，可以有效提高教育质量和增加教育资源。（2）转换政府管理职能。当学校和教育主管部门平等合作，政府成为学习者、宣传者、支持者时，可以形成有针对性的政策措施，促进学校教育质量的提高。（3）促进教师专业发展。教师作为提高教育质量的瓶颈，促进教师专业发展，可以有效促进整个学校的发展。

3. 实施“追求卓越的城市教育”计划

1993年一份题为《城市教育的人学与业绩》的报告由英国教育标准处发布，这份报告指出：城市中小学在学生口头和书面表达、学生学习支持、学校督导和评估等方面都存在着危机。1999年3月，英国政府出台了新的行动计划——“追求卓越的城市教育”计划（Excellence in Cities，简称EIC计划）。EIC计划为期3年，分成3个阶段来对城市学校进行改革：首先从城市地区中学入手，其次改革一些地区的小学，最后是通过“追求卓越的群体”追求卓越挑战。两个子计划分别延伸到城市外围的贫困群体和16岁以下的天才学生。具体措施围绕以下几个方面展开：（1）变革学校的运作方式；（2）建立学生发展支撑体系；（3）提供多样化的教育方式。EIC计划的核心理念就是，着眼于大多数学生的发展，不以牺牲多数人为代价，单凭学校自身的资源和能源来促进学生潜能的发展是有困难的。提高学生的学业成就是一个系统性的工作，必须注重地方教育当局、学校、社区以及其他机构的通力合作。EIC计划在重视学校校长、教师素质和技能发展的同时，更加重视从学生入手，增设学习辅导人员，对学生内外的不利影响进行干预。①

4. 实施“国家挑战”计划

2007年2月，联合国儿童基金会以及多家机构曾发布报告，其中指出了英国儿童状况及基础教育中存在的诸多问题，包括3R（阅读、写作和算术）教育质量提升乏力；核心科目成绩的国际排名下滑；基础教育阶段学生的成绩不理想，只有部分学校达到政府设定的目标成绩。2007年12月，布朗政府发布了英国历史上首份《儿童计划：构建更加美好的未来》。该报告将儿童和家庭的需要摆在教育工作的中心地位，成为当时指导英国儿童教育的纲领性文件。为提高英国基础教育阶段的教育质量，英国宣布启动“国家挑战”项目。首先为学校选择合适的项目顾问，提供智力保障。② 其次加大资金投入，提供财政保障。英国政府在3年内（2008年～2011年）对“国家挑战”项目的财政投入为2亿英镑，同时为进一步增强项目的执行情况，政府也额外追加2亿英镑来保证项目的顺利实施，并计划将2000万英镑直接用于对每所“国家挑战”项目学校顾问的支持。

### （二）英国义务教育均衡发展经验的启示

1. 制定法律、法规为义务教育均衡发展提供制度保障

在城乡二元体制影响下，我国教育发展极不均衡，农村基础教育几乎被边缘化，致使农村薄弱学校大量存在。在城乡二元体制观念的影响下，几乎一切公共资源的分配都向城市倾斜，教育资源也不例外。2000年，全国“两基”达标地区人口覆盖率为85%，而西部地区仅为71%。2001年底，全国尚未“普九”的490个县中，西部地区占了433个。农村地区各级各类教育水平与城市平均水平相比，存在相当大的差距。要想从根本上解决义务教育均衡发展问题，政府要从致力于全面建设小康社会、和谐社会的全局出发，从全面实施素质教育的高度出发，把均衡义务教育作为一项重大的战略举措纳入重

① 杨军. 英国促进基础教育均衡发展政策综述[J]. 外国教育研究，2005，(12).

② 苑大勇. 英国基础教育质量保障政策研究：以“国家挑战”项目为例[J]. 比较教育研究，2010，(5).

要议事日程。通过制定法律、法规合理配置城乡公共教育资源，为城乡儿童、少年提供平等享有公共教育资源的起点公平和机会公平。

2. 加大义务教育经费投入为义务教育均衡发展提供经济支持

按照美国著名经济学家萨缪尔森的公共产品理论，认为公共产品是物品扩展其服务给新增消费者的成本为零，且无法排除人们享受的产品。也就是说，人们把同时具有非排他性和非竞争性的产品称为公共产品。而教育就是这样的公共产品，它受益范围是全国的，是一个全国性的公共产品。按照谁受益谁付费的原则，政府应该把加大教育投入作为中央政府的职责。20 世纪 90 年代初，教育部向党中央国务院提出建议：到 90 年代中期或到 2000 年，我国财政预算内教育拨款在国内生产总值中应达到发展中国家 4% 的水平。但是事实上，我国教育经费投入在国内生产总值中的比例在很长时期内没有达到 4% 的要求。

3. 帮扶薄弱学校为义务教育均衡发展提供社会支持

行政部门要积极实施对口帮扶，积极组织城区学校与薄弱学校实施结对帮扶，积极开展“送教下乡”活动和加强薄弱学校教师培训工作。① 通过这样的活动和培训可以使薄弱学校从成功学校那里获得直接的成功经验，从而帮助薄弱学校教师提高素质。除此之外，还可以采取大学和薄弱学校的合作，让专家帮助薄弱学校发现自身存在的问题和解决问题的突破口，在改进过程中帮助其确定方向，进行理论指导等。给薄弱学校的教师提供更多的机会“走出去”，使其了解新的教育理念和教学方法，帮助其专业发展，也是改进薄弱学校师资队伍、提高薄弱学校教育教学质量的必要举措。②

4. 提高教师整体素质为义务教育均衡发展提供人力支持

在学校内部，领导层的构成与管理模式也要相应进行改革，在学校应该尊重教师的个性，尊重教师形成自己独特的教学风格，为教师创造良好的环境和条件，使教师成为学校的主人。可以请优秀学校的名师来学校通过讲座或亲自授课的方式，让薄弱学校的教师聆听这些名师的实践经验，通过面对面交流解决实际教学中存在的问题，并提高教师整体教学水平。同时，要加强中小学与大学的合作，邀请大学教授到学校讲学，介绍最新的教学理论和

---

① 李桂强. 薄弱学校成因的政策分析[J]. 当代教育科学，2004，(19).
② 郑友训. 薄弱学校的成因及变革策略[J]. 教育探索，2002，(10).

教学观念,增强教师理论水平,从而提高教师科研水平。

## 二、法国义务教育均衡发展经验与启示①

### (一)法国义务教育均衡发展措施

#### 1. 规划学校布局,寻求区域均衡

法国实现义务教育在地区间的均衡,首先考虑的问题是各地区学校的数量、位置、规模、种类等方面的问题。学校布局是实现教育外部均衡的基础,直接关系到受教育机会在各个地区的分布,影响着学校自身的发展以及学生所受教育的质量。学校布局调整需要综合考虑各地区的人口、资源、交通、气候、经济等诸多方面,进行科学规划。20 世纪 60 年代,法国就面临着这个问题。由于法国学生人数剧增,原有学校不足以容纳新增学生,为了保证义务教育的正常普及,法国政府对全国学校的布局进行了整体调整。

根据政府的规定,小学的招生半径为 3 公里,以此为标准来设立学校,保证学校数量多、分布广,以方便儿童入学。在初中的布局方面,法国政府把全国划分为若干招生片,每个招生片涵盖居民 5 000 ~ 6 000 人,初中的招生半径为 15 ~ 20 公里,以此确定初中的数量与位置,其规模视招生片内的适龄学生人数而定。在初中的基础上,至少 10 个招生片联合设立 1 所高中,每所高中要涵盖 20 万以上的居民或 400 ~ 500 名适龄学生。② 在各招生片内,学生就近入学,公立学校禁止择校。

在学校布局调整过程中,法国对学校的数量、位置与规模等方面的规划是系统的、严格的。因而,从地区上讲,法国义务教育阶段各级各类学校的设置与分布是比较均衡的。但由于在规划过程中,法国政府对各地区的资源、经济、文化的具体差异考虑不足,虽然实现了学校布局的均衡,却未能兼顾各学校的办学条件、教育质量的均衡,进一步的均衡化改革势在必行。

#### 2. 支援薄弱学校,保证校际均衡

20 世纪 80 年代,法国各地区之间、同一地区的不同学校间出现了质量上的优劣分化。为了缩小地区间与学校条件上的差距,法国政府启动了“优先教育区”计划,重点扶助薄弱小学与薄弱初中,为处于地理位置和社会环境最不利地位的学生投入更多的关注与支持。

---

① 孙启林,周世厚. 大均衡观下的“略”与“策”——法国义务教育均衡发展政策评析[J]. 现代教育管理,2009,(1).

② 邢克超,李兴业. 法国教育[M]. 长春: 吉林教育出版社,2000 年版,第 121 页.

对被确定为“优先教育区”的学校，法国政府采取诸多支持性政策，主要包括：增拨教育经费，以改善学校的教育环境与教学设备、设施；增派教师，加强对原有教职人员的培训，提高该地区的教师待遇，国家设立专门的教师津贴，鼓励教师对落后地区的支援；缩小班级规模，减少班级人数，以利于教师对学生的个别辅导；鼓励优先教育区的幼儿及早进入免费的幼儿学校，接受正规的学前教育，以弥补由于落后而导致的早期教育的不足。[①] “优先教育区”每3年评审一次，一旦受扶持的地区达到了国家规定标准，政府将终止支持政策，转而支持其他薄弱地区。

法国的“优先教育区”政策在提高教育质量、促进义务教育均衡发展、推进教育民主化等方面是卓有成效的。更为重要的是，它彰显了“给匮乏者更多，特别是更好”的观念，“标志着人们对教育机会均等的认识与实践发生了重大转变，它承认必须把最大的努力放在需求最大的那部分人上，摒弃了传统的均等观念——信奉所有公民均等享受公共服务的原则”[②]。通过该政策，法国增加教育投入总量，在不损伤先行者发展的前提下，加速落后地区的发展。相对于通过减缓先行者的发展速度来实现均衡的“削峰填谷”方式而言，法国的做法无疑更为理想。

3. 建立辅导制度，缩小学生差距

教育均衡与否，最终要从学生个体的发展中体现出来。就追求均衡化的目的而言，区域间的均衡与学校间的均衡都是为了学生间的均衡发展。学生间均衡发展是最终的目标，也是最难实现的目标。学业失败问题是法国教育的一个痼疾，从20世纪60年代普及10年义务教育时就一直存在。小学、初中、高中等每一阶段都有学生被淘汰、留级，辍学问题突出，随着年级的升高，淘汰的比例逐步增加。为了减少学业失败，降低各阶段教育的辍学率与留级率，法国逐步形成了一套制度化的辅导机制。

1975年的“哈比教育改革”要求小学阶段加强读、写、算的教学，在初中阶段开展辅导活动，更好地保证机会均等。进入20世纪80年代，法国政府对初中、小学的补课与个别辅导做出硬性规定。在小学阶段，学校要通过补习课的形式为在数学与法语方面学习受阻的学生补课；初中的补课内容包括数

---

① 邢克超，李兴业. 法国教育[M]. 长春：吉林教育出版社，2000年版，第142－144页.
② 朱家存. 教育均衡发展政策研究[M]. 北京：中国社会科学出版社，2003年版，第221页.

学、法语和外语，对落后学生进行课外辅导成为各学校固有的职责。为了促进个别辅导计划的落实，法国政府划拨专款为参加个别辅导的教师提供薪酬。法国政府不仅为学生提供入学机会和相同质量的教育服务，还要保证学生接受教育后必须要达到一定的发展标准。

### （二）法国义务教育均衡发展理念的启示

#### 1. 在制度均衡的基础上追求条件均衡

当前，在论及义务教育均衡发展问题时，一般认为义务教育的均衡发展即同一国的不同地区间、同一地区的不同学校间、同一学校的不同学生间的教育均衡发展。这些论断中隐含着一个前提假设：义务教育的制度本身是公平的、均衡的。无论是地区、学校、学生，无论均衡与否，这种意义上的均衡只是将一种教育制度施用不同范围所取得的结果，并没有去追问考察这种制度本身。法国义务教育发展历程在这一点上为我们提供了一个更为全面的认识：义务教育的均衡不仅仅指外在效果的均衡，还应包括教育制度内部的均衡，而且后者是整个均衡的基础。制度内部的欠缺不解决，追求外部均衡不免有“隔靴搔痒”之嫌。在追求义务教育均衡发展的过程中，有必要借鉴法国的“大均衡”意识，同样要做到内部与外部同时调整。

#### 2. 在宏观的视野内谋求义务教育均衡化

义务教育是整个教育链条中的一个环节。义务教育的均衡发展，要着眼于整体的均衡去谋求局部性的均衡，不能将理论视野与政策视野局限于义务教育的阶段之内，而对其两端之外的教育或有意或无意地忽视。学前教育与义务教育兼重，这是法国“大均衡”观的另一方面的体现。这一点对我国当前的状况有很强的现实意义。在我国，学前教育并不属于现行的九年义务教育，却为义务教育奠定了基础。然而，我国的学前教育发展尚不尽人意，城乡间、地区间的学前教育存在巨大差距，大部分农村地区甚至没有正规的学前教育机构。实际上，学生发展不均衡的局面在学前阶段已经形成。置学前教育于不顾，而去追求义务教育均衡，无异于“顾标忘本”。在另一方面，我国当前的义务教育失衡所引发的连锁反应如此严重，与义务教育结束后学生的出路狭窄、机会紧缺不无关系。义务教育发展失衡的原因并非全在义务教育之内，因而不能仅在义务教育范围内追求义务教育的均衡发展，而应该把义务教育还原为整个教育系统中的一个部分，在整体性的大视域中去寻求义务教育局部性的均衡。

## 三、俄罗斯义务教育均衡发展经验与启示①

### （一）俄罗斯推动义务教育城乡均衡发展的政策内容与措施

俄罗斯推动义务教育城乡均衡发展的政策包括促进城乡的校际均衡、师资均衡和学生入学机会均等三个方面。与此相对应，其政策目标主要包括改善农村学校条件、提高农村教师地位、保障儿童受教育机会三个方面。

1. 改善农村学校条件

（1）构建农村学校网络体系，优化资源配置

2001 年，俄罗斯联邦出台 2010 年前俄罗斯教育现代化构想，提出了多项具体措施，实施对农村地区教育的政策倾斜，致力于保障城乡教育的均衡发展，保障优质教育的可及性及儿童获得优质教育的机会均等。② 针对当时农村学校存在的人口数量持续减少、学龄儿童数量不足的问题，为实施资源的优化配置、保障充足的物质资源、满足发展的教育需求，俄罗斯联邦采取的主要措施是实施农村学校的结构改革，建立农村学校系统网络。2001 年 12 月，俄罗斯联邦政府批准并颁布俄罗斯农村学校网络结构改革，提出在 2002 年 ~ 2010 年期间对农村地区的普通学校实施结构改革。在保证普通教育机构集中与合作的基础上，更有效地利用物质技术、人才、经费和资源管理，使居住在农村地区的公民同样享有高质量的普通教育。其具体措施包括：建立基本的农村学校网，确保期望获得中级和高级职业教育的学生能够获取足够的科学文化知识；在自然条件恶劣、交通不发达的农村地区建立远程教育中心；建立将普通学校与初级和中级职业学校、补充教育机构、农村其他社会机构相联系的学校综合体；把学生人数极少的小学改为初中和完全中学的分校。③

据俄罗斯高等经济学院的评估与预测，俄罗斯联邦在实施《俄罗斯农村学校网络结构改革》计划的 3 ~ 5 年内将节省 10% ~ 20% 的预算支出。该计划的实施能够更有效地利用学校的资源，提高农村学校的教育服务质量，使学校成为农村地区的文化中心，使农村学生也能够接受高质量的教育，提高其在继续求学和工作中的竞争力。2005 年，为了保障俄罗斯教育发展的优先

---

① 刘楠，肖甦. 21 世纪以来俄罗斯推动义务教育城乡均衡发展的政策述评[J]. 比较教育研究，2011，(8).

② 肖甦，王义高. 俄罗斯转型时期重要教育法规文献汇编[M]. 北京：人民教育出版社，2009 年版，第 508 页.

③ 肖甦，姜晓燕. 俄罗斯农村学校结构改革评述[J]. 比较教育研究，2003，(12).

地位、保障学生不分居住地都能获得高质量普通教育的机会,俄罗斯总统普京提出了《国民教育优先发展方案》。该方案规定,2007—2009 年联邦政府拨款 4 亿卢布,致力于保障普通中小学的发展,继续贯彻实施农村地区普通学校的网络化改革。

(2) 优先发展农村学校信息化,改善教育环境。

2001 年,俄罗斯联邦教育部启动了《发展统一的教育信息环境(2001—2005 年)》联邦专项纲要,为农村学校教育信息化的优先发展提供保障。计划分三个阶段建立统一的教育信息环境,为农村中小学提供计算机设备和程序,提高农村教师使用信息技术进行教学的技能被列为第一阶段的首要任务。该纲要总计投入 560 亿卢布开展教育信息化工作,政府采取一系列有力措施,取得了显著的效果。截至 2000 年底,俄罗斯只有 5% 的农村中小学校配有信息技术设备,许多农村甚至缺少基本的电话设施,难以保障中小学使用最普遍和最普通的电信手段。但到 2004 年底,俄罗斯农村中小学的计算机供应已接近全部完成,每一所农村学校均配置了 45 台计算机,还开办了 65 个地方计算机网络中心用于教师培训等。

2. 提高农村教师地位

(1) 改革薪酬制度,提高农村教师收入。

农村学校的教育大纲具有独特性,教师的工作具有特殊性。在农村学校,教师与家长的联系更密切,教师的课外负担更重,教师利用科学技术需付出的劳动也更多,教师的社会责任自然更大。并且,除了担任教学工作外,许多教师还担任校长、总务主任等职务。但根据以前的薪酬制度,教师只能按照其课时量取得相应的工资。2002 年起,俄罗斯教师薪酬制度开始由统一的工资表制度向行业工资体系过渡,教师工资的多少更多地取决于其学历的高低、教学和科研工作的年限以及技能的高低。改革向积极的方面推进,这固然值得肯定,但是这种固定的等级工资体系主要取决于教师的课时量,对于农村教师来说十分不公平。

在《国民教育优先发展方案》的框架下,2007 年 10 月 22 日,俄罗斯联邦政府出台了新的教师薪酬制度以代替统一工资表制度。新制度规定,教师的工资包括基础工资和激励工资两部分:基础工资由课内外的教学活动构成,占总额的 60%;激励工资主要取决于劳动的质量和成果,占总额的 40%。实行新的教师薪酬制度的目的是提高教师的工资水平,提高教师的社会地位,吸引年轻人才进入教育领域工作。教师劳动报酬标准的改变对于农村地区教师的意义尤为重大。因为许多农村教师是多学科教学的能手，除了教学还兼任教务、管理等工作，新的薪酬制度保证了教师所能从事的各种工作活动都劳有所得，有利于提高农村教师的工资收入。

（2）修改教育法案，增加农村教师福利待遇。

自 1992 年《俄罗斯联邦教育法》规定给农村教师提供免费住房等条件保障开始，政府制定了许多政策为农村教师提供更多的额外保障与优惠。2004 年，联邦政府对教育法做出修改，给农村地区的教育工作者以生活条件和公共服务方面的优惠，并用资金的方式予以补贴。为改善农村教师的生活条件，俄联邦国家杜马在 2010 年 1 月 14 日讨论通过了《关于教育工作者社会保障措施的俄联邦法案修正案》，进一步完善了农村教师的社会保障制度。该法案明确规定：① 在农村地区生活和工作的教师享有免费的住房及照明、取暖等社会保障措施；② 各项措施将惠及教师的所有家庭成员，不论其劳动能力如何；③ 各项措施的经费支出由俄联邦政府保障，各联邦主体在任何情况下都不能降低为农村地区的教师所提供的福利待遇；④ 在农村地区工作不少于 10 年的教师将获得联邦政府发放的养老金。一直以来，农村教师的社会保障经费由各联邦主体承担，但实施过程中却出现了推卸责任等问题，因而国家杜马开始讨论由联邦政府保障经费的议题。俄罗斯也一直根据现实情况的变化对法案不断修改，借此保障教师的福利与优惠待遇。

3. 保障儿童受教育机会

（1）启动农村学校的校车计划。

俄罗斯的农村地广人稀，存在大量少于 10 名学生的小型学校。这种小型学校的运行成本与教学质量很不成比例，因而俄罗斯进行的农村学校结构改革合并了许多小型学校。这导致许多学生因离学校很远，往往需要花费几个小时才能“就近”到校上课。针对此种情况，为了提高全俄学生，尤其是农村地区学生优质教育的可及性，2005 年普京总统在《国民教育优先发展方案》中提出，俄联邦预算每年拨款 10 亿卢布，从 2006～2008 年分 3 年共拨款 30 亿卢布启动农村校车计划。随后，各联邦主体用俄联邦拨款购置了 4 800 多辆汽车，还用俄联邦拨款购置了 5 000 多辆校车，使 136 000 名学生受惠。这也使许多偏远农村的学生得以前往有最先进教学设备和强大教师队伍的中心学校去上学，从实质上提高了农村地区高质量教育的可及性。

(2)延续并扩展免费午餐制度。

俄罗斯的公立学校一直为学生提供免费午餐,这一制度对于保障农村学生接受优质教育的作用尤为重大。为使所有儿童都公平地、高质量地获得免费午餐,2005 年《国民教育优先发展方案》提出建立现代化的综合性俄罗斯学校的午餐体系。2008 年和 2009 年联邦政府分别划拨 500 万卢布用于提高学校食堂运作的有效性,利用现代化的设备制作、储运食品,力求在 2010 年前实现 100% 的俄罗斯学生都能吃到符合儿童身体发展需求和卫生标准的优质营养午餐的目标。2010 年 3 月,俄罗斯国家杜马通过了《关于私立学校有权获得学生午餐费用补贴的俄罗斯联邦教育法修正案》,法案中规定,通过国家认证的私立学校有权在学生午餐费用方面获得国家财政补贴。给予私立学校补助金的范围数量,由联邦各地方政府的最高执行机构从联邦主体预算中安排与划拨。显然,这一修正意向体现了对受教育权作为天然权利的尊重,保障了学生及家长按自身需要选择教育机构的自由。

### (二)俄罗斯推进义务教育城乡均衡发展政策的特点与启示

基于独特的教育环境和社会文化环境,俄罗斯推进义务教育城乡均衡发展的政策也有其独特之处,包括力求兼顾政策的效率与公平目的、注重向农村的政策倾斜、力求多样化的教育均衡等方面。

#### 1. 追求高质量的教育均衡

俄罗斯在教育现代化的框架下追求教育均衡,注重教育质量的提升和教育均衡发展的并举,力图兼顾效率与公平。进入 21 世纪以来,俄罗斯的教育均衡发展政策主要体现于 2010 年前俄罗斯教育《现代化构想》和《国民教育优先发展方案》两个大型方案中。这两个方案的主要目标都是为了促进俄罗斯教育的现代化进程,提高俄罗斯教育的整体质量。而保障每个儿童都有接受高质量教育的均等机会是其子目标之一,只有高质量的教育均衡才是真正的教育均衡,因而在提高教育质量的进程中保障教育均衡发展是明智的选择,特别是对于一直受平均主义文化传统影响的俄罗斯尤其具有重要意义。

#### 2. 侧重教育公平的补偿原则

教育均衡发展的指导理念是教育公平,教育公平包括三个合理性原则:平等原则、差异原则和补偿原则。补偿原则就是罗尔斯提出的差别原则,即有利于社会之最不利成员的最大利益。俄罗斯推进义务教育城乡均衡发展的政策主要集中于对农村地区和贫困人群儿童的补助方面,主要体现了教育公平的补偿原则。俄罗斯教育学者付鲁明指出，教育公平可以区分为消极的教育公平与积极的教育公平。消极的教育公平只提供同等的教育机会，不论教育结果如何；积极的教育公平是指保证每个人都享有与自身需求相适应的获得任何知识、教育和自我发展的可能性。而俄罗斯的大多数城乡教育均衡政策体现了对农村地区的倾斜，给农村地区以优于城市的条件试图促进其获得与城市相同的发展，指向积极的教育公平。

3. 体现多样化的教育均衡

义务教育均衡发展至少包含三方面内涵：第一，为受教育者提供均等的受教育机会。即为每个学校提供大致相当的师资、校舍、教科书与相关资料、生均经费，以及公共的、统一的义务教育课程。第二，为受教育者提供获得学业成功的机会均等的受教育条件。第三，促使每个受教育者获得最大限度的发展。俄罗斯的一系列促进义务教育均衡发展的政策包括了以上三个方面，比如实施统一的免费午餐政策，保证全俄罗斯的儿童享有均等的接受教育的机会；保障农村学校的信息环境建设，缩小农村学校与城市学校的物质环境差距，从而为所有学生提供均等的受教育条件；在小型农村学校开展个性化的教学大纲，致力于使每个受教育者获得最大限度的发展。

# 第三章　淮安市推进义务教育均衡发展实践（上）

让每个孩子沐浴在均衡教育的阳光雨露下，这是所有家长、孩子的殷切期盼。淮安市清河区、清浦区和经济开发区充分利用本区丰富、优质的教育资源和良好的教育发展态势，积极顺应时代潮流，为实现区域义务教育均衡发展不懈进取，开拓创新，克难奋进，谱写了推进义务教育均衡发展的新篇章。

## 第一节　清河区推进义务教育均衡发展的实践与经验

### 一、清河区基本概况

清河区位于淮安市主城区，东与淮安经济开发区接壤，南以里运河为界与清浦区毗连，北隔古黄河与淮阴区相邻。历史上，清河区先后属淮阴县、山阳县，清乾隆二十五年(1760)，划属清河县。民国年间，境内属淮阴县。新中国成立后，属清江市，1983 年 3 月成立省辖淮阴市，始设清河区。清河区属温带季风气候，雨量充沛，四季分明。清河区资源丰富，条件优越，是全国著名的绿色农副产品产销基地，农业开发大有可为。区内有古黄河生态民俗园及风光绿化带、石塔湖公园、大运河文化广场等自然人文风光，有古清真寺、娃娃井、万公祠、基督教堂、清江大闸、若飞桥、石码头桥、“南船北马”碑、周恩来童年读书处等名胜古迹，大运河文化广场雕塑是 20 世纪以来全国最大的运河历史文化雕塑工程。近现代出生在境内的名人主要有范冕、陈白尘、程莘农等。清河区是淮安市原市委、市政府所在地，是淮安市政治、交通、经济、文化中心和对外交流的重要窗口。

清河区面积为 32.28 平方千米，常住人口 32.8 万人，其中户籍人口 23.8 万人，清河区下辖淮海街道、长东街道、长西街道、府前街道、柳树湾街道、水渡口街道、白鹭湖街道 7 个街道、38 个社区居委会和 5 个行政村(场)。2013 年，清河区实现地区生产总值 122.98 亿元，累计完成全社会固定资产投资 106.02 亿元，财政总收入 41.86 亿元。清河区区属义务教育阶段公办学校有初中5所、小学7所，在校中小学生18 595名，专任教师1 846名。小学和初中全部达到省定义务教育阶段学校基本办学要求；义务教育校际综合差异系数符合省定要求，小学综合差异系数为0.221，初中综合差异系数为0.371。近年来，清河区认真贯彻落实《国务院关于深入推进义务教育均衡发展的意见》（国发〔2012〕48号）和《省政府关于深入推进义务教育优质均衡发展的意见》（苏政发〔2012〕148号），把教育摆在优先发展的战略位置，科学规划教育布局，不断加大教育投入，积极推进学校标准化建设，认真实施薄弱学校改造计划，切实推进教师轮岗交流，倡导特色办学，全面提升教育质量，教育关注向贫困人群倾斜，义务教育均衡发展水平逐步提升。2009年通过"江苏省县（市、区）教育现代化建设水平"评估验收；2010年被表彰为"省义务教育均衡发展先进区"；2013年又被省政府列为全市唯一的首批教育现代化示范区建设单位；2014年通过"全国义务教育发展基本均衡县（市、区）"评估验收。

## 二、清河区推进义务教育均衡发展的主要措施

### （一）科学规划教育布局，入学机会更加均等

#### 1. 科学规划布局，教育资源配置更趋合理

2011年以来，清河区政府及教育局相继出台了《清河区中长期教育改革和发展规划纲要（2010—2020年）（修订版）》《清河区关于进一步推进义务教育均衡发展的意见》《清河区标准化学校建设实施方案》《清河区薄弱学校改造计划》等文件。根据老城区改造、清河新区建设等城市化进程加快的需要，科学规划学校布局，合理配置公共教育资源，努力让每个孩子在家门口就能上到比较好的学校。全区加大优质教育资源引进力度，实施集团化办学；相继撤并6所学校，新建、改建7所学校，和市教育局、省淮阴中学、市实验小学分别签订战略合作协议、合作办学协议，清河开明中学、北京路中学成功加入淮阴中学教育集团，清河实验小学成功加入市实验小学；成功组建了淮阴师范学院附属小学教育集团、淮安市淮海路小学教育集团。全区学校布局更加合理，优质教育资源配置更加均衡。

#### 2. 完善招生政策，适龄儿童免试就近入学

相继出台《义务教育阶段学校招生工作意见》《关于进一步推进义务教育均衡发展的意见（试行）》等文件，严格执行义务教育公办学校免试就近入学制度，学校施教区适龄学生全部免试、免费就近接受义务教育，公办学校择校生比例控制在10%以内。大力推进标准班额办学，所有学校严格限定班额、

均衡编班,同时试行小班化、特色化教学。区属普通高中清河中学招生名额按70%的比例分配到区域内各初中。

3. 促进教育公平,教育服务惠及特殊群体

将进城务工人员随迁子女就学纳入《清河区中长期教育改革和发展规划(2010—2020年)》和财政保障体系,进城务工人员随迁子女安排到公办学校免费就读,与施教区学生享受同等待遇。出台《关爱留守儿童工作实施方案》,采取针对性措施,及时解决“留守儿童”在思想、学习、生活等方面存在的问题和困难。健全贫困儿童、学困儿童帮扶制度,按标准发放义务教育阶段家庭经济困难学生生活补助,做到应助尽助。建立以政府为主导、社会各方面广泛参与的留守儿童、残障儿童关爱体系,重点突破,分类推进,不断促进教育公平,三类残疾儿童少年入学率达100%。

**(二) 全力加大教育投入,保障机制日益健全**

1. 加强组织保障

建立党政领导亲自抓义务教育均衡化建设的领导机制,及时研究解决涉及义务教育均衡化建设的重大问题。出台了《清河区推进义务教育均衡发展工作责任、监督和问责实施意见》,相关部门把推进义务教育均衡发展作为重要工作职责,建立健全义务教育均衡化建设目标管理责任制。出台了《清河区中小学校综合督导评估制度》《清河区责任督学挂牌督导工作制度》《清河区人大代表定期视察教育工作制度》,加强监控、评估和责任追究,全区上下重视、关心和支持义务教育均衡发展的氛围日见浓厚,意识日益增强。

2. 加大经费投入

教育投入做到“三增长”。2012年至2014年,义务教育预算内经费拨款增长比例分别为8.30%、3.77%、12.8%,均高于财政经常性收入增长比例。生均预算内教育事业费逐步增长,近三年小学增长比例分别为10.48%、8.02%、17.26%,初中增长比例分别为8.54%、4.07%、10.76%。生均公用经费逐年增长,2012年至2014年小学生均公用经费分别增长34.15%、9.09%、16.67%,初中生均公用经费分别增长15.38%、13.33%、17.65%。2014年生均公共财政预算公用经费增至小学700元/生,初中增至1 000元/生。

3. 加快学校改造

积极推进学校标准化建设,财政性教育经费向薄弱学校倾斜,累计投入5

亿多元，实施薄弱学校撤并改造计划。近三年，按照领先全市同类学校的标准，先后撤并了崇华小学和洪福小学2所薄弱学校，异地新建了白鹭湖中小学；对区内办学历史最长的第三中学进行原址重建，与第六中学合并为清江浦中学；撤并第十中学、永宁小学、西安路小学，整合新建了清河实验中小学。正在实施清江浦中学二期工程和淮阴师院附属小学新校区建设工程。积极推动实施六中改造工程，淮海路小学、承德路小学校安工程，完成白鹭湖中小学和清河实验中学教育装备提升工程。目前，全区义务教育阶段学校已经全部达到省定现代化办学标准。

### （三）创新人才引培模式，师资质量整体提升

#### 1. 加大优秀人才引进培养力度

坚持“引培并重”的方针，完善引进、培养和管理机制，不断优化教师队伍。以促进教师专业化成长为重点，以提高教师工作和生活质量为抓手，着力实施“青年教师培养工程”“名优教师培养工程”“名校长培养工程”；坚持举办全区教师“考学”“清河教育大讲堂”“校长论坛”，以及课堂教学改革观摩研讨会等系列活动；深入学习中小学教师职业道德规范，积极通过领导示范、典型感召、制度约束、评优表彰等措施，进一步增强教师的责任感和使命感，让教师不仅有出色的技能，而且有高尚的人格；定期选派骨干教师到名校挂职锻炼和出国培训；面向全市选拔中学副校长，面向全国选聘特级教师和骨干教师；组织评选区首席教师、学科带头人、骨干教师。近几年共引进省内外优秀教师、优秀大学毕业生近370名；评选出107名区首席教师、264名区学科带头人和骨干教师，特级教师7名，教授级高级教师3名，有市基础教育专家组成员、学科带头人58名，专任教师中区级及以上骨干教师达29.4%，每所学校都有多名区级及以上骨干教师，配齐配足学科教师，师生比中学为1∶11.11，小学为1∶15.6。

#### 2. 深化师资队伍管理体制改革

继续深化学校内部管理体制改革，完善校长负责制、教职工全员聘任制、岗位目标责任制和绩效考核制。出台了《清河区中小学校长绩效考核办法》《清河区中小学教师管理办法》和《清河区中小学第三方督导考核实施方案》等文件，深化学校用人制度改革，引入竞争机制，建立起能进能出、能上能下的教师、教干选拔任用机制，努力形成有利于优秀教育人才脱颖而出的良好环境。以“区有校用”为导向，积极探索推进教师、教干由“学校人”转变为“系

统人”,建立义务教育学校校长、教师定期交流制度以及城区学校教师到周边农村学校支教制度,交流比例达到15%,每年到农村学校支教不少于10人。

3. 不断提高教师福利待遇水平

自2009年1月1日开始,全面实施义务教育绩效工资制度,教师待遇逐年提高,全区教师平均工资水平高于公务员平均工资水平;给予特级教师30万元安家费和每月1 800元生活补助;每年向每名教师发放目标奖10 000元左右。区财政按照全区教师工资总额的1.5%安排教师培训经费,各学校实际用于教师培训的经费不低于5%。

(四) 切实加强改革创新,教育特色不断彰显

1. 坚持立德树人

全面贯彻国家教育方针,坚持德育先行,将未成年人思想道德建设摆在突出地位,积极探索德育工作新机制、新路子,扎实开展班集体建设和法制教育,举行丰富多样的社团活动和社会活动,将社会主义核心价值观融入教育全过程,着力培养学生良好的道德品质和行为习惯,构建具有清河特色的区域德育体系。认真落实“健康第一”的指导思想,保证学生每天一小时体育锻炼时间,深入实施“体艺2+1”项目,全面开展体质健康测试,按国家学生体质健康标准测试小学、初中合格率分别为93.39%、92.48%。出台《清河区义务教育阶段学校督导评估办法》,积极引导学校和社会树立正确的教育观、质量观和人才观。

2. 推动特色办学

鼓励学校积极创新,办出特色、突出个性,促进学校致力于内涵发展,在创建品牌、培育特色上下功夫。各学校从实际出发,尊重学生的人格、个性特长和年龄特征,小学、中学分别以“快乐”“阳光”“健康”为根本出发点,不断加强特色校园建设。淮阴师院附小的“向阳文化”、第六中学的“幸福教育”、淮海路小学的“和美教育”、繁荣小学的“经典诵读”等特色教育影响力不断增强;清河实验中学的“活力校园”、承德路小学的“快乐星期三”、老坝口小学的“欢乐腰鼓”、清河实验小学的“阳光体育”等特色项目有力推进。第六中学“幸福教育”被评为淮安市基础教育“十大管理模式”。全区“一校一特”工作扎实有效开展,“一校多特”正处于积极探索中。

3. 深化课程改革

以高效课堂建构为抓手,深化素质教育,有效减轻中小学生课业负担。

大力开展高效课堂建设，构建了一批各具特色、较为完善的高效课堂教学模式，淮海路小学的数学“五步走”模式被评为淮安市“十大教学模式”。积极创造条件，保证所有学校按照义务教育课程方案规定开齐开足课程，并达到教学基本要求。按照国家、地方、学校三级课程管理体系，积极开发地方课程和校本课程。面向全体学生，建立科学合理的评价机制，促进学生积极主动发展。小学、初中在校生年巩固率均达到100%，学生学业合格率为97.52%。

## 三、清河区推进义务教育均衡发展的基本经验

### (一) 落实责任，推进义务教育均衡发展

推进义务教育均衡发展，必须明确政府及相关部门责任，只有加强领导、精心组织、统筹推进，才能取得预期成效。一是依法行政，认真履行推进义务教育均衡发展工作职责。按照《国务院关于深入推进义务教育均衡发展的意见》和《省政府关于深入推进义务教育优质均衡发展的意见》的要求，全面落实政府及各有关部门推进义务教育优质均衡发展的责任。对全区各校办学条件、师资队伍、管理水平、教育质量等方面逐项开展自查自纠，严格落实整改措施，全面推动学校软硬件建设，确保优质均衡工作落到实处。二是不断加大教育经费投入。完善教育公共财政保障机制，在确保“三增长一提高”的基础上，确保各项教育经费投入达到省定最高标准，力争达到苏南发达地区标准。加大民生保障投入，加大薄弱学校的扶持力度，实现全区义务教育阶段学校“八个一样”。切实落实国家的惠民政策，确保流动就业人口随迁子女、留守儿童、残疾儿童平等享有接受优质教育的基本权利，凸显教育的公平与均衡。三是抓住淮安市教育局与清河区人民政府关于推进清河区教育事业跨越发展战略合作的大好时机，积极推进淮安市实验小学与清河区实验小学的合作；进一步强化淮阴中学与清河中学、北京路中学、清河开明中学等学校的合作，不断提升全区学校整体办学水平，让老百姓的孩子就近上好学。

### (二) 超前规划，确保教育资源合理配置

均衡配置教育资源，是推进义务教育优质均衡发展的基础。一是综合改革，缓解城区就学压力。认真开展调查研究，实施义务教育“以县为主”的管理体制，充分预测5～10年人口变动情况，超前规划，在城区、新区新建或改扩建一部分学校。合理调整划分主城区施教区，逐年严格控制主城区学校择校生比例，控制热点学校的招生规模，确保全区学校班额数、择校生比例逐渐下降，努力达到省“义务教育优质均衡发展改革示范区”标准。二是提升教育装

备水平。借力“市政府为城乡居民办十件实事”和“区政府十大惠民工程”建设,积极推进更高水平的教育现代化建设。要求所有学校按照省中小学教育技术装备Ⅰ类标准进行配置。加强全区基础教育信息化公共服务体系建设,以信息化带动义务教育优质均衡发展。三是促进校长、教师合理流动。把骨干教师的均衡配置作为推进义务教育优质均衡发展的重要途径。依法实行定期交流制度,按照每年不低于专任教师(包括骨干教师和教干)15%的比例进行交流,确保每校优秀教师的比例大致均衡。

### (三)强化素质,促进师生和谐健康发展

真正好的教育应该是追求人的全面发展,能让学生健康地成长,让教师幸福地工作。教师队伍建设和课堂改革是学校建设最重要的力量,有了优秀的教师队伍和自然民主的课堂,才有高质量的学校教育。为此,一是持续加大优秀教师引培力度。一方面提高传统的校本培训效果;另一方面有计划地加强骨干教师的订单式培训,进一步加强名师工程建设,充分发挥他们的引领作用。同时,积极搭建平台,重点抓好学科带头人、骨干教师的评比和教师基本功大赛、优课竞赛的工作。有计划、系统性地组织教师读书,读有品位、有血脉的书,与名家大师对话,浸润心灵,提高素养。近两年,清河教育局给机关全体人员和学校中层以上干部发了十多本书(内容涵盖教育、管理、文学多方面),要求大家认真阅读,并组织读书笔记评比。在充分发扬民主的基础上,订立相应的评优、评先、评教、绩效等考核办法,以此来激励教师更好地发展。二是深化课堂改革。要提升教学质量首先要提升的是课堂的质量。课堂的质量决定着学生成长的质量。通过专家引领、校本培训、自主研修、同伴互助等方式深化课堂改革,努力构建真正能提高学生自主学习能力的高效课堂,努力形成高效课堂教学模式。三是抓好体艺工作。对照部颁标准,落实体艺课程。专业教师缺乏的,积极加强培训,提高兼职教师素质。积极实施体艺“2+1”项目,大力推行阳光体育活动,保证学生每天活动时间不少于1小时。广泛开展各种体艺比赛活动。积极开发校本课程,给学生提供尽可能多的校本课程去选择,让每个孩子都拥有出彩的机会。

### (四)注重内涵,打造学校教育特色品牌

坚持把突出内涵发展作为清河教育的战略路径,建立现代学校制度,加强学校管理,转变教育发展方式,从注重规模扩张的外延式发展转变为注重规模、结构、质量、效益、教育生态相协调的内涵式发展。一是以规划引领发

展，科学的规划可以引领学校有序科学地发展，否则很容易盲目决策，盲目发展。各学校切实重视规划的制定与执行。二是真正把学校的办学理念、管理制度、课程体系、队伍素质、教育质量、办学特色等内部因素作为发展的出发点和立足点，促进学校健康、科学、可持续发展。引导各个学校加强研究，积极行动。三是在全区中小学深入实施"一校一特""一校一品"战略，鼓励和引导各中小学走特色办学之路。全面提升清河中学"全域德育"、六中"幸福教育"、师院附小"体育教育"、淮海路小学"艺术教育"、繁荣小学"诗词教育"等特色教育品牌的影响力。

## 第二节　清浦区实施"区管校聘"，助推义务教育均衡发展

### 一、清浦区基本概况

清浦区位于淮安市南部，是淮安市下辖区之一，1983 年建区。清浦区古称清江浦，明清时，清江浦与扬州、苏州、杭州并称运河沿岸"四大都市"。清浦区现有人口 31 万，总面积 277 平方公里，辖 4 个街道（清江街道、清安街道、闸口街道、浦楼街道）、3 个镇（武墩镇、和平镇、盐河镇）、2 个乡（黄码乡、城南乡）。清浦区处于 104、205 国道和宁连一级公路的交汇点上。区内水网密布，京杭大运河倚区而过，最大水运载能力达 2 000 吨，另外，还有淮沭新河、淮河入江水道、淮河入海水道。区内矿产资源丰富，截至 2013 年，清浦区已探明岩盐储藏量 40 亿吨、芒硝储存量 30 亿吨。清浦区西邻我国第三大淡水湖——洪泽湖，地下水资源储量丰富，全区可供开发利用的含水层广泛分布于第四系松散层。平水年全区降水补给潜水的水量为 15. 08 亿立方米，一般干旱年为 12. 83 亿立方米，特殊干旱年为 8. 16 亿立方米，潜水调节资源量为 8. 53 亿立方米，深层地下水可采资源量为 5. 42 亿立方米。

清浦区全区现有中小学 18 所，教学点 4 个，在校生 2. 7 万人，教职工 1 823人，其中专任教师 1 764 人。2012 年，清浦区满分通过省教育现代化先进区的评估，2013 年高分通过全国义务教育均衡区的验收，全区义务教育阶段学校布局基本合理，办学条件实现了城乡和校际间的均衡。为进一步满足社会、家长对优质教育资源的需求，进一步深化教育综合改革，实现清浦教育优质均衡发展，2014 年全面实施了以"推动校长和教师轮岗交流、完善学校办学效益和教师绩效考核评价体系"为主要内容的"2 + 2"教育综合改革，建立区管校聘体制，深入推进校长、教师轮岗交流，实现了全区教育一盘棋，教

育资源进一步得到优化,推动了清浦教育优质均衡发展。

## 二、清浦区"区管校聘"改革的背景

### 1. 上级有要求

早在2001年,《国务院关于基础教育改革与发展的决定》中就提出了城乡教师"对口支援"的交流方式。2010年7月颁布的《国家中长期教育改革和发展规划纲要(2010—2020年)》提出切实缩小校际差距,"实行县(区)域内教师和校长交流制度"。教育部和省人民政府《关于推进县域义务教育均衡发展的备忘录》明确提出,全省所有县(市、区)于2018年前实现义务教育优质均衡发展。2013年11月,党的十八届三中全会明确了教育改革的攻坚方向和重点举措,对深化教育领域综合改革提出了明确要求:"统筹城乡义务教育资源均衡配置,实行公办学校标准化建设和校长教师交流轮岗。"淮安市清浦区委区政府审时度势,把教育作为最大的民生工程,将深化教育领域综合改革列在全区四大重点改革之首,坚持教育优先发展。区教育系统以人事制度和分配制度改革为突破口,实行义务教育教师队伍"区管校聘"管理体制,立足本地既有城市又有农村的区情,用"动真格"改革举措推动校长、教师交流轮岗"真流动",推动校长教师、轮岗交流,强力推进教育公平,为义务教育均衡发展提供坚强的师资保障,打造"学在清浦"教育名区,实现了教育优质均衡发展。

### 2. 百姓有期盼

就全国范围讲,尽管义务教育阶段就近入学方案得到完善,但是家长择校热度不减,择校途径五花八门,家长热捧学区房,人为制造新的"就近入学",择校的狂热甚至从中小学蔓延到幼儿园,很是耐人寻味。当然,学区房不是普通人家买得起的;有关系有门路的人毕竟是少数。普通百姓的子女依然只能望名校兴叹。其实,择校问题说到底还是基础教育资源配置失衡惹的祸。在教育资源配置不公的语境下,尽管教育部门三令五申禁止择校,但是由于目前办学水平差异较大,就近入学范围与公众就学期望值不一致,优质教育尚属"紧俏商品",根本不能满足公众的需要,无法阻挡千千万万家长对优质教育资源的期盼,所以"上有政策,下有对策",择校现象依然较为普遍。就清浦区来说,经过教育现代化和教育均衡化的创建,教育资源经过整合补充,办学条件实现了城乡和校际间的均衡,但师资力量与教育教学管理等教育软件配置仍是教育均衡发展的软肋,老百姓迫切期盼孩子在家门口就能享受到优质的教育资源，特别是对教育软件资源的需求变动尤为迫切。

3. 体制有阻碍

教师合理流动制度，对于基础教育质量提高和整个民族素质的提升具有重要意义，它可以打破重点和非重点学校的划分，实现人力资源的重新配置和优秀教师资源的共享，使各校师资力量趋于平衡，缩小教育差异，这对于改善弱势学校的教育质量，推进一定区域内教育的均衡发展和教育公平具有重要作用；对于学校来说，它给学校带来新的办学理念和教学方法，有利于学校的发展；它能够增强教师之间的交流，使教师保持教育工作的新鲜感，克服职业倦怠，并在新的学校谋求新的发展，更加认真努力工作，不断学习充实自己，提高教学质量，从而激发工作热情，发挥创造力，同时还有助于教师真实了解所在学校教育发展的实际情况，从而更深切地把握教育规律，有利于教师的专业发展及整体教师队伍素质的提高；对于学生来说，不同风格教师的授课能够开阔学生的视野，给学生提供不同的思维方式，有利于学生开拓思维，提高素质。

我国城乡二元结构使得城乡差距显著，这一差距导致各种资源向城市流动，同样，优质教育资源也向城市集中，造成了农村优质教育资源相对短缺。清浦区地处淮安市的南大门，半城半乡。多年来，校长存在行政级别，职务只能上，不能下；有的校长长期在一个学校工作，缺乏工作激情。不少教师“一进学校门，一校定终身”，城乡校际之间教师年龄、职称、学科等结构不够合理；优质学校名优教师“扎堆”，教师流动不畅。

## 三、“区管校聘”改革的举措

通过学校去行政化，打破校长交流的级别障碍，全面实施校长交流制度；成立区教师管理中心，教师变“学校人”为“系统人”，完善教师交流制度；建立学校办学效益评估体系和教师绩效考核评价体系，激发教育工作合力。通过改革，逐步实现学校硬件、师资、生源、质量在城乡和校际间的均衡，以改革推动发展、增强活力、提高质量、促进公平。

基于这一目标追求，清浦区委、区政府高度重视教育工作，把教育综合改革列为2014年全区四项改革（教育发展、社会治理、生态文明、党的建设）之首。为此，区里成立了教育改革工作领导小组，区委、区政府主要领导多次深入教育系统展开调研，并主持召开专题会议，协调会办教育改革过程中遇到的困难和问题。同时，召开由区人大代表、政协委员、校长、教师、学生家长等各层面代表的座谈会 30 多场,征求意见 1 200 多人次。经过国家、省、市专家学者的深入论证,反复斟酌,历时半年,出台了《清浦区义务教育阶段学校校长交流轮岗方案》《清浦区义务教育阶段学校教师交流轮岗方案》《清浦区义务教育阶段学校现代化办学水平评估实施意见》《清浦区义务教育学校绩效工资考核实施指导意见》等 15 个文件,全面拉开了教育综合改革的帷幕。

### (一) 成立区教师管理中心

2014 年,清浦区成立了“淮安市清浦区教师管理中心”,具体负责全区义务教育阶段学校教师队伍建设、绩效考核、职称评审、人事管理工作,办学水平评估工作,省、市、区各级名优教师和特级教师候选人培养工作以及上级教师交办的各项工作。下设 4 个科室,分别为办公室、培训科、考评科、人力资源科。

教师管理中心的成立,实现了“学校人”向“系统人”的转变,全区义务教育阶段学校教师人事关系全部纳入教师管理中心统一管理,明确了教育改革的实施主体,为交流轮岗工作的顺利实施提供了平台。

### (二) 率先实行校长轮岗

一是取消义务教育学校校长行政级别。实行“老人老办法、新人新办法”,新聘校长不再享有行政级别,打破了校长交流的级别障碍。义务教育学校校长由区教育局提名、考察和公示,报区组织部门审核备案后由区教育局聘任。遵循“人岗相适、梯度调配、促进发展”的原则,推进校长定期交流,校长聘用周期一般为 3 年,在同一学校连续任职 6 年必须进行交流。2014 年 5 月中旬,全区义务教育学校校长全部进行了轮岗交流。其中淮安市人民小学校长、省特级教师黄艳梅主动申请交流到城南乡中心小学。

二是实行校长负责制。副校长由校长直接聘任,中层干部由校领导班子集体研究后聘任。区教师管理中心每学年对学校办学水平进行评估考核,根据考核结果决定校长的续聘、交流或解聘。一个学年考核不合格的,诫勉谈话;连续两个学年考核不合格的,解除聘任。校长可根据办学需要和考核结果,调整领导班子成员。

三是建立校长后备人才库。通过竞争上岗等多种形式,组建校长后备人才库,为选拔聘用校长提供保障。新任的义务教育阶段学校校长,必须有在农村学校 3 年以上的工作经历,或直接提拔到农村学校任职。

### （三）全面实行教师交流

#### 1. 统一资源配置

一是深入一线座谈。面对全区教师的庞大群体，推进教育均衡改革是“牵一发而动全身”的大事、特事。对于区教育主管部门，如何推进教师全员交流轮岗，此前也没有先例可供借鉴。2013 年年底，区教育局由局领导牵头，分组对各校教师代表进行座谈，了解各校基层教师对教师交流轮岗工作的看法，了解他们的心声，并汇总归纳各种意见。2014 年 3 月，教育局人事科再次深入学校，对各层次教师开展座谈工作，并通过座谈，为教师释疑解惑，争取一线教师对交流工作的理解、支持，也为教育主管部门的科学研判，进行顶层设计，科学化、人性化制定交流轮岗政策，以及全面推进教育综合改革各项工作，为确保整个过程平稳有序地开展打下了基础。

二是统一人事关系。将全区教师统一纳入区教师管理中心的管理，教师管理中心根据教师的学科、骨干、职称、年龄等情况，建起了数据翔实、类别齐全的教师资料库。

三是统一师资配置。根据江苏省课程设置标准，制定了清浦区周课时量标准，统一了全区不同年级、不同学科教师的周课时量。根据学校办学规模，核定教师总数；依据课程设置、教师周课时量，结合区内现有教师的实际情况，核定全区各校应有各学科教师数；根据全区骨干教师总量，核定各校应有骨干教师人数。确保骨干教师、班均教师数等关键指标基本一致。

四是统一教职工聘用。校长由管理中心聘用，任期一般为 3 年；教师及学校管理人员由校长聘用。

五是核定编制，统一岗位聘任。依据江苏省义务教育阶段优质均衡标准，重新核定了全区教师的编制数、各级职称应有岗位数。在岗位聘任时，实行统一管理，依据全区实有岗位数，结合学校岗位数，依据一定的比例分配名额给各校。

#### 2. 加强政策引导

为鼓励优秀教师到农村学校和薄弱学校任教，在职称评聘、骨干评选、表彰推荐、培养培训等方面向农村教师和薄弱学校教师倾斜。《清浦区义务教育学校教师轮岗交流相关规定（暂行）》中规定：“评选市级以上（含市级）综合表彰奖励，均须有 2 年以上区内农村学校任教经历。在表彰奖励工作中，要向长期在农村学校任教的教师倾斜。”“对具有交流经历并在交流中工作实绩显著、示范带动作用发挥明显的教师,在同等条件下,优先晋升专业技术职务,优先聘用专业技术岗位,优先申报省特级教师、市区两级骨干教师等称号,优先评选各类综合表彰奖励,优先安排高级培训。”同时,从教师本身面临的实际困难出发,着力解决农村学校教师食宿问题,消除他们的后顾之忧。

3. 实行双向选择

校长选教师,教师选学校。区教育局 7 月初召开了教师轮岗动员推介会,全区 16 位义务教育学校的校长宣讲自己的办学理念,推介自己的学校。教师通过与学校校长或相关负责人员交流,并填报《清浦区 2014 年义务教育阶段教师轮岗交流报名表》给相关学校,实现双向选择。根据学校办学规模,按比例合理确定学科教师、骨干教师,打破了教师流动的“藩篱”,更打破了名校对名师的长期“垄断”。在“全员聘用、双向选择”的基础上,符合交流条件的 1 123名教师与学校进行了双向选择,301 名教师选择异校交流,交流比例达 26.8%。骨干教师交流比例达 27%,其中原省级实小有 48% 的骨干教师交流到了薄弱学校或农村学校。

### 四、实施“区管校聘”改革的初步成效

此次教育改革打破了传统教育的壁垒,教师队伍“区管校聘”的管理改革实现了教师由“学校人”到“系统人”的转变,成了在教师全员参与交流轮岗方面“第一个吃螃蟹的人”,极大地激发了教育改革的活力。

#### (一) 队伍建设成绩显著,办学水平明显提升

校长、教师轮岗交流,激发了学校竞争活力、管理团队活力以及教师的教研活力,使校长办学有方向,教师工作有动力。师资的均衡配置,也让各学校站在同一起跑线上竞争成为可能。紧缺师资的学校得到力量补充,骨干教师受到均衡分配,为均衡发展创造了有利条件。交流到农村学校的朱凤春、陈文明、单广红等优秀骨干教师实践的“名师名对面、网络同步课堂、QQ 教研群”等先进教学理念,极大地改变了所在学校教师的教学状况。交流轮岗的教师到新学校之后快速融入,积极发挥辐射作用,起到了“鲶鱼效应”,广大教师的工作积极性空前高涨,队伍建设成绩显著。改革后的学校管理团队更加精干,中小学现有副校长 32 人,比原来下降 50%;中层干部 170 人,比原来减少 17%。学校办学自主权的扩大,激发了管理团队的主观能动性和创造力。学校管理愈发精致,课堂教学更加高效,科研氛围明显浓厚,学校文化更加彰显。提升内涵、创设品牌,促进发展,全区中小学形成了百舸争流、千帆竞发

的良好态势。

（二）资源配置均衡优化，群众满意度明显提高

校长和骨干教师的均衡配置，提升了薄弱学校的管理和教学水平，家长对学校的认可度明显提高，全区义务教育阶段学校的择校比例大幅下降，择校热明显降温，2.7 万名学生享受到优质教育，初步实现了区委、区政府提出的“优质教育资源不应成为困难家庭和农村家庭的奢侈品”的目标。位于城乡接合部的城南乡中心小学 2010 年仅招收 2 个班新生，施教区就读学生比例仅为 22%，新校长和骨干教师交流到位后，一年级新生猛增到 7 个班，施教区就读学生比例高达 90% 以上。盐河镇中心学校小学部不但无一名学生外出择校，反而有 19 名学生返乡就读。外出务工者张玉军、留守老人孙殿奎等群众发出肺腑之言，说道：“在家门口就能享受到与城里学校同等待遇的教学条件，避免了孩子到城里择校上学费用高、往返奔波接送疲劳、容易发生交通事故等安全隐患。”

（三）示范引领作用发挥，社会影响日渐扩大

一是上级部门充分认可。清浦区探索教育综合改革的做法得到了教育部，省教育厅，市委、市政府的肯定和认可。2014 年 8 月，教育部、财政部、人力资源和社会保障部联合印发了《关于推进县（区）域内义务教育学校校长教师交流轮岗的意见》（教师[2014]4 号），决定组织申报首批义务教育教师队伍“县管校聘”管理改革示范区建设，经省教育厅推荐，清浦区申报“义务教育教师队伍‘区管校聘’管理改革国家级示范区”并顺利入选。国家教育部基础教育司领导认为清浦区的做法就是“推行县（区）域内义务教育学校校长教师交流轮岗的‘乌托邦’模式”。2014 年，清浦区《推进教育全面均衡，切实破解择校难题》创新创优项目被市委、市政府评为一等奖，市委、市政府主要领导高度肯定，指出“清浦区推进教育均衡的做法是我市公共服务均等化的创新实践，凸显了该区的改革特点”，“破了传统教育体系的冰、立了现代化教育的规、安了广大老百姓的心”。为对清浦教育改革的经验和做法进行宣传推广，在全市庆祝第 30 个教师节大会上，清浦区委周书记做了典型发言。

二是社会各界广泛关注。2014 年 9 月 2 日，新华社发出通稿并配发评论介绍了清浦区在推进教育均衡发展方面的主要做法；2014 年 10 月 31 日，省教育厅组织新华社、中央电视台等 21 家中央和省级主流媒体集中采访了有关健全教师定期交流机制的情况。2014 年 11 月 7 日，《江苏教育报》头版头条

以“打造教师交流的江淮样本”为题报道了清浦区教师交流情况；人民网、光明网、凤凰网、中国日报、参考消息、新浪、搜狐、网易、腾讯等多家网络平台纷纷转载，《江苏教育工作简报》编发了清浦区推进教师流动工作的主要做法和经验。江苏卫视、江苏广播电台、扬子晚报等主流媒体多次深度跟踪报道，产生了良好的社会反响。

三是业内人士积极肯定。清浦教育领域综合改革的顺利实施，没有走其他地方采用集团化办学、学校联盟、委托管理等路径推进校长、教师交流轮岗的路子，而是另辟蹊径，推动校长、教师全员参与交流。这种敢为人先具有破冰意义的改革之举，为其他地方推进教育改革提供了有益借鉴，也得到了业内人士的充分肯定。2014 年 9 月以来，广州珠海等省外市县教育部门通过电话等方式咨询了解区里的改革情况；徐州市教育局、建湖县教育局、盱眙县教育局等省内市县教育部门先后前来考察学习；淮阴区卫生局、清浦区委党校等部门先后也对区教育改革进行了调查研究。

## 第三节　淮安经济开发区推进义务教育均衡发展实践

### 一、淮安市经济开发区概况

江苏淮安经济开发区是 1992 年经江苏省人民政府批准设立的省级开发区，位于市区东侧，现辖 3 个乡和 5 个办事处，行政管辖面积 132 平方公里，常住人口 20 万人。随着淮安民航机场的兴建，铁路网、高速公路网的不断拓展，以及现有航道的升级改造，淮安经济开发区的“地利”优势日益凸显。长三角内的产业和资本正呈现出由南向北渐次推进的态势，已经成为承接沪宁杭大都市圈和大经济圈经济辐射与产业转移的第一波区域。淮安经济开发区内现建有淮安出口加工区、科教产业园区、盐碱科技产业园和空港产业园等发展功能园区。

淮安出口加工区于 2008 年 3 月 22 日经国务院批准设立。2008 年 7 月 11 日顺利通过国家九部委的联合验收，2008 年 10 月 1 日正式封关运作，一期规划面积 1.36 平方千米。2012 年 7 月 19 日，国务院正式批准淮安出口加工区升级为国家级综合保税区，这是江苏省长江以北第一家在出口加工区基础上转型升级而成的综合保税区，是国内最高级别的开放区域。2012 年 12 月 20 日，淮安综合保税区通过了由南京海关牵头，江苏省发改委、财政厅、国土厅、住建厅、商务厅、国税局、工商局、外汇局等部门组成的预验收小组的验收。2013 年 1 月 30 日，淮安综合保税区（一期）获得《综合保税区验收合格证书》。淮安综合保税区内围网总规划面积 4.92 平方千米，其中原出口加工区一期1.36平方千米。二期 1.99 平方千米，位于空港物流园北区 1.57 平方千米。综合保税区北区拥有研发加工制造、口岸作业、仓储物流、国际中转、转口贸易等九大功能，是目前国内开放层次最高、政策最优惠、功能最齐全、运作最灵活、通关最便捷的海关特殊监管区域。

淮安市高教园区位于市区南部，京杭大运河南岸，淮海南路以东，宁连路以北，区域面积 19 平方千米。2002 年 11 月经省政府立项批准，2003 年 4 月开工建设。截至目前，淮阴工学院、南京林业大学南方学院、江苏食品职业技术学院、淮安信息职业技术学院、江苏财经职业技术学院、江苏省淮阴商业学校、淮安艺术学校、淮阴卫校、淮安市委党校、中科院水生所淮安研究中心、浙大网新淮安科技园、南京大学淮安高新技术研究院、南京农业大学淮安研究院先后入驻，在校师生近 8 万人。园区正在构建高教园区产学研、经科教一体化平台。

2006 年，淮安市政府规划建设市盐化工基地，总面积 44.55 平方千米，已启动区 8 平方千米，其中 2 平方千米由淮安经济开发区负责前期配套建设；园区围绕培育千亿元级盐化工新材料产业和打造“中国新盐都”的发展战略，以规划建设为支撑，以招商引资为引擎，以项目建设为依托，以民生事业为己任，努力向特色化、专业化方向发展，各项工作快速有序推进，先后被批准为省级特色园区、科技园区、特色基地、农药集中区、新型工业化示范基地和特色产业集聚区。目前，已累计实施工程 51 个，“五横四纵”的道路主框架已形成，国家级质检中心、消防站、污水处理厂、燃气储备站已投入使用。

淮安空港产业园位于涟水县陈师镇淮安机场路南侧，一期规划面积约6.14平方千米。距淮安市区中心约 23 千米，距涟水县城中心约 12 千米。淮安空港产业园功能定位为淮安都市区的有机组成和新的经济增长极，是以机场仓储物流为基础，临空产业为主体，居住和现代服务相配套的环境优美、生态友好、产业集聚、服务优良的现代化临空工业区。城市规划以建设一个宜居的“空港新城”为目标，交通规划依托空港、公路、铁路和水运形成区域交通枢纽，产业规划注重发展航空物流业、航空制造业、三产服务业，土地利用规划注重节约土地，实现集约化发展。淮安空港产业园分为四大功能区：工业区、仓储物流区、行政商务区、居住区。

淮安软件园成立于2008年2月,是经江苏省科技厅批准的省级软件园,规划面积400亩。一期3万平方米,总投资1.25亿元,已投入使用,建有研发楼、培训楼、酒店式公寓以及餐厅、活动室等配套设施。可为100多家软件等服务外包企业提供研发、办公、餐饮、住宿、休闲、娱乐等服务。该软件园已经被江苏省科学技术厅批准为苏北第一家“省级软件园”,还获得了“江苏省软件和信息服务产业园”“江苏省国际外包服务示范区”的称号,2010年3月被江苏省科技厅纳入省级科技产业园序列管理,成功引进了搜狐、阿里巴巴、微软等40多家知名服务外包企业入园。其二期工程已于2010年4月开工建设,届时园区各项配套功能将进一步提升。

沐浴着改革开放的春风,淮安开发区经济社会持续快速发展,综合实力显著增强,吸引了来自美国、澳大利亚、日本、韩国、新西兰、比利时、新加坡和香港、台湾等15个国家和地区的客商在区内投资兴业,2006年,世界500强台湾鸿海集团旗下的富士康科技集团正式与开发区签订了投资协议,投资不少于10亿美元,计划用5年时间在淮安经济开发区建设富士康淮安科技城。2007年,全区IT产业完成固定资产投资80亿元,同比增长81.8%;实现财政收入10.45亿元,其中地方一般预算收入5.8亿元,同比分别增长73.5%和82.4%。“十一五”以来,累计完成城建投入58亿元,其中基础设施投入22亿元,建成了徐杨变电站、徐杨污水处理厂、海关通关点和保税仓库,出口加工区正式通过国家验收,留学人员创业园创建为国家级。在世界500强招商上取得重大突破,成功引进了总投资25亿美元的富士康淮安科技城项目,又成功引进了华南玻璃有限公司总投资15亿美金的纯碱及相关项目。全区社会秩序稳定,治安状况良好,一个让客商投资放心、生活舒心、发展安心的环境已初步形成。为积极配合淮安市重点培育电子信息、盐化工和特钢产业链三大千亿级元产业,开发区根据全市的战略部署,紧紧依托现有资源优势和产业基础,鼓励客商兴办电子信息、生物医药、纳米新材料、新能源等高新技术产业,全力打造以富士康为龙头的IT产业和以台玻为龙头的盐化工产业,使IT产业和盐化工成为引领淮安经济的支柱产业和特色经济。

## 二、淮安市经济开发区推进义务教育均衡发展的实践历程

“开发区的教育有创新、有特色、有亮点,教育建设投入大、水平高、提升快,是真重视、真发展、真惠民。”这是近年来进区调研的省、市领导对淮安经济技术开发区教育发展的高度肯定与激励,也是全区践行“教育发展水平就

是投资环境”理念的成果体现。在义务教育均衡发展路上，淮安市经济开发区收获了一路教育风景。

### （一）蓦然回首，曾经荆棘泥泞路

进入 21 世纪，淮安经济技术开发区迎来了高速发展期，区域面积、经济增速呈几何级上升，成为淮安市第一经济增长极，国家级保税区、留学人员创业园、大学科技园、空港产业园等各类功能园区接踵建成。然而，在这块经济高地上却留下一片教育洼地。全区 10 多所中小学基本来自因区划调整而划入的乡镇中心小学、乡镇中心初中和大部分村级小学、村级联办初中，能得到社会高度认可的只有老城区的 1 所学校；教师队伍中民办教师、合同制教师和地方职业学校委托培养的教师占了全区教师的一半以上，教师的年龄结构、学科结构失衡。家长们择校现象较为突出，老城区学生向区外市直名校流出，区内边远地方学生向老城区学校流动，部分学校生源萎缩，举步维艰。教育发展经受着家长抱怨、学生辛苦、教师没有成就感、整体社会评价低的考验，这成了区社会事业局的难言之痛。

如何让开发区教育走出滞后经济发展的局面，满足人民群众对优质教育的需求，成了开发区教育发展迫切需要解决的问题。“谋事者必先谋势”，区党工委、管委会经过对全区教育现状深入的思考、剖析，提出了“创建引领、创新机制、提升内涵”的义务教育优质均衡发展思路。

创建引领——以区域教育现代化建设、全国义务教育基本均衡示范区创建作为发展契机，完善公共财政支持体系，提高经费保障水平，坚持规划先行，依据全区经济发展布局、人口分布情况，合理布点各义务教育学校，高起点、高标准建设，实现有教无类，优质教育资源共享。

创新机制——围绕全区教育薄弱环节、关键领域及社会关注的教育热点难点问题寻求突破。均衡配置硬件资源，加强校长和教师交流，加大薄弱学校改造力度，缓解择校矛盾。积极引进区外优质教育资源进区合作办学，为自身发展提速。

提升内涵——将注重质量、彰显特色为教育跨越发展的基点，深化课程和教学改革，因材施教，寓教育于学生实践活动中，切实减轻学生课业负担，让学生有充分自主发展空间。为全区教育勾勒出，“让每所学校都优质，让每个孩子都幸福”的义务教育均衡发展的愿景。

### (二) 凤凰涅槃,攀高逐梦天地阔

#### 1. 相约教育现代化,全区校园一样美丽

由于开发区行政区划不断调整,教育基础相对比较薄弱,为尽快提升教育整体水平,打造一流的投资环境。2009 年,区党工委、管委会向全区发出了创建省教育现代化建设先进区动员令,将原定于 2012 年创建教育现代化先进区任务提前到 2011 年完成,至此开发区教育发展走向了飞速快车道。

按照现代化的要求,全区所有学校建设立足高起点、高标准。几年来,通过科学规划、布局调整,全区十几所规模小、条件差的学校进行了撤并、整合,累计投入 7 亿多元,有近 30 个校建项目陆续完成,共新建校舍 308 842 平方米(占校舍总面积的 86%),塑胶运动场 9 个,维修改造校舍 24 056.2 平方米。新建了天津路小学、广州路小学、安澜路小学、新区实验小学和区启明中学;改造了徐杨中学、区开明中学、深圳路小学、富士康实验小学、枚乘路小学、南马厂中学、南马厂小学。全区所有学校装备全部达到省二类标准,到 2015 年底已全部达到省一类标准。此外,新区实验小学建成了总投入 1 500 万元的体操馆,成为目前国内一流的学校体操场馆;建设了总造价 2 800 万元的曲棍球馆,已通过了国际曲联论证,能接纳国际大型比赛。目前,全区生均九人一台计算机,教师一人一台笔记本,校校都通城域网,班班都有多媒体。有效地促进了教育资源的合理配置,满足了老百姓“好上学”“上好学”的需求,全区以 16 个 A 的优异成绩,高质量通过 2011 年“江苏省区域教育现代化建设先进区”评估。面对惊人巨变,淮安市教育局朱亚文局长在开发区调研时发出了由衷褒奖:“开发区教育从此要高看一眼,厚待三分!”

#### 2. 创新办学模式,办学品质快速提升

近年来,开发区努力创新办学模式,积极形成区外优质教育资源的积聚效应。

一是实施挂靠联姻,走名校托管之路。2010 年天津路小学与淮安市实验小学、2013 年启明中学与江苏省清江中学、2014 年安澜路小学与淮阴师范学院第一附属小学先后签约合作联办,取得了良好的社会影响。合作办学模式的成功引进为全区推进教育高位优质发展提供了强劲动力。

2015 年 2 月 3 日,淮安经济技术开发区与江苏省淮阴中学共建淮安经济技术开发区开明中学成功揭牌。淮阴中学教育集团以学校品牌、管理资源、教育教学资源等无形资产投入学校运作,组建管理团队,对学校招生、教育、

教学和科研等活动进行管理，快速打造了开发区开明中学的优质教育品牌。

二是寻求帮扶结对，走借力发展之路。全区着力推行“学校联盟”“学校结对”等办学举措，要求各学校积极寻求挂靠结对资源。区里每年给予5万元活动经费，鼓励各校积极走出去与省、市内名校挂钩，引进外力资源。广州路小学与南京雨花台实验小学结对；新区实验学校与镇江实验学校结对；安澜路小学与南京天正小学结对；富士康实验小学与常州怀德苑小学结对。通过走出去、请进来的方式，区内学校以他山之石加快了自身发展的速度。

三是优化校长队伍，走能人治校之路。通过狠抓校长队伍建设，采取人才引进、自身培养等有效手段，着力打造高素质的教育管理干部队伍，提升学校管理水平。全区14所中小学，其中，徐杨中学、富士康实验小学、深圳路小学、枚乘路小学4所学校校长均系区外人才引进的校长；启明中学、天津路小学、安澜路小学、开明中学4所学校校长系市直学校委派校长；其他各校长也都是区内理念前瞻、锐意进取的优秀校长，全区一支高素质的校长队伍正在形成。

3. 聚焦师资队伍，抓住教育发展核心

2014年5月24日，淮安经济技术开发区在深圳路小学举行名师（名校长）工作室授牌仪式。区党工委书记周毅亲自为四个名师工作室和两个名校长工作室授牌，这是开发区提升教育核心竞争力的又一个重要举措。近年来，在教育发展的进程中，开发区多措并举，着力打造高素质的教师队伍。

一是出台队伍建设制度。管委会先后出台了《中小学教师人事制度改革实施意见》《开发区教育系统人才建设工作实施意见》，通过制度建设深入推进教育人才培养工程，打造一支教育人才梯队。

二是成立教师研训中心。努力把研训中心建成课程教学研究的指导中心，课程教学资源中心，教师专业发展的引领中心。实现“小实体，多功能、大服务”的可持续发展工作思路。

三是强化骨干队伍建设。① 抓引进，以高额年薪制引进名校长、名教师，加大优秀教育人才的引进力度。几年来，开发区以优厚的待遇共面向全省引进省特级教师7名，名校长4名，优秀教师近200名。② 抓培养，启动“名校长、名教师”培养工程。借助引进的名教师、名校长优质教育资源，为全区教师、教干打造高品质专业成长发展平台，引领广大教师专业化成长。③ 抓培训，每年暑期，由区教育教学研训中心统筹谋划，采取集中地点，分层次、分批次、分专业教师培训。培训时间分散贯穿整个暑期,惠及全区所有在职教师。此外,多次组织全区中小学校长和骨干教师到华东师范大学、北京师范大学、浙江大学等知名高校学府研修,促进骨干教师的快速成长。⑤ 抓激励,要求各校制定教师成长计划,出台奖励措施,强化考核促发展。如今,一大批优秀的教育人才正在开发区教育战线上集结,他们正在为开发区的教育事业播撒芬芳,续写辉煌。

4. 坚持特色发展,素质教育花香满园

"上课开始,没有老师的开场白,所有小组在组长的组织下开始学习、讨论。课堂上学生或站或坐,或写或讲,或静思或质疑,时而小组交流,时而班级展示,没有一个学生游离在学习活动之外,课堂生态令人惊讶。"这是刊载于2014年12月15日《中国教育报——徐杨中学,因课程而改变》中的一段话。近年来,徐杨中学加入"苏派课改联盟",积极探索"531课改模式",打造生态课堂,迎来了省内外的"聚焦"效应。全国各地前来参观学习者络绎不绝,有的来了四五次之多,有的一蹲就是一个星期,还有些学校甚至将学生(小组组长)也带来了。到过徐杨中学的人无不感叹其学生的好学、会学,无不羡慕该校学生超强的自主管理和学习能力。

徐杨中学正发生着翻天覆地的变化,而这样的变化不是徐杨中学所独有的。在"精彩纷呈——错位、多元、特色、个性化"教育发展战略构思下,全区各学校也在悄然的变化着。新区实验小学坚持"教体结合",少儿体操和女子曲棍球两个特色项目已培育成全国有影响的特色品牌。其少儿基本体操参加全国比赛获得甲组金奖、乙组银奖以及优秀表演奖的殊荣。该项目在中央电视台第五套节目《CCTV-5武林大会走进淮安经济技术开发区》开幕式中参加表演,赢得了省、市领导的一致好评以及现场观众的满堂喝彩。校竞技体操队在2014年江苏省十八届运动会上喜获4金1铜的佳绩。校曲棍球队在2013年全国青少年锦标赛上获得女子乙组第一名,在江苏省青少年女子曲棍球锦标赛上获乙组第一名,甲组第三名。天津路小学2012年度被授予淮安市小学综合实践活动学科基地,多次举办了市级综合实践活动专题研讨会。其中,"身边的大运河"综合实践课程,在市"学校综合实践活动整体规划与设计"研讨会、"开发和利用区域文化特色资源"成果展示会等市级专题研讨会上,以汇报展示课、视频展示课、经验介绍等方式全面推广,受到与会专家和同行们的一致好评。江苏省教学研究室网站、市教育局网站、《淮海晚报》等省市级媒体上对此都进行专项报道。深圳路小学积极倡导“诗教文化”，打造“诗香校园”，学校开展以《诗香浸润童年》为主题的校本课程研究，收集、整理、汇编了《咏淮诗选》，吸取有关诗词教学方面的新理念、新成果，探讨古典诗词与校本课程开发有机结合的新途径、新方法。在2013年成功创建省级“诗教先进单位”。该校学生创作的诗歌参加江苏省中小学生诗歌创作大赛淮安赛区比赛，有4名学生荣获一等奖、13名学生分别荣获二三等奖。《淮安日报》《淮海晚报》、淮安电视台七彩阳光栏目专题报道了学校的诗教做法。富士康实验小学积极开展“臻美四节两礼”校园文化活动，“四节”，即“臻美春晖读书节”“臻美夏馨艺术节”“臻美秋硕体育节”“臻美冬韵英语节”；“两礼”，即“开笔礼”“成童礼”。学校文化建设的推进，得到了学生家长和区内外教育同行以及新闻媒体的关注。2014年9月成功举办“开笔礼”，《江苏教育报》、淮安电视台、《淮安日报》《淮安教育》等多家媒体进行了报道，人民日报社《人民文摘》还收录了该校的做法。广州路小学与淮阴师范学院美术系合作建立“书法教育实践基地”，书法特色初显。2013年6月，在淮安市文联举办的全国第二十届推新人大赛淮安赛区比赛中，有3位同学荣获“书法十佳”称号；7位同学荣获“书法十优”称号……全区各校“一校一品”或“一校多品”的格局正在次第展开。

5. 关注教育公平，不忘身边贫困人群

2011年12月3日，团省委、省志愿者协会在淮安市安澜路小学举办了“希望来吧”授牌仪式，这是江苏省第一所“希望来吧”，是对贫困人群儿童发出的召唤：希望孩子们放学后、业余时间来到“希望来吧”。学校现已与“乡村少年宫”整合，建成了多功能活动室、音乐室、美术室、图书室、阅读室、棋牌室、舞蹈室及多媒体教室，室外还建设了以花卉、盆景培植为主的科普基地和篮球、羽毛球等体育综合活动场地，先期开设了舞蹈、国画、电脑制作等24个项目36个班。多次邀请淮阴师范学院与市少年宫的领导、老师，以及其他名师、大家走进校园，与同学们面对面开展活动，有效拓展了青少年课外活动空间。

其实，安澜路小学“希望来吧”只是开发区保障贫困家庭子女、外来务工人员子女等特殊儿童群体享受公平教育权利的途径之一。目前，全区已建立多项助学措施，落实家庭经济困难学生的补助政策，开展帮困助学活动。近年来，区财政每年下拨专款30多万元，累计接受社会捐助10万余元，每年帮扶困难学生1 000余人次，做到贫困学生应助尽助。对外来务工人员子女实施同城同地同等待遇，并将其纳入区教育规划和财政保障体系。全区外来务工人员子女全部免试免费就近进入公办学校就读。同时,制定了残疾儿童入学的相关补助政策,每年开展助残捐款活动,保障区内适龄盲聋哑智障少年儿童平等接受九年义务教育,盲聋哑智障儿童入学率达 100% 。

### (三) 追梦均衡,他们依然在路上

风正帆悬击浪高,在义务教育优质均衡发展的路上,开发区教育充分抓住经济社会跨越发展的机遇,通过系统谋划、多措并举、政策引导、机制创新,全面提升了义务教育整体办学水平和均衡发展的高度。2012 年开发区顺利通过“全国义务教育发展基本均衡区”省级评估; 2013 年作为江苏省首批 78 家上报申请教育部认定义务教育基本均衡发展示范区的县(区)之一,通过了教育部的材料审核; 2014 年挂靠清河区(因开发区系政府派出机构)通过“全国义务教育发展基本均衡区”国家级评估,实现了教育发展的华丽转身。但是,义务教育优质均衡的追求,对于开发区教育没有休止符,只有进行时,把教育公平的美好理想转化成实际教育行动在开发区正不断创新、继续。

#### 1. 优化师资,实施“区管校用”

2015 年 6 月始,全区积极推进教师“区管校用”工作,着力构建科学、规范、有序的教师、校长交流机制,促进教师资源合理配置,优化教师队伍结构,提高校长管理水平,提升教师队伍整体素质,增强教师队伍活力,为办好每一所义务教育学校提供人力保障。

#### 2. 完善机制,建立科学考评

坚持素质教育办学方向,完善办学水平评估考核机制,近期拟出台《淮安经济技术开发区中小学校教育工作目标考评意见》,探索可衡量、有针对性的教育质量标准体系,形成科学的教育质量评价方法和评价指标体系,利用科学的考评导向,释放出均衡发展活力与源泉。

#### 3. 凸显内涵,力促品牌打造

借力地方高校,与淮阴师范学院的深度合作次第展开。全区所有义务教育学校或冠名附属,或挂牌实验基地,依托淮阴师范学院的高校资源,稳步推进课程改革,创新办学思路,大力推进校园文化建设,促进每一所学校办出自己的特色,走内涵发展之路,为学生全面、个性化发展搭建平台。

放眼回望,教育孕辉煌;畅想蓝图,运河颂新曲。义务教育均衡正在不断深入演绎着淮安经济技术开发区的教育新生活,谱写着华彩绽放的教育新篇章。

# 第四章 淮安市推进义务教育均衡发展实践（中）

近年来，江苏省把推进教育现代化建设作为实现“两个率先”的重要前提和保障，在许多方面一直走在全国前列，在实现义务教育均衡发展和改革创新中也积累了宝贵的经验，探索出了可资借鉴的发展模式。江苏省淮安市的淮阴区、淮安区和涟水县是革命老区，但是其经济社会发展相对滞后，区域内教育发展水平相对较低。义务教育作为基础性教育，对整个教育的发展具有奠基性意义和深远影响。因此，这三个县区在实现义务教育的均衡化、高质化和现代化的进程中，积极挖掘自身教育资源，充分利用教育政策资源，唱响了淮安教育“好声音”，打造出了义务教育“升级版”，对助推淮安市率先实现教育现代化意义重大。

## 第一节 淮阴区推进义务教育均衡发展实践

### 一、淮阴区基本概况

淮阴区，是江苏省淮安市下辖区，位于江苏省北部平原的腹地，因古代县域在淮河南岸（水之南为阴）而得名。2001 年 1 月 1 日，淮阴市更名为淮安市，淮阴县更名为淮安市淮阴区，辖区不变。淮阴区西南濒临洪泽湖，东与涟水县、淮安区接壤，北隔六塘河与沭阳县相望，西与泗阳县相连，中间半抱淮安市清河区和淮安市清浦区。截至 2014 年，淮阴区有 7 个乡（韩桥乡、凌桥乡、刘老庄乡、古寨乡、新渡乡、袁集乡、老张集乡）、14 个镇（王营镇、赵集镇、吴城镇、南陈集镇、码头镇、三树镇、西宋集镇、吴集镇、渔沟镇、丁集镇、五里镇、徐溜镇、王兴镇、棉花庄镇）和 1 个经济开发区（淮阴经济开发区）。全区南北长 62.5 千米，东西宽 38.5 千米，面积为 1 264 平方千米，区内人口为 78 万。

淮阴区地处淮河下游、苏中大平原北部腹地，无山多水。淮阴区地处北亚热带和暖温带交界区，属亚热带湿润—暖温带半湿润季风气候，四季分明，季风显著。淮阴区交通便利,京沪、同三、宁连、徐盐等高速公路和205国道、305省道穿境而过。京杭大运河、淮沭河、盐河、古黄河、张福河在淮阴区内交汇,2012年内河港口完成货物吞吐量847万吨,比上年增长59.3%。新长铁路又把淮阴区并入了繁忙的华东铁路网。淮安火车站位于区内,火车站已开通直达南通、北京、哈尔滨、成都、重庆、青岛、兰州、太原、西安等方向的列车。区内矿产资源丰富。岩盐、芒硝储量分别高达270亿吨、12.8亿吨,上海太平洋集团、山西南风集团投资的3条年产10万吨元明粉生产线已建成投产,经济效益十分显著。此外,还有碳氢钠石、粘土矿、天然气、石油、硼、碘等多种资源,具有很好的开采利用价值。2012年地区生产总值280.03亿元,按可比价计算,比2011年增长了13.2%。分产业看,第一产业增加值53.78亿元,增长4.0%;第二产业增加值128.19亿元,增长16.7%;第三产业增加值98.06亿元,增长13.2%。

淮阴区是历史文化名城,区内人才辈出,旅游资源丰富。淮阴区有汉代著名的大军事家韩信,汉赋鼻祖枚乘、枚皋,三国时被誉为“建安七子”之一的陈琳,东吴丞相步骘,北宋时“苏门四学士”之一的张耒,南宋时著名画家龚开,清嘉庆年间状元郎丁士美,清乾隆年间著名天文学家、历算家汪椿,音乐家孙长源,医学家吴鞠通,三品内阁中书吴昆田,著名爱国主义教育家李更生,著名文史学家张煦侯,淮海革命举旗人吴觉,全国著名的雕塑大师滑田友,摄影记者郎静山,著名作家陈白尘,著名导演谢铁骊,台湾知名作家司马中原,金马影后胡慧中,著名新闻学者、书法家谢冰岩,知名《易经》研究学者程铖等一批著名人物。区内著名的旅游景点有淮阴故城码头镇的韩侯故里、刘老乡的全国爱国主义教育基地——八十二烈士陵园等。

多年来,全区办学条件得到显著改善,共投入近3亿元先后在苏北地区率先完成农村中小学危房改造、布局调整、三新一亮、“六有”、校校通以及图书体育艺术器材等“四项配套”工程。全区现有完全小学以上各级各类学校125所(9所完全中学,1所高级中学,21所初级中学,79所完全小学,8所九年一贯制学校,1所特殊教育学校,3所职业高中,3所成人中等专业学校),在校生13.24万人。现有教职工7 249人,专任教师6 581人。民办教育发展迅速,兴办东方学校、淮宁中学、阳光学校、中英文学校等9所民办学校。

## 二、淮阴区推进义务教育均衡发展的举措与成效

针对国家义务教育法、中长期发展规划纲要和全国义务教育发展基本均

衡指标要求，江苏省相继出台了《江苏省中长期教育改革和发展规划纲要(2010—2020年)》《江苏省区域教育现代化16项指标体系》《江苏省县(市、区)义务教育优质均衡发展主要指标》等多项政策文件。为深入贯彻国家和江苏省中长期教育规划纲要，加快推进义务教育学校标准化现代化建设，全面提升义务教育优质均衡发展水平，江苏省制定了《江苏省义务教育学校现代化办学标准》(苏政办发〔2012〕35号)，从五个方面提出具体要求：(1)办学理念与办学行为；(2)学校人才与队伍建设；(3)素质教育与学生发展；(4)硬件设施与条件保障；(5)学校管理与办学特色。《江苏省中长期教育改革和发展规划纲要(2010—2020)》还明确提出，2020年江苏省要率先实现教育现代化。围绕这一目标要求，江苏省又组织制定了《江苏教育现代化指标体系》(苏政办发〔2013〕8号)。江苏省各项指标涉及义务教育发展的指标要求，大部分均高于国家标准。淮安市为更好地推进教育现代化建设，也制定了《淮安市教育现代化先进学校(乡镇)评估标准》。对照国家、省、市的系列法律、规划和指标要求，结合淮阴区义务教育实际，确定淮阴区义务教育发展的主要任务是：进一步提高经费保障，深入推进教育均衡，改善办学条件，优化教育布局，同时，深化教育改革，提高管理水平，加快队伍建设，推进素质教育，向内涵发展、特色办学的方向迈进，不断提高教育满意度。

"江苏省区域教育现代化先进区"和"全国义务教育发展基本均衡区"两项创建(下文称"两项创建")应该是一个重要分水岭(之前，苏北地区还有11个县区没有通过全国义务教育发展基本均衡县评估验收，2012年省级督导、2013年国家督导通过的县区还有发现的问题需要整改)。由于受到地方经济发展的束缚和制约，以及地方政府对教育重视程度不同，"两项创建"之前，虽然在义务教育免费、经费保障、管理体制的省级统筹、保障教育平等权利、规范办学行为、教师职务制度、执法监管等方面有较大变化，但教育落后的状况还没有根本性变化。如：择校热依然高烧不退，城区优质学校人满为患，大班额现象依然突出，人均占有校舍和活动场地面积严重不达标；农村薄弱学校依然随处可见，危房改造举步维艰，城乡教育不均衡一目了然；农村学校教育装备落后，缺乏教育现代化手段，一支粉笔、一块黑板依然是教育的常态；学校没有标准化运动场所，土质运动场杂草丛生，下雨天则泥泞不堪；功能室严重不足、音体美器材少之又少，图书残缺不齐；校园文化无从谈起，学生素质教育活动，体艺"2+1"更是一种奢谈；教师流动比例太低，更多的是农村学校骨干教师支持城区学校,优质资源源源不断向城区汇聚。

“两项创建”后的淮阴区义务教育,尤其是农村学校面貌焕然一新,学校变成乡镇最美的风景,校园充满生机活力,人民群众对教育满意度有了很大提高。2014年1月和4月,淮阴区先后通过了“省区域教育现代化先进区”和“全国义务教育发展基本均衡区”评估验收。省教育厅评估专家组在省教育现代化先进区现场评估验收时,对淮阴区教育事业给出了“真心实意重视、真金白银投入、真抓实干推进、真绩实效惠民,为经济欠发达地区加快教育现代化建设积累了可供借鉴和推广的成功经验”的高度评价。淮阴区教育事业拉开了跨越发展的序幕,唱响了跨越发展的“好声音”。

### (一) 统筹城乡一体,教育均衡深入推进

追溯“择校热”背后的根源,关键在于教育资源配置不均。在国家大力推进教育均衡发展的背景下,淮阴区紧紧抓住了破解这一难题的“牛鼻子”。区委、区政府提出了“全力打造好学校、培育好校长、塑造好教师、培养好学生,努力让全区每一个孩子都能享受到优质的教育资源,实现健康成长”的目标要求。

坚持城乡一体、加大投入、改善条件,淮阴区紧紧扣住推进教育均衡的关键点,以省教育现代化先进区和国家义务教育发展基本均衡区创建为契机,大力实施项目建设,优化教育资源配置。三年中,全区已累计投入12.1亿元用于改善办学条件。其中,新建中小学及幼儿园12所,新建教学楼78幢,铺设标准化塑胶运动场56片,并为所有农村教学点铺设了百米塑胶直道,添置了大型玩具、多媒体设备等。完成了所有学校“三化”改造,建成主干达万兆、互联网出口达千兆的教育城域网,所有学校已实现光纤连通。全区各级各类学校环境优美,设施齐全,教育发展已实现由改善办学条件为主向提升教育发展内涵为主的转变。为进一步优化教育布局,满足群众对优质教育资源的需求,2014、2015两年,淮阴区还启动实施学校建设项目17个,其中新建扩建和启用幼儿园8所,新建、扩建小学5所,新建、扩建初中3所,提档升级职业学校1所。

在改善办学硬件的同时,教育“软实力”也在跨越发展中实现了不断提升。为推进教育均衡发展,淮阴区坚持实施集团办学、联盟合作,在城乡学校组建了11个教育集团、5个教育联盟,集团(联盟)间实行人员互派、资源共享、教学互动,通过捆绑考核、一体评价,促进农村学校共同发展。进一步加

大校长、骨干教师交流，教师交流比例达15.5%。同时，实行城区小学“542”结对竞赛、农村小学“两极崛起”工程，坚持城区学校“开课日”活动，开展“365”教育督导活动，全面促进学校共同发展。大力开展支教、轮岗活动，每年选派一批骨干教师到农村师资短缺学校支教，为广大农村教师发放岗位补助并不断提高标准，激发农村教师扎根农村、爱岗敬业，努力让农村学校广大学生最大限度享受到优质的教学资源。

### （二）持续深化改革，教育质量稳步攀升

教育质量是衡量一个地区教育发展水平的关键指标，也是教育事业发展的根本。“质量是立校之根，质量是立身之本，好质量就是老百姓的好口碑。”近年来，淮阴区义务教育全面实施质量提升工程，推动教育质量实现新突破。

2014年，淮阴区以均衡发展义务教育为目标，在学校发展上，通过改善办学条件，实现城乡中小学办学硬件一个样；在目标培养上，通过“五严”规定的全面执行，减轻中小学生课业负担。教育质量稳步攀升，离不开教育教学改革的持续深化。2014年起，全区坚持开展教研员“五·三”调研制，强化教研员一线指导力度；积极组织“晚间探访”活动，关注初中寄宿孩子学习生活情况；在各学段开展“探究互助”“翻转课堂”“生本课堂”教学研究，在初中毕业班推介“五类课型”操作模式；组织“决胜中考·走进初三课堂”系列活动；在全系统开展“十大教学模式”评比；等等。一系列改革举措成为教育质量攀升的原动力。

### （三）紧抓特色教育，教育品牌不断彰显

淮阴区通过组织专家和志愿者服务队深入全区学校开设辅导讲座，向所有中小学生普及心理健康知识，着力构建“区、片、校”三级联动的心理健康教育网络，赢得社会各界一致好评。该行动被表彰为全市年度创新创优项目一等奖第一名，先后被《中国教育报》《江苏卫视》《新华日报》《扬子晚报》等媒体报道。

教育品牌是一个地方社会事业发展的重要组成部分，也是一座城市的名片。在“幸福淮阴”建设进程中，淮阴教育的品牌也在不断彰显。近年来，淮阴区学校深入挖掘区域实际，创新开展活动，精心打造学校内涵，形成了一批以红色文化、母爱文化、诗词文化、象棋文化、水文化为特色的文化魅力校；以校园体艺“2+1”活动为载体，组织大型艺术节、运动会，带动学校体艺特色工作的开展，形成了一批以淮海戏、篆刻、花样跳绳、少儿足球、管弦演奏为代表

的体艺特色校。淮阴教育的特色活动、亮点工作在全省乃至全国产生了较好影响,被中央电视台多次宣传报道。2015 年 5 月淮阴区被省教育厅、体育局确定江苏省首批、淮安市唯一一个青少年校园足球试点县区,还将全力争创国家校园足球示范区,建成一批国家校园足球示范校。

### (四) 强化队伍建设,教育行风全面净化

2014 年,淮阴区教育系统围绕师德、师能和教干管理三条主线,全面开展队伍建设,不断提升教师素质。其中,通过开展"三大主题"教育、"双十佳"及师德标兵评选活动,提高了全区教师师德水平。通过出台高素质教师培养意见,开展青蓝工程、教师考学、教干赛课、校长论坛、教师讲坛等活动,强化师能提升。改革校长选拔任用制度,开展教干上课、赛课活动,鼓励全区中小学校长担任一线教学,不断完善教干管理。在全区学校推行教干、教师双向选择,激发队伍管理活力。设立教师发展奖励基金,成立"名师工作室",加大对名师骨干及优秀人才的奖励力度。通过系列举措,全区教师队伍整体素质不断提升,在全市青年教师基本功大赛中,18 人荣获一等奖、28 人荣获二等奖。2015 年暑期,区里积极改革教师管理办法,大力推行"区管校用"管理制度,教师编制由人社部门和编办控制总量,由教育部门实施管理,真正实现了教师由"学校人"向"系统人"的转变。

在党的群众路线教育实践活动中,淮阴区以强化教育督导为抓手,加强党风廉政建设,优化行风教风,激浊扬清增强教育影响力。2014 年,全区开展了"依法治校示范校"创建和"十佳学校"评比活动,建立责任督学制度,实行领导包片联系、部门挂钩到校及例会交流制度。聚焦"四风"突出问题,开展"下基层·大走访"等活动,走进学校、走近师生、走入课堂,打通服务群众的"最后一公里"。同时,开展了"行风提升百校行"活动,通过视频曝光、通报批评等形式督促整改。

2015 年,淮阴区教育坚持以建设高水平教育现代化为方向,以办好人民满意教育为目标,进一步深化教育教学改革,大力提升教育质量,全力优化师资队伍,努力为建设实力强、城乡美、群众富的幸福淮阴,描绘好"学在淮安"品牌的淮阴篇章。

## 三、淮阴区实施义务教育均衡发展进程中存在的问题

不容否认,淮阴区义务教育在取得成绩的同时还存在许多突出矛盾和主要困难。从宏观上看,在城乡、校际之间存在一定差距,在教育投入与实际成

效、教育布局与教育发展形势之间还存有一些问题。从微观上看，全区校长队伍专业化还不够强，教师整体素质还不够高，师资队伍交流还不够流畅，激励管理机制还不够充分，学生综合能力还不够过硬，这些问题的产生，主要是因为受现行行政管理模式、编制管理体制、人事管理权限、职称评聘方法以及应试教育观念等因素的制约与影响。此外，淮阴区用于支撑教育发展的财政投入仍显拮据，教育督导权、管理权及办学自主权的关系仍需理顺。淮阴区的义务教育发展任务依然艰巨，教育改革步伐仍需加快。

（一）如何处理“大教育”与“小教育行政部门”之间的关系

“教育”之“大”体现在教育涉及千秋万代、千家万户，是上至中央下到百姓都最关注的民生之一；“教育行政部门”之“小”则体现在现行机制导致直接管理教育的教育局手里拥有的职权无法保障其履行法定职责。在这方面淮阴区的义务教育面临“四大难题”：

1. 校长选拔仍以任命制为主，校长专业化不强

校长是学校的灵魂，但淮阴区目前最缺的就是且行且思的好校长。当前，大多数县区将副科级及以上（少数人口较少的市辖区甚至是股级及以上）级别的校长管理权归属组织部门，而组织部门仍主要以任命制来选拔校长。这一方面，保证不了具有相应资格的人当选校长，不利于校长职能的专门化；另一方面，造成地方教育行政部门人权与事权相互脱离，教育局一些业务科室与基层学校在行政级别上出现“倒挂”现象，加大了管理难度。

2. 多个部门参与协调选聘教师，保证不了师资质量

目前，结构性短缺和师资整体素质不高是淮阴区教师队伍建设的主要问题。不仅边远农村学校严重缺人，就连大部分的城乡中小学也都存在音、体、美、英等学科师资短缺的现象，加之教师年龄严重老化等问题，以至于不少学校无法“开齐、开足”新课改课程。编办、人事等部门还会因种种原因，或不同意招聘，或推迟招聘时间（一般在下半年），或按一般事业单位要求组织考试，而且对已招聘教师培训的针对性和实效性也有待提升。

3. 教师队伍人力资源难以整合

对于在《省政府关于深化教育领域综合改革的实施意见》（苏政发[2014]56号文）里提到的教师“县有校用”和省政府提出的教师要由“学校人”到“系统人”的转变，编办、财政、人事等部门就因囿于本系统的上级文件等原因而很难形成合力推进整合。于是，师资不均衡导致“择校热”依然存在；无法充

分整合中小学师资,将普遍富余的农村初中教师调到小学任教,教师长期不流动导致职业倦怠,参加访谈的教师中,有60%的人从教以后在一所学校任教且超过10年。

4. 难以真正实施素质教育,导致学生不能实现全面发展

"高分低能"是应试教育最大的弊端,而能否真正实施素质教育则取决于很多方面的因素,比如中高考的指挥棒和媒体报道的导向,某些领导的教育观和大众的人才观等,在各地各类招聘中,学历歧视现象依然存在,特别是公务员考试时仍旧在报名资格要求上频频出现"211""985""全日制"等字眼。这些都直接影响到学校素质教育的实施。

(二) 如何处理上级"政策要求"与基层"实际困难"之间的关系

1. 义务教育的巨额支出让县区财政"压力山大"

在淮阴区,全区因上一轮义务教育基本现代化创建和高中星级创建而累积的债务就达5.25亿元,巨额债务给目前仅能保工资和保运转的区财政带来了巨大压力,也给教育局长和校长们带来了巨大压力。此外,县区主要是通过"做账"的方式来"落实""三增长一提高"的法定要求,实际上根本没有达到。针对这些实际困难,如何既解决教育投入不足,又不造成等靠要的依赖思想,颇具挑战性。

2. 有效激励不足以让教师队伍产生活力

经调研发现,现行的激励制度问题较多。首先是绩效工资无法促进教师工作积极性。教师普遍认为绩效工资实施后,纵向比大多数人收入都提高了,但横向比往往则低于当地公务员、医生和高校教师(参见表5-1)。而且,教师们普遍认为,既然是绩效"工资",那就不能拿"我"的绩效"工资"去发"你"的"奖金",而拉不开差距的后果是教师的工作自主性、积极性、创造性激发不出来,优秀人才倍觉心理失衡,班主任工作更是倍受冷落。其次是职称的评聘分开管理难度大。被调研的近3 000名城乡教师中有60%的人反映,现在评聘合一后,有些学校不仅没有岗位甚至出现倒挂现象。评聘分开时积压了大量待聘教师(如淮阴区就有720名中高级职称尚未被聘),加上尚未被评上的年轻教师,导致"等车的人争先恐后,可挤上车的却寥寥无几"。而职称终身制又造成不少教师被评聘上以后工作热情和积极性也没有明显提高。最后是人事管理制度改革滞后。苏政发[2014]56号文已提出健全教师转岗和退出机制,但基层对明显不能胜任工作的教师如何转岗和退出还缺乏路

径。20世纪80年代不合格民师退出的后遗症还在困扰各级地方政府。

表5-1　淮阴区不同职业人员收入横向对比表

| 职业 | 义务教育阶段教师 | 高校教师 | 公务员 | 医生 |
| --- | --- | --- | --- | --- |
| 人员 | 徐某某 | 管某某 | 朱某某 | 王某 |
| 年龄 | 29岁 | 31岁 | 29岁 | 29岁 |
| 学历 | 本科 | 本科 | 本科 | 本科 |
| 编制 | 事业在编 | 事业在编 | 行政在编 | 事业在编 |
| 职级/职务 | 中级职称 | 辅导员 | 科员 | 医师 |
| 年到手总收入 | 约4.6万元(徐某某因为有中级职称等原因,是老师中收入较高的) | 约5.5万元(管某某因是辅导员收入较低,讲师们、教授们收入较高) | 约4.9万元(朱某某与相同级别的同龄的同事几乎没有差别) | 约6万元(王某是医生中收入较低的,不同医院和医生之间差距较大,在5～15万之间) |
| 月到手收入 | 约2 500元 | 约3 500元(刚入职3 000元左右,工作5年左右约3 500元,10年左右约4 100元) | 约3 500元 | 约5 000元(基本工资1 800元+绩效) |
| 绩效 | 约1.6万元/年(徐某某是老师中收入较高的,校均约1.1万元/年) | 约1.4万元/年(管某某是较低的,因级别和工作性质而不同,教授们拿得多) | 2013年大目标考核奖7 000元(级别相同则大家都一样) | 按月发、月均3 000多元,王某算是医生中较低的,医生之间差距比较大 |
| 住房公积金 | 800元/月(个人缴纳400元) | 3 000元/月(个人缴纳1 500元) | 近1 000元/月(个人缴纳近500元) | 720元/月(个人缴纳360元) |

### (三)如何处理教育管理权与教育督导权以及办学自主权之间的关系

#### 1. 督导机构不独立,导致教育督导乏力

目前,地市一级的教育督导部门名义上都是正处级,归市政府直接领导,但其人、财、物都不独立,而是依附于市教育局。且不谈人员素质,单看数量仅4～6人,其履职情况可想而知。而各县区的督导机构设置情况更是参差不齐,有的仅设为教育部门的一个科室。因而,区县教育督导的现状是“督学”

无力、“督政”应景,以至于“择校热”等现象依然无法降温。

2. 教育管理权软硬不均,导致强弱校之间的差距拉大

一方面,强校的强势扩张直接造成了学校间的不均衡现象。比如,强校凭借几十年甚至上百年累积的种种资源,拼命扩大办学规模、无限提升办学条件、设法从政府那里获取特殊政策等。另一方面,普通学校特别是薄弱学校则太弱势,导致其连起码的人、财、物权都没有,只剩下无尽的责任。调研中,90%的校长都说他们对校级副职、中层干部和教师都无用人权,办学自主权无从谈起。

## 四、淮阴区进一步推进义务教育优质均衡发展的对策

面对中央新要求、百姓新期待和时代新召唤,迫切需要政府以更大的勇气和智慧,坚持将立德树人作为政府“管”好义务教育的基本导向,将促进均衡、提高质量、实现现代化作为改革的出发点和落脚点,以政府教育管理创新来打造苏北义务教育“升级版”。

### (一) 上下联动、权由事定,协调好“大教育”与“小教育行政部门”之间的关系

1. 试行校长职业化发展制度,解决专业性不强问题

让校长由“铁饭碗”变为“瓷器活”,只有拥有“金刚钻”的人才敢也才能来“揽活”,同时给校长相应的“钻石”待遇。建议借鉴上海和山东潍坊等市去行政化的经验。鉴于苏北“官”念更重,去行政化阻力更大,为减少“阵痛”,可采取“老人老办法、新人新办法”;另一方面,试行校长职级制,通过制定任期目标,采取与职级制相适应的薪酬制度(如较高年薪等)和任期制度(如酌情延长退休年龄等)。建议省教育行政部门借助专家力量,共同研究制定校长任职标准和条件,由各地教育局按照“大稳定、小调整”原则,每年暑假对校长进行综合测评,调整极少数不合格的校长(对其要妥善安置好),以“缺一补一”的办法重新选聘校长。同时,对校长的选拔和调配等归口于教育部门,其他部门积极配合但不能干预,逐步建立起高效的校长队伍动态管理机制。

2. 纵深联动,多管齐下保障师资质量

建议在苏北地区实施免费师范生培养制度,切实鼓励苏北地区的优秀高中毕业生报考师范院校,细致做好相关部门接收毕业生的衔接工作,确保其毕业后直接进入编制,定向分配至苏北地区从教,解决教师队伍源头不足的问题。建议苏北五市(徐州、淮安、盐城、宿迁、连云港)一方面对所有行政事

业单位的编制进行认真清理，建立健全教师有序补充机制；另一方面落实苏政发[2014]56号文精神，并将招聘工作完成时间统一提前到每年三月底前，以解决以往招聘带来的诸多问题。各接受校与被聘教师统一签订聘任合同，“形成劳动契约关系的教师任用制度”。同时，扎实做好教师的各级各类培训工作，以到名校跟班、顶岗学习等方式来提高针对性和实效性。

3. 多措并举，破解人员交流难题

对教师的交流，严格落实省编办、省教育厅和财政厅颁发的2002年113号文要求，由教育部门在核定的编制总额内，具体分配各校人员编制，事后报编制部门备案。对校长交流，可借鉴淮安市清浦区正在推行的做法，一手抓逐渐去行政化，一手抓不断强化教育行政部门的调配权。

4. 多方联动，真正落实素质教育

建议省政府一方面向中央建议在各级各类招考中，特别是在最具有风向标意义的公务员考试中严禁学历歧视，切实营造重能力轻学历的用人氛围；另一方面，利用省委党校主体班培训机会，对党政领导特别是主要领导开展《义务教育法》和实施素质教育的意义等内容的培训，为实施素质教育提供保障。建议苏北五市结合高考改革，做好与之相应的初中学业水平考试改革，委托市外专家独立命题中考，积极探索招生和考试相对分离等具体办法。

（二）勇于探索、与时俱进，协调好上级政策要求和基层实际困难之间的关系

1. 建立各级政府教育投入分担机制，为义务教育发展提供必要的财力支撑

建议省政府继续加大教育投入的统筹力度。一方面，将义务教育经费投入的法定要求纳入对市科学发展目标的考核并占较高分值；或建议中央重新修订《义务教育法》，明确规定对义务教育投入达不到法定要求，特别是对未建立义务教育投入保障机制和在教育投入上弄虚作假的地方主要领导进行问责。另一方面，在科学测算苏北各县区政府实际供给能力的基础上，建立由省级政府统一规划、各级政府按比例分担、财权事权相统一的义务教育投入保障机制。确保不因县区经济发展水平的不同而影响义务教育保障能力，从而导致先天的不均衡。

2. 完善绩效工资、职称和人事管理制度，让义务教育阶段教师充满活力

首先，立足长远，完善绩效工资：鉴于当前实际，建议借鉴国家对中西部

地区义务教育的扶持政策,设立苏北教育发展专项资金,可将苏北农村边远地区教师的补贴从绩效工资总盘子中剥离,部分供基层提高班主任津贴和激励优秀教师等,部分则用于引进、培训苏北的名校长、名教师和教学骨干以及帮扶苏北各县区建设教师发展中心等。其次,结合实际,完善职称评聘:建议抓住国家本轮职称制度改革良机,建立职称动态管理机制。一手抓定期测试,对已评上和聘上中高级职称的教师定期测试,合格的继续保留职称和岗位,不合格的及时退出或降级,形成良性竞争机制;一手抓灵活管理,对目前已评待聘人员逐年额外增加岗位,以防急刹车带来的士气严重低落和教师队伍不稳定的问题。最后,与时俱进,完善人事管理制度:建议借鉴成都市青羊区的成熟做法,刚柔相济、恩威并施,由省教育厅会同专家共同制定江苏省教师考评细则,要求各地每年组织一次考核,对经考核不能胜任教育教学工作的教师开展培训,学校半年内暂不安排工作。教师培训后由学校重新选聘,两次培训后仍落聘的教师,由当地教育部门会同人力资源等部门先在本地教育系统内分流,实在没有合适岗位的分流到非教育系统。对师德师风存在严重问题的教师,该辞退的辞退,绝不手软。同时,探索建立教师终身从教的激励机制,可给予其精神和一定数额的物质奖励,真正使教师成为“太阳底下最光辉的职业”。

### (三)坚持标准、依法依规,协调好教育管理、教育督导与办学自主权之间的关系

#### 1. 强化督导职能

县区要不断强化督导力量,使其不仅行政级别完全等同于教育局,而且将人、财、物完全独立于教育局,直接划归各级政府领导。抓紧充实督学督政专业人员,同时发挥教育系统退休人员积极性,建立专业化的督导队伍,进行常态化的“督政”和“督学”,不断加大督导后的问责力度。

#### 2. 强化教育管理职能和办学自主权限

教育管理的主客体都离不开“人”,只有通过政府管理创新,充分激发“人”的所有正能量,苏北义务教育才能由“短板”华丽转身为“升级版”。建议各地教育部门不断加大履职力度,进一步取消强校特权,对城区热点学校严控办学规模、班额。同时,建议制定义务教育基本办学标准,敦促全国各地的薄弱学校都要达标,对义务教育的公办名校规定不得超出标准的一定比例。一旦发现有大班额等违规行为,则立即启动对校长的问责程序。同时,

给所有学校充分的用人权和校内管理权，在试行校长职业化的同时，实行校长、副校长、中层干部和教师的双向选择。

## 第二节 淮安区全力推进义务教育均衡发展实践

### 一、淮安区基本概况

淮安区是江苏省淮安市辖区，位于江苏省中北部，江淮平原东北部，里下河平原北部，淮安市东南部，处于淮、扬、盐三市交界地带，东邻阜宁、建湖两县，西与洪泽县和淮安市清河、清浦两区接壤，东南、南接宝应县，北与涟水县交界。全区东西长 64 千米，南北宽 43 千米，总面积 1 439 平方千米，总人口 98.46 万人。原为明清淮安府所在地，后废府设淮安县，后改为淮安市（县级市）。2001 年，原地级淮阴市改名为淮安市，原淮安市因重名改为楚州区，2012 年楚州区改回淮安之名，设立淮安区。

淮安区地处淮河下游，江淮和黄淮两大平原交界处，地势平坦，由西向东南坡降，大小沟渠纵横成网，全市有运河道 13 条，大沟 226 条，大运河、里运河、废黄河、苏北灌溉总渠在境内总长 147 千米。地质钻探资料表明，淮安境内是典型的冲积平原，近一千万年来地壳以沉降为主。古代淮安离黄海很近。淮河和南宋建炎二年（1128）夺淮入海后的黄河流经淮安，带来大量泥沙沉积，使地面不断淤高。到清咸丰五年（1855）黄河北徙后，形成了今天所见的规模宏大的黄泛冲积平原。淮安灌溉总渠南部分地区就属于这个平原的一部分；而渠南大部分地区，则为江淮平原的一部分，由长江和淮河搬运来的泥沙沉积而成。

淮安历史悠久，可追溯到境内发掘出的 5 000 多年前新石器时代的“青莲岗文化”。公元前 117 年开始建县，是国务院颁布的全国历史文化名城，素有“壮丽东南第一州”之美誉（淮安在古代有一段时期名为楚州），在 2 100 多年建县史上，长期是郡、州、路、府的治所，物产丰富，漕运发达，商贾云集，经济繁荣。淮安区是国务院首批核定的全国历史文化名城，这里物华天宝、人杰地灵，自古至今，名人辈出。文学家有汉赋的创始人枚乘、枚皋父子，“建安七子”之一的陈琳，唐代诗人吉中孚、赵嘏，北宋“苏门四学士”之一的张耒，明代著名传记小说集《剪灯夜话》的作者瞿佑，《西游记》作者吴承恩，《老残游记》的作者刘鹗等；武将有“兴汉三杰”之一的韩信，宋代抗金巾帼英雄梁红玉，明朝抗倭明将沈坤，清代民族英雄关天培；历算家卫朴，“扬州八怪”之一的著名画家边寿民，专治瘟病的医学家吴鞠通；等等。1898 年 3 月 5 日，一代伟人周恩来出生在淮安区驸马巷，并在此度过了 12 个春秋。

淮安区名胜古迹众多，是江苏省著名的旅游城市。目前，淮安区共有国家级重点文物保护单位 2 处，省级重点文物保护单位 6 处，地市级重点文物保护单位 5 处，县级重点文物保护单位 39 处。国家级文物保护单位周恩来故居地处繁华闹市区的驸马巷内，举世景仰的周恩来纪念馆坐落在城北桃花垠风景区。明清两代，国家开始设立漕运和河道管理机构——漕运总督府，专门管理天下漕运事务和大运河的水上交通。淮安区还是全国四大菜系之一的淮扬菜系的发源地，鳝鱼宴席、文楼汤包、平桥豆腐、钦工肉圆、天妃宫蒲菜、鼓楼茶馓等名菜名点在国内外享有盛誉。

"十二五"以来，淮安区经济综合实力显著增强，运行质量持续提高。2011 年实现地区生产总值 246.8 亿元；财政收入 33.2 亿元，其中地方一般预算收入 19.8 亿元，全年完成规模以上固定资产投资 117 亿元，比上年增长 46.3%。实现社会消费品零售总额 82.12 亿元，比上年增长 22.5%。全年实现外贸进出口总额 1.56 亿美元，比上年增长 28%；注册外资实际到账 2.11 亿美元，比上年增长 102.7%。城镇居民人均可支配收入 16 410 元，比上年增长 16.8%，农村居民人均纯收入 8 834 元，增长 19.3%。全区工业经济快速增长，重点企业支撑作用明显。全年列入政府统计部门名单的工业实现增加值 64.42 亿元，比上年增长 21.3%，开票销售 133.43 亿元，比上年增长 51%，入库税金 5.32 亿元，比上年增长 45.4%。工业大项目建设成效显著，发展后劲日趋强劲。完成规模上工业投入 71.8 亿元，比上年增长 27.9%，新开工亿元以上项目 20 个，新竣工亿元以上项目 15 个。淮安区的现代农业稳步发展，全区粮食总产量达到 95 万吨，农业发展条件持续改善，完成农田水利投入 2.4亿元。高效农业稳步推进，全区新增高效种植面积 19.75 万亩。淮安区的服务业发展步伐加快，贡献份额继续增加。2011 年实现服务业增加值 99.87 亿元，同比增长 31.7%，服务业占国内生产总值比重达到 40.4%，较 2010 年提高 2.3 个百分点。旅游业快速发展，2011 年全年共接待游客 330 万人次，同比增长16.1%，实现旅游综合收入 26 亿元，同比增长 38.8%。

### 二、淮安区推进义务教育均衡发展的举措与成效

习近平总书记指出，"我们的人民热爱生活，期盼有更好的教育……人民对美好生活的向往，就是我们的奋斗目标"。近年来，淮安区委区政府主动回

应“人民对美好生活的向往”，围绕江苏省委省政府的“两个率先”目标，聚焦教育“第一民生”，大力实施教育强区战略，倾力打造“学在淮安市·首选淮安区”品牌，努力实现基本公共教育服务均等化，实现人民生活水平与幸福指数的同步提升，探索出了一条经济欠发达地区办优质均衡教育的发展路径，受到全区人民点赞。2011年，淮安区被江苏省政府办公厅命名为首批职业教育创新发展实验区（全省10个，全市唯一）；2012年，建成江苏省社区教育实验区，通过省定基本教育现代化办学标准认定；2014年，建成全国义务教育发展基本均衡县（区）；2015年，通过江苏省学前教育改革发展示范区评估认定。中央电视台、《中国教育报》《新华日报》等省级以上主流媒体相继报道了全区教育改革发展的经验。淮安区推进义务教育均衡发展方面采取的举措主要有：

### （一）直面“短板”，誓破难题，全面形成聚力发展教育新共识

“几排老瓦房，尘土乱飞扬，还有一个泥操场”，这是昔日淮安区农村学校（特别是义务教育学校）最为真实的素描：那时候的校园，房屋墙体斑驳，瓦顶生苔，夏透疾雨，冬灌寒风，条件十分艰苦，城乡义务教育质量差距明显。尤其是每年的“招生季”，农村家长想方设法将自己的孩子“塞进”城区优质学校，“择校热”一年比一年高涨，一度成为全区经济社会发展中的另类“风景”。

作为有100万人口的大区，淮安区全市教育排头兵的昔日风光去哪儿了？这既拷问着一个个教育人的良心，更拷问着一位位当政者的政心。“知屋漏者在宇下，知政失者在草野。”对此，区委区政府直面教育“短板”，经过广泛调研，深入讨论，一致认识到：如此低水平的教育，与周总理故乡的声誉极不相称，与淮安苏北重要中心城市的地位极不相符，与人民群众对优质教育的强烈需求极不相适！推进全区经济社会科学跨越发展，让人民共享改革发展的成果，必须聚力发展教育，必须真正落实义务教育均衡发展的重中之重地位，必须全面打赢一场教育发展“翻身仗”！

区委区政府将教育摆在“第一民生”的突出位置，明确提出，建设教育强区，造福百万人民，全力打造以“健康快乐的学前教育、优质均衡的义务教育、多样特色的高中教育、丰富多彩的社区教育、充满人性光辉的特殊教育”为主要内容的“学有优教”品牌。区委主要领导公开承诺要做一任“教育书记”，大声喊出了“对教育重视程度再高都不为过，对教育投入资金再多都不算多”的口号。全区上下形成“党以重教为先，政以兴教为本，民以支教为乐，师以从

教为荣”的浓厚氛围,聚起推动教育更好更快发展的强大正能量,奏响了圆梦教育强区的“春之声”。

### (二)突出重点,全面发力,全力构筑义务教育发展新高地

以义务教育为重点,拉长教育发展“短板”,全力构筑发展高地,必须集中各方力量,统筹各类资源,三步并着两步走乃至一步跨越,因为孩子们等不得,更等不起!

#### 1. 以真情实意高度重视教育发展

第一,让优先发展教育的要求从政策法规上真正落地。区委、区政府真正把教育放在优先发展的战略地位,切实保证经济社会发展规划优先安排教育,财政资金优先保障教育投入,公共资源优先满足教育和人力资源开发需要,以全区“十二五”教育事业发展规划为蓝图,力争用最短的时间、最快的速度、最有力的举措“填谷造峰”,重振教育雄风。

第二,建立健全教育发展责任制。区四套班子领导每人挂钩一个乡镇,结合1~2所薄弱学校,每年至少为乡镇(学校)办2~3件实事。区委、区政府将教育发展纳入对乡镇和区有关部门的年度工作目标,并建立教育发展问责机制。

第三,定期研究教育工作实行常态化。对事关教育投入、师资队伍建设等教育重点工作,区委常委会、区政府常务会议等均有求必应,特事特办。

第四,建立健全齐抓共建机制。区委、区政府主要领导和分管领导经常深入城乡义务教育学校,现场解决学校发展过程中的实际问题。财政部门及时落实预算资金,人社部门认真核定教师补充编制,公安、文化、工商、卫生、城管等部门对校园周边环境进行集中整治,纪检监察部门加强创建工作跟踪督查,城建、规划、国土等部门对学校校舍建设开通“绿色通道”,实行规费减免。全区上下联动、齐抓共建,形成推进义务教育均衡发展的强大合力。

#### 2. 以真金白银大力度投入教育

近年来,淮安区以教育现代化建设为统领,立足“三高”定位(高起点规划、高质量实施、高品位打造),强化“四个结合”(与教育发展规划相结合、与新农村建设相结合、与中小学校舍安全工程相结合、与新型城镇化发展相结合),全力推进义务教育学校标准化建设,全面实施义务教育“四大工程”,努力建好每一所学校,基本实现城乡之间、校际之间“校园环境一样美、教育设施一样全”,教育的均衡度、美誉度、满意度达到历史新高。

一是以城区名校为依托，大力实施城区优质教育资源放大工程。全区相继新建了“四校一中心”，不断满足人民群众对优质教育资源的需求。投入2.2亿元、建筑面积53 000平方米、征地近100亩的周恩来红军小学，有可容纳800人的红军娃剧场、可承担国家级体育比赛的3 000多座位的体育馆，以及3 000多平方米的书画自由创作区、2 000平方米的地下人防教育馆，恩来园、长征园、科技园、国防园等应有尽有，被称赞为“全国一流小学”。投入5 000万元、建筑面积20 373平方米、征地60亩新建的淮安市山阳小学，建有300米塑胶标准化运动场、风雨操场及500座位的剧场。投入8 000万元、建筑面积39 012平方米、征地60亩新建的新安小学新区分校，建有儿童剧场、游泳馆等现代化教育设施。投入1.03亿元、建筑面积11.9万平方米、征地107.5亩的周恩来红军中学，是一所公办九年一贯制实验学校。投入0.9亿元、建筑面积2.4万平方米、征地60亩的淮安市青少年综合实践中心，建有综合馆、射击馆、真人CS训练场、党史教育馆等场所，是淮安市唯一面向青少年的综合实践基地。

二是以标准化学校建设为抓手，大力实施农村中小学校舍安全工程。其具体措施是：(1) 高起点规划建设规模较大的学校。聘请甲级设计单位对施河中心小学等10余所学校进行规划设计。凡新建学校均规划了风雨操场、剧场、餐厅和塑胶运动场。(2) 科学整合生源不足学校资源。将规模较小、生源不足的乡镇中心小学与初级中学进行整体规划，建设九年一贯制学校，让两所学校共用塑胶跑道、篮球场、体育馆等运动资源。(3) 高标准规划乡镇村级小学。为各村级完小和教学点新建校舍，设计了6种标准的建筑通用图。2010~2012年，全区累计投入13.36亿元，实施校安工程项目307个、面积62.3万平方米。2013~2015年共规划改造校舍231栋，面积770 751平方米，投入经费9.64亿元。全区校安工程建设受到省表彰，经验在全省交流。

三是以提升教育信息化水平为方向，大力实施教育装备和信息化提升工程。全区为所有公办中小学装备了电脑，更新了40 000套学桌凳，补充了90万册图书，并建成中小学图书管理系统。投入6 000余万为乡镇两中心和区直公办中小学配备了1 500多套集计算机、白板投影机、数码展台等功能为一体的多媒体教学一体机；为农村所有完小和教学点配备了362套电子白板、1 636块微光量子环保书写板。投入4 000余万元建成教育城域网，建立“教育云”中心，视频会议、网上备课、直播课堂、网上巡考、安全监控、多终端点播等功能一应俱全,真正达到校校通、班班通、人人通。2013 年 2 月 22 日,新华社向全国播发通稿,报道了淮安区 110 所公办中小学集体告别“粉笔黑板”,其教育现代化成果全国瞩目。

四是以增强中小学生体质健康为要务,大力实施农村中小学塑胶化运动场地建设工程。淮安区是江苏省农村中小学运动场地塑胶化建设工程试点县区之一。全区在已有 14 片塑胶化运动场地基础上,新建(含在建)了 30 片,同时为每所村完小均规划铺建 60 米以上直道。为学生的阳光体育运动、足球进校园和学校的特色发展奠定了坚实的基础。

“环境最美丽、建筑最坚固、气息最现代”的一所所中小学已成为淮安区城乡一道道靓丽的风景。

3. 以真抓实干全力推动教育内涵特色发展

在办学条件全面改善的同时,淮安区教育人清醒地认识到,没有高的教育质量,再好的办学条件也是“聋子的耳朵”,老百姓反而会更加不满意。为此,区教育系统乘势而上,主动作为,始终把育人为本作为教育的根本要求,把改革创新作为教育发展的强大动力,把促进公平作为彰显教育正义的关键载体,把提高质量作为教育改革发展的核心任务,围绕“精细、有效、特色、均衡、和谐”十字诀,从四方面入手,推动全区义务教育学校之间、城乡之间基本实现“管理水平一样高、师资素质一样优、教育质量一样好、家长社会一样满意”,使教育发展内生动力更加强劲。2014 年,第 13 期《江苏教育工作简报》整版、7 月 27 日《新华日报》头版,均推介了淮安区义务教育优质均衡特色发展的经验。

(1) 转变教育思想观念,探索教育新模式,深入推进素质教育。

淮安区全力聚焦“为谁培养人、培养什么样人、怎样培养人”的重大命题,贯彻落实党的教育方针,以“学校有特色,校长有思想,教师有风格,学生有特长”的办学愿景引领教育发展,全面实施素质教育,始终坚持立德树人,着力“四个更加注重”,为构建可持续发展的教育生态注入强大动力。

一是更加注重提升管理效能。以“互学互教、共进共赢”为着眼点,着力推进学校精细化管理,倾心打造高效课堂,进一步增强广大校长“在合作中竞争,在竞争中合作”的协作意识、主动意识、卓越意识,最大限度释放全体教师“我要工作,我要干好工作”的内在潜能。

二是更加注重教师专业发展。努力建设一支“有理想信念、有道德情操、有扎实学识、有仁爱之心”的教师队伍，坚持以国培和省、市级培训为引领，以乡本(校本)培训为阵地，强师德，增师能，挖师潜，展师艺，努力让广大教师像于漪那样更有责任，像李叔同那样更具智慧，像李吉林那样更爱革新。

三是更加注重构建“四声”校园。深入打造“四声”校园：让学校铃声响亮，开齐、开足、上好各类课程；让学校书声琅琅，为孩子营造乐学善学的氛围；让孩子们笑语盈盈，每天高高兴兴上学去、快快乐乐回家来；让孩子们运动声高昂，走出教室，走向操场，走到阳光下，真正把健康和快乐还给孩子，把兴趣爱好还给孩子，把自主合作探究还给孩子，实现身心“全面解放”。

四是更加注重培育特色学校。按照“一校一品、一校多品”的要求，指导各学校从发展目标、师资优势、物化环境，以及所处的社会背景出发，积极开发校本课程，整合利用各类资源，努力在特色办学上求突破、铸品牌。博里镇“诗香校园”和“农民画欣赏”、淮城镇“抖空竹”、曙光双语学校“闲暇文化”、淮安外国语学校“翔宇课程”等特色项目可圈可点。全区已有59所中小学相继获得省、市级特色学校荣誉称号，泾口镇第二中心小学还跻身全国诗教工作先进单位之列。

近年来，全区着力整体提升中小学教育教学水平，创新组建教育教学协作片模式，荣获2010年淮安市创新创优项目一等奖，被评为全市十大教育管理模式；创新构建初中“循环—差异”教学模式，潜心研究小学“经验课堂”，大幅提升农村中小学教学质量，课改成果省内外有影响；精心打造“学总理、学新旅、学红军”红色德育品牌，利用红色资源开展革命传统教育，已成为全国知名品牌。

(2) 提高教育管理水平，因地制宜，不断强化校长队伍建设。

如何将党的方针政策落到实处、如何将教育改革发展的重心聚焦到关键处、如何创造更多让学生人生出彩的机会和梦想成真的机会，就一所学校而言，关键在于校长。近年来，淮安区针对农村学校校长素质参差不齐、整体水平不高的现状，重点围绕“培、选、带、帮”四个字，不断探索优化中小学校长培养选拔与任用的长效机制。

一是培——抓好日常培养。大力营造教师(特别是青年教师)健康、快速成长的宽松氛围，制定切实可行的教师专业发展规划，千方百计为教师的成长指路子、压担子、授招子、搭台子，逼着他们从队伍中脱颖而出。

二是选——组织选拔考试。定期组织中小学校长公开选拔活动，不断充实后备干部人才库。在具体操作中,尤其注重理论与实践相结合、笔试与面试相结合、考试与考察相结合,从基层队伍中选拔出好干部、真人才,不断充实后备干部人才库。

三是带——培训带动提高。因地制宜,因人制宜,通过名校挂职锻炼、专家跟陪指导、业务进修培训等渠道,多平台、多方式、全方位提升人才库中准校长的业务素质,为他们插上"隐形的翅膀"。

四是帮——跟踪帮扶导行。对准校长实行动态管理,分类指导,定期考核,择优任用。准校长转正后,教育主管部门更是"扶上马,不松缰,护全程"。

目前,该全区90%以上的乡镇中心初中和中心小学校长来自人才库,推动了区域中小学管理水平和教育质量的大面积、大幅度提升。此经验曾被《中国教育报》头版推介。

(3) 用好现代教育手段,推进教育信息化,切实缩小教育服务差距。

党的十八届三中全会《决定》要求,"构建利用信息化手段扩大优质教育资源覆盖面的有效机制,逐步缩小区域、城乡、校际差距"。在办学条件"硬实力"得到提升的同时,要实现办学水平"软实力"同步加强,就必须把进一步提高教育信息化应用水平作为重点工作来抓,不断提升优质教育资源的辐射力,加快缩小区域、城乡、校际差距,实现教育基本公共服务均等化。

淮安区在基本实现教育现代化后,高度重视教育信息化的应用工作。

一是加大教育信息化投入。全区围绕江苏省新一轮教育现代化建设标准,紧扣教育部义务教育"改薄"新要求,统筹兼顾,整合资源,以农村中小学和教学点为重点,加快建设"三通两平台"和学校视频教室(会议室),全面完善相关信息技术硬件设施。

二是打造"直播课堂"。依托区教育城域网平台,借助区域名校优质资源,打造"直播课堂",常态化组织区域内外名师开课,向区域内的中小学校现场直播,让每所学校的孩子都能享受到名师讲学,实现与名师面对面。

三是开展视频研讨。根据各年级各学科教学进度,基于网络空间,适时组织校与校之间、多校之间教学研讨活动,以"空中圆桌"建构互学共进共同体,不断提升教师业务素质。

四是建设教学资源库。教研室以"名师进万家"工程为抓手,牵头建设区域教学资源库并不断完善丰富,努力让不同年级、不同级段、不同学科教师随时都能找到自己想要的教学资源,不断丰富课堂教学内容,提高常态课的"含金量"。

目前，借助区教育城域网辐射平台，淮安区已建成全区教科研基地、师资培训基地，以教师素质的全面提升带动义务教育质量的整体提高。

（4）优化教育资源配置，破解择校热难题，不断提升共建水平。

促进义务教育均衡发展，根本措施是合理配置教育资源，加快缩小教育差距。就全国大多数地区而言，“上学难”问题已基本解决，但“上好学”的矛盾依然突出。在基本实现校际之间“校园环境一样美、教学设施一样全”的情况下，师资不均衡现象已成为当前“择校热”的第一推手。为此，淮安区在不断提升教育信息化应用水平的同时，还通过组建教育集团，推行校长、教师支教流动，促进优质资源流动，加快缩小教育差距。

一是推进教育发展集团化。制定集团中长期发展目标和切实可行的章程，明确集团的组建原则、发展方向、人员管理、经费保证、管理方式、资源配置等一系列问题，力求做到“三个一致”，即办学方向一致，人员权责一致，绩效考核方式一致。

二是建立校长流动任职制。通过落实校长任期目标责任制，规范校长任职行为，避免“打和牌”，做到符合条件的流动，不称职的或降或免，决不“挪窝”平调，真正让“能者上，庸者让，劣者下”的校长任用机制落到实处，发挥正确的用人导向。同时，最大限度提高校长与任职学校的匹配率，避免“拉郎配”，统筹兼顾各方因素，将该流动的校长流动到适合的岗位。

三是实行教师支教制度化。根据薄弱学校的实际需要，开展“补教”“智教”“资教”等多形式的支教，努力让受援校利益最大化。同时，以支教流动教师为纽带，定期组织业务骨干去受援校开讲座、上示范课、搞学术沙龙，与受援校结成“兄弟学校”，促进受援校不断提升管理水平和教育质量。

近年来，全区不断加大交流互学力度，仅 2014 年，参加交流的教师、校长就达 522 名；仅 2014 年，中考人均分、700 分以上人数、达四星级高中分数线人数、学生学科总均分均列全市第一。全区农村义务教育薄弱学校与名校的教育教学质量在原有基础上均实现快速提升。

### （三）登高望远，勇于担当，倾力抢占新一轮教育发展制高点

作为经济欠发达地区，淮安区教育经历了凤凰涅槃式的重生，其探索的发展路径，促进全区义务教育在较短的时间实现“硬件过硬，软件过硬”，迈上优质均衡发展的快车道。

教育是最大的民生工程和圆梦力量，为推进教育更好更快发展，抢占新

一轮教育发展制高点，淮安区贯彻落实十八届三中、四中全会精神，时刻牢记习近平总书记“将周总理家乡建设好”的政治嘱托，以办人民满意教育为宗旨，持续建设教育强区，始终突出义务教育重中之重地位，全力以均衡发展促进教育公平，以优质发展提高教育质量，以创新发展增强教育活力，如今，“学在淮安市，首选淮安区”已成为孩子们实现精彩人生的品牌。

## 第三节　涟水县推进义务教育均衡发展实践

### 一、涟水县基本概况

涟水县是江苏省淮安市下辖县，地处江苏省北部，黄淮平原东部，淮河下游，地处连云港、盐城、淮安、宿迁四市交界处，北至西北与灌南、沭阳两县相连，西与淮安市淮阴区接壤，南与淮安区相邻，东至东南与盐城市响水、滨海、阜宁三县交界，东西长 60 千米，南北宽 51.5 千米，县域面积 1 676 平方千米，下辖 19 个乡镇、1 个省级经济开发区，总人口 859 991 人（2010 年）。

涟水县境内地势平坦，河流纵横，土地肥沃，多为沙壤土质。它地处苏北平原腹地，平野广畴，盐河纵贯南北，黄河故道（古淮河）沿县域东缘穿流而过。境内名胜古迹众多，有妙通塔、能仁寺、状元桥、月塔、米公洗墨池等，涟漪湖、东湖、茵湖三湖相连，五岛公园八景远近闻名。涟水自古人才辈出。古代名人有陈登、王义方、徐有功等，近现代有顾祝同、李干成、罗运来、陈书同、陈登科、朱一苇、李源潮、翟虎渠、芮杏文、黄璜、马绍孟、吴强、马树礼等。

涟水县区位独特，有便捷的公路、铁路、水运和航空运输设施。涟水地处沿海地区大开放、大开发的交叉地带，是华东地区重要的交通枢纽，位于四市八县区交界处，市场辐射人口 2 000 万。2012 年，涟水县全年实现地区生产总值 231 亿元，同比增长 18.7%，第二、第三产业增加值占地区生产总值比重达到 81.8%，较 2011 年提高 6.2 个百分点；人均地区生产总值 27 070 元，完成调整目标，同比增长 18.8%；财政总收入 38.3 亿元，其中公共财政预算收入 20.4 亿元，分别完成调整目标，同比分别增长 4.6%、0.7%；城镇居民人均可支配收入 18 700 元，完成年计划的 102.2%，同比增长 16.7%；农民人均纯收入 9 160 元，完成调整目标 100.7%，同比增长 13.9%。

涟水县现有义务教育阶段公办、民办学校 104 所（初中 24 所，小学 74 所，九年一贯制学校 5 所，特校 1 所），其中民办学校有 13 所。义务教育阶段公办、办学校专任教师 5 405 人，其中，省特级教师 1 人，县级及以上骨干教师

575 人。全县在校学生 110 489 人，其中，小学生 80 777 人，初中生 29 712 人。2014 年，全县小学学生巩固率达到 100%，初中学生巩固率为 99.95%。

## 二、涟水县推进义务教育均衡发展的实践

近年来，涟水县结合教育县情，以实现县域内义务教育阶段学校办学水平基本均衡为目标，坚持科学发展，致力于办人民满意的教育，建立和完善义务教育资源均衡配置机制，均衡配置教育资源，缩小城乡之间和学校之间的教育差距，促进教育公平，提高涟水县义务教育办学水平和教育质量，重塑教育强县新形象。

### （一）推进义务教育均衡发展坚持的工作原则

坚持科学发展、统筹规划、分步实施、稳步推进的原则，坚持均衡发展与推进高标准教育现代化建设相结合的原则。

### （二）推进义务教育均衡发展的工作目标

#### 1. 总体目标

多策并举，促进学校布局、办学条件、师资队伍、教育教学质量等方面的合理均衡，逐步实现全县城乡之间、乡镇之间、校际之间教育基本均衡。

#### 2. 具体目标

学校布局合理化。实行城乡统筹布局，结合社会环境、历史传承、地理位置、人口分布和现有学校分布等实际情况，本着科学合理、实事求是的原则，进一步做好学校布局调整工作，切实满足广大百姓的实际需求。

办学条件现代化。进一步改善中小学教育教学条件，真正达到江苏省义务教育学校办学基本标准。

师资配备均衡化。教师编制符合涟水教育事业发展需要，教师补充渠道畅通、科学，县内教师的定期交流形成制度。教师培养培训制度健全，教师队伍整体素质明显提高。

教育质量优质化。建立健全比较科学的监控和评价机制。优化中小学招生制度，进一步适应素质教育和新课程的要求。全面实施素质教育，学校生源得到均衡分布，办学质量差距逐步缩小，整体教育质量明显提高，各类择校现象切实得到有效缓解。

### （三）推进义务教育均衡发展的工作措施

#### 1. 科学合理调整学校布局

坚持“科学规划，合理布局，方便入学，改善条件，保证质量，提高效益”的

原则,继续调整城乡中小学布局,调整教育资源,达成教育资源配置的合理化。

涟水县因10年前实施"江苏省中小学布局调整工程",受当时的"整合、集中资源办学、放大教育优质资源"等因素影响,许多村小、教学点及部分初中被撤并,以致大批学生向城区学校和农村中心校分流,这种惯性一直持续至今。其现状是:城乡之间、乡镇之间在规模、条件、质量等方面存在失衡现象,城区中小学规模大、农村中小学规模小,城区中小学质量好、农村中小学质量差,全县村完小和教学点数量不足,乡镇中心小学许多学生家距学校远却无法食宿于学校。鉴于此,工作中采取了以下措施:(1)严格控制城区中小学办学规模。一是减少农村非起始年级学生向城区逆向流动,最大限度地把农村学生留住;二是控制城区学校起始年级招生,减少择校生数量(逐年减少招收择校生的数量),将班额控制在50人以内(小学在45人以内);三是规范民办学校招生行为,遏制无限扩规模,不得随时随意招收插班生。(2)创造条件(食堂、餐厅、宿舍等),逐步启动乡镇中心小学学生寄宿制工作,解决路远学生和留守儿童上学难问题。(3)发展壮大村完小(教学点),进一步改善办学条件,将其做优做强。一些较大的乡镇(如高沟等),对区域内学校进行重新布点,逐步恢复已被撤并的部分村完小,切实解决地方老百姓的实际需求。(4)优化部分学校布点格局。改造办学条件较差的县实验小学,焕发百年老校名校的活力;拟实行强弱联姻,将郑梁梅小学和牌坊小学协调合作办学,把牌坊小学变更为郑梁梅小学分校,此举既可做优牌坊小学、缓解城东片区的教育失衡问题,也可减小郑梁梅小学办学体量过大的压力。同此,将城西的桃柳小学变更为幸福里实验小学分校,将城西南的永兴小学变更为南门小学分校。另外,充实涟城中心小学的力量,拟变更其校名。

2. 积极改善学校办学条件

打算到2018年,全县所有学校教室、桌椅、图书、实验仪器、运动场等教学设施满足教学需要;学校宿舍、床位、厕所、食堂、饮水等生活设施满足生活需要;村小及教学点达到办学标准,能够正常运转;留守儿童学习和寄宿制需要得到满足。对照《江苏省义务教育学校办学标准》,目前涟水县中小学在基建方面存在的主要问题是:部分学校校舍不足或办学质量不高;城区多数学校人均占地与人均校舍面积、人均教辅资源等不达标(致因主要是生数多),而农村许多学校(尤其是中学)则因生数不足使得人均占比较大,存在教育资源闲置问题。

在巩固既有教育现代化创达成果的基础上，进一步采取措施，积极推进全县城乡中小学办学条件的均衡。一是做好改造薄弱学校办学条件工作。从2014年到2018年，按照“保基本、兜底线、补短板”的原则，根据国家及省市改造薄弱学校具体部署，全面完成全县义务教育阶段改薄任务。（1）制订完善改造薄弱学校办学条件计划，落实保障措施；（2）统筹落实好有关项目资金，经费主要由中央、省和县级财政改薄专项经费三部分组成（预计投入资金约2.5亿元）；（3）有序实施好有关项目改造，按年度序时具体落实好2015年至2018年各个项目（每年度实施计划已在县政府2015年第15号文件中列出）。启动这项工程面临的最大问题是资金不足。涟水县上报项目计需投入2.5亿元，其中上级补助1.5亿元，需县级财政配套资金约1亿元。二是优化教育装备，对照省定义务教育阶段学校办学标准，加强每一所学校的硬件、软件建设，大力实施改造薄弱学校办学条件提升工程，加大对城乡薄弱学校的扶持力度，特别是强化校舍场地、图书资料、仪器设备、教学资源等方面的建设。2015—2018年在改造薄弱学校的计划中逐年添置计算机及图书。将城区学校升级多媒体设备后不用的调剂到农村学校。2015年在郑梁梅中学、淮文外国语学校（初中部）、唐集学校（初中部）、南集中学、南集中心小学、黄营中学、成集学校（小学部）、陈师中学、安东学校9所学校实施装备水平提升工程。配备项目有：初中史地专用教室、理化生数字化实验室；小学数字化科学探究实验室、标本模型陈列室。另配科技馆、琴类、书法等特色教室。项目投入资金约406万元。建立教育装备共享网络，联盟内的教育装备根据需要可调拨互用。三是充分用好城域网，畅通“班班通”，让农村中小学每一个师生共享网络课程、虚拟实验室、数字图书馆等优质教育资源。

3. 努力提升师资队伍素质

目前，全县教师初中学段1 975人、小学学段3 837人，存在的突出问题有：（1）城乡班均教师数比例失衡。城区初中生班均教师数3.04人，农村初中生班均教师数5.25人，尽管涟水县采取了一系列有效措施，在一定程度上缓解了城乡教师失衡的状况，但建立解决问题的长效机制还有待于进一步探索。（2）教师年龄结构不合理，存在“一多一少”现象，即年老教师数量多（46周岁以上教师占总数的31%），年轻教师数量少（30周岁以下教师占总数的8.3%），教师年龄结构不够合理。（3）部分学科教师紧缺。根据各学段学科教师配备标准核定，初中学段语文、数学、生物、地理、历史、音乐、体育等学科缺编；小学学段语文、数学、英语、美术、信息技术等学科缺编。全县义务教育阶段教师缺口计 603 人。上述学科教师的短缺现象在农村学校普遍存在。(4) 教师自然减员现象严重。据统计，未来五年预计自然减员人数将达 789 人，另外，据统计，教育系统内长期因患重病且不能正常从事教育教学工作的教师达 100 余人。(5) 教师队伍人员性质构成比较复杂。除国干性质人员外，还有聘干、民师、合同、事业工人、两类生等。农村中、小学非国干比例分别高达 24.31%、43.81%。

鉴于此，涟水县将工作着力点放在：(1) 完善补充机制，改善教师结构。通过公开招聘的方式，逐步配齐配足农村中小学短缺教师，向乡镇小学不断输入“新鲜血液”，且数量逐年增加。(2) 建立教干教师交流制度。以发展联盟体为载体，每学年有计划安排教干在联盟体校际间进行挂职锻炼；建立联盟体校际教师交流机制，主要采取城区轮岗交流、城乡支教交流、农村校际交流等形式，实现资源盘活、配置优化和师资均衡的目的。(3) 积极实施农村学校名校长、名教师培养工程，培养教育教学骨干、“双师型”教师和学科带头人，坚持把农村教师队伍建设摆上更加突出的位置，努力造就一支师德高尚、业务精湛、结构合理、充满活力的高素质专业化师资人才队伍。(4) 加大对农村学校教师的培训力度。一是拓宽培训渠道，提升整体素养。县级培训方面，积极与高校、基础教育名校联络，拓宽培训、培养渠道，增加跟岗学习机会。校本培训方面，结合平时教学活动来进行，年初给定培训主题，学校上报培训方案，兼职督学督促检查。二是鼓励教师进修，提升学历层次。以职称评审、评先评优为杠杆，推动鼓励教师通过自学考试、成人高考、现代远程教育等方式和途径进一步提高学历层次，各个学校在对学历未达标人员进行清查摸底的基础上，对照相关指标制定达标进度，计划到人，责任到人。(5) 建议县政府制定特殊政策，提高农村中小学教师待遇，如同等条件下职称评定与兑资优先、评先评优优先、提拔使用优先；“大手笔”给予农村教师尤其是边远乡镇教师工资上浮，同时对食宿、交通费用等进行全额补助，做到“待遇留人”，以减少农村教师的“流失”。

4. 推进教育教学质量均衡

在义务教育阶段教育教学质量方面，目前涟水县城乡之间、乡镇之间、学校之间一定程度上存在不平衡性。当然，“均衡”是相对的，也不可能一蹴而就，打造“均衡”是一个渐进式的长期的过程，需要循序渐进和持之以恒。今后一个时期，涟水县将围绕“质量”这条主线，着力做好以下六个方面工作：

一要强化质量意识。坚持质量为首不动摇，各单位要加强舆情引导和宣传造势，让“抓教学谋质量”这一朴实理念渗透到学校工作的各个方面，使其牢牢根植于教师心间。

二要抓实教学管理。一是健全完善教学管理制度，制度出台要体现民主，符合民意；二是切实规范教学常规管理，管理要由感性转为理性、由终端转为全程、由粗放转为精细；三是认真开展教研管理，管理要着眼提升质量、贴近校本实情、立足课堂教学，要求实、求真、求质、求效。

三要打造高效课堂。实施以学生发展为本的教学，采取启发式、讨论式、合作式等多种教学方式，提高学生参与课堂学习的主动性、积极性。要以“提高课堂效率”为目标追求，围绕教学的实用性、有效性加强校本研训，活动内容和形式要利于实际问题解决，利于研究成果共享，利于教师专业发展。以创新性思路和方法引领教师提高业务素养和课堂教学水平，切实研究和解决目前存在的课堂高耗低效、教学质量不高等问题。

四要发挥联盟作用。共享优质资源，充分彰显理念、方法、成果、品牌效应，多策并举，通过教育管理研讨、课堂教学研讨、教育装备共享、教育科研联动等活动的有效落实，达成三个“共同提高”：学校管理水平共同提高，教师业务能力共同提高，教育质量共同提高。各联盟体要突出做好教科研培训联动，定期召开工作例会，共同合作开展常规教学研究、课题研究和教师业务技能培训，交流先进的教育理念、教学方式和科研方法。所有活动要求真务实，确保质量和效果。

五要狠抓质量监测。继续抓好质量监控。教育局、发展联盟体、乡镇、学校四个层级要充分发挥好各自职能。教育局重点实施全县教学质量的评价和监督工作的相关科室，平时应加大学科教学调研力度，提高学科抽测频度。各联盟体成立教学质量监控领导小组，负责本联盟体学校质量监控工作。每学期定期召开质量工作分析会、研讨会、交流会，定期开展教学质量监测活动（中小学毕业班每学期不少于 2 次，非毕业班每学期 1 ~ 2 次），监测结果纳入教师的绩效考核。

六要加强特色建设。在 2014 年全面启动学校特色建设并取得初步成果的基础上，2015 年进一步加大“建特”力度，全县中小学循序渐进，将学校特色建设不断引向纵深。（1）找准特色项目。凡尚未确立特色项目的学校，要立即落实项目,立足校情,精心设计好“特色选择、师资打造、活动开展、课程建设、课题支撑”等诸多环节。(2) 开展特色创建。围绕特色建设的“点”,拓展特色建设的“面”,扎实、有序、有效地推进学校特色建设,努力实现“一校一特”“一校一品”。积极开辟第二课堂,丰富学生的活动课程。在艺体活动方面已具雏形的学校要研究制定出切实可行的特色建设发展规划,围绕特色项目可组建不同层级、不同科别的学生社团(兴趣小组),打破年级、班级界限,让学生自由、自主选择自己感兴趣的社团(小组),充分助推学生的个性发展。各校可充分挖掘资源,编写出实用的校本教材。有条件的城区中小学和农村中学、中心小学在这方面要进行样板式的先行先试。(3) 加强检查指导。教育局将对全县小学特色建设工作过程进行常态化检查、督促和指导。每年开展有关学校特色建设工作方面的总结评比和表彰活动。

# 第五章 淮安市推进义务教育均衡发展实践（下）

淮安市始终把教育放在优先发展、适度超前发展的战略位置，科学谋划，高点定位，不断加大投入，切实加强保障，强化队伍建设，优化资源配置，深化教育改革，义务教育呈现出公办和民办共同发展、城市和农村均衡发展、数量和质量同步发展的良好态势，走出了一条加快教育发展的新路子。

## 第一节 盱眙县推进义务教育均衡发展实践

### 一、盱眙县基本概况

盱眙县地处淮河下游、洪泽湖南岸，秦代置县，自古崇文重教，是一个历史悠久、人文荟萃的千年古邑。全县面积2 497平方千米，人均土地面积居江苏县级之首。全县辖19个乡镇、231个行政村，人口78. 3万。2014年，地区生产总值260. 15亿元，财政总收入42. 61亿元，公共财政预算收入27. 13亿元，城镇居民人均可支配收入23 760元，农村居民人均纯收入10 923元。

全县共有义务教育阶段公办学校55所，其中小学35所（包含11个村完小），初中20所，每个乡镇都至少有1所中心小学和1所初级中学。义务教育阶段在校学生70 669人，其中初中18 285人，小学52 290人；教职工5 601人，专任教师5 092人。全县义务教育阶段学校小学教师专科及以上学历达94. 3%，初中教师本科及以上学历达90. 2%。

盱眙县义务教育公办中小学分布在盱眙东片3个乡镇、山区片5个乡镇、河西片6个乡镇。城区中小学共8所，位于城乡接合部的中小学学校有9所。从总体上看，城区学校办学规模较大，少部分乡镇生源压力较大。

一是学区房带动了学生总量的变化。随着进城务工及进城购房居民的增加，其子女进城就读需求加大，县城的一些热点中小学学生数逐年增加。县实验小学、五墩小学等学校学生数均达到3 000人以上，班额达到60人以上。二是部分乡镇适龄入学人数剧增。部分乡镇人口密集，加上离县城较远,交通不便,随着教育资源的均衡配置和义务教育就近入学政策的落实,这部分学生便在本乡镇中小学就读,这些学校生源压力也愈来愈大。马坝小学所在乡镇人口居全县乡镇之首,其学校覆盖半径较大,近年来在校学生剧增不减,到2016年达到5 000以上。

## 二、盱眙县推进义务教育均衡发展的背景解读

### (一) 世界教育发展趋势

教育民主化是世界教育发展的趋势之一。具体看,教育民主化包括教育机会均等、师生关系的民主化、教育过程的民主化等,教育机会均等还包括“入学机会均等、教育条件平等、教育结果均等”,教育要为所有的社会成员提供平等的教育权利。基本要求是不同的阶级、不同的民族、不同的身心发展程度的受教育者,在教育的起点、过程和结果各方面都享有同等的权利和机会。教育民主化是我国教育改革的大势所趋,是实行社会主义民主政治的具体体现,是贯彻落实科学发展观的实践要求,更是改革我国教育事业现状的根本出路。

### (二) 国家义务教育发展战略

2000年联合国教科文组织通过的《全民教育行动纲领》指出,各国不仅要为“所有人提供教育”,还要为“所有人提供优质教育”。《国家中长期教育改革和发展规划纲要(2010—2020年)》指出:“均衡发展是义务教育的战略性任务。建立健全义务教育均衡发展保障机制。推进义务教育学校标准化建设,均衡配置教师、设备、图书、校舍等资源。”在“普九”以后,义务教育从“学有所教”实现“学有优教”,成为《江苏省中长期教育改革和发展规划纲要》提出的战略任务,也是省委、省政府改善民生的重要目标。

### (三) 义务教育均衡发展推进

国家、省相继出台国务院《关于深入推进义务教育均衡发展的意见》(国发[2012]48号)、教育部《县域义务教育均衡发展督导评估暂行办法》(教督[2012]3号)、省政府办公厅转发省教育厅等部门《关于江苏省义务教育优质均衡改革发展示范区建设意见的通知》(苏政办发〔2010〕65号)、省政府办公厅关于转发省教育厅《江苏省县(市、区)义务教育优质均衡发展主要指标的通知》(苏政办发〔2012〕36号)、江苏省政府《关于深入推进义务教育优质均衡发展的意见》(苏政发〔2012〕148号)、《江苏省县(市、区)义务教育优质均衡发展主要指标》《江苏省县(市、区)义务教育优质均衡发展督导评估指标》

(苏教基〔2012〕23号)等文件资料,以评促建,强力推进江苏义务教育从基本均衡向优质均衡跨越。

### (四) 江苏省教育均衡“八个一样”

从2010年起,江苏省启动了义务教育优质均衡改革发展示范区建设,颁发县(市、区)义务教育优质均衡主要指标和义务教育学校现代化办学标准,启动县(市、区)义务教育优质均衡督导评估。2012年省教育厅制定了义务教育优质均衡发展的主要指标,即“普及巩固与机会均等、规划布局与办学条件、师资配备与教师素质、素质教育与学生发展、教育管理与经费保障”五个方面。盱眙县提出了中小学要达到“校园环境一样美、教学设施一样全、生均公用经费一样多、教师素质一样好、管理水平一样高、学生个性一样得到发展、学校安全一样得到保障、人民群众一样满意”的“八个一样”的要求。

## 三、盱眙县推进义务教育均衡发展的实践与成效

### (一) 强化政府职能,统筹推进义务教育均衡发展

义务教育均衡发展的职能在政府,盱眙县委、县政府把教育均衡发展纳入全县经济和社会发展的总体规划,做到了“四个优先”：制订经济社会发展规划时,教育优先考虑;编制年度财政预算时,教育优先安排;城镇建设规划布局时,教育优先保障;提高人员福利待遇时,教育优先落实。同时,做到“四个统一”：义务教育发展规划统一制订,中小学教师队伍统一管理,教师工资待遇统一标准,教育经费预算县统一编制。

#### 1. 明确责任

制定推进义务教育均衡发展规划和学区建设规划,将义务教育工作纳入各乡镇和县有关职能部门年度责任目标进行考核。全县19个乡镇、34个职能部门横向联动,纵向深入,形成党委领导、政府主导、部门协作、上下互动的工作机制,为推进义务教育均衡发展提供强有力的支撑。各乡镇政府负责辖区内义务教育均衡发展工作,抓好学生入学组织工作,学校周边环境整治,维护正常教育教学秩序。县教育部门负责制定义务教育均衡发展各项规划,并牵头组织实施。

#### 2. 优化布局

根据国家、省有关布局调整要求,按照就近入学原则,对全县办学规模过小的学校进行科学规划、合理布局,重新整合资源。据统计,2011年底,全县初中已由33所减少到23所,撤并率达30.3%;小学教学点已由43个减少到

2个,撤并率达95.93%;农村完全小学已由28所减少到11所,撤并率达60.71%。近两年来,实现了城区学校与城市建设同步发展,原第七中学撤并至县第三中学,第五中学搬迁至新建的开发区实验学校,管镇小学、桂五小学、第三中学、实验小学三分校异地新建。如今,各所义务教育学校服务半径、辐射范围基本满足当地百姓的需求。

3. 强化督导

由县人大牵头,相关部门参与,定期对改善办学条件、规范办学行为等义务教育工作开展情况进行专项督查,对县乡(镇)政府及教育部门工作职责落实情况进行监督指导。2014年12月5日,贺宝祥县长对全县义务教育工作进行调研,指出当前义务教育存在的问题,对教育布局、装备提升、队伍建设、校安工程等方面提出合理化建议。同时,县政协通过深入调研,在县政协九届十三次常委会通过了《关于推动城区民办中小学健康有序发展的建议案》,指出民办学校公益性不足、赢利性突出的现实,导致民办中小学的过度扩张及办学行为不规范等问题突出,引起了公办、民办学校之间发展的失衡,建议控制办学规模、倡导特色创新、加强行为监管,构建"公民办竞争互补、健康有序发展"的新格局。

4. 协调联动

县相关职能部门常年为教育发展开辟"绿色通道",对学校建设项目实行收费减免政策;各乡镇在学校征地、硬件投入等方面积极支持,为义务教育均衡发展提供宽松环境。发改、国土、住建等部门负责教育用地规划和项目申报,落实学校建设优先优惠的相关政策。财政部门负责保证教育经费实现"三个增长",将义务教育经费按规定纳入财政保障范围,足额预算、及时拨付,指导、监督教育经费的合理使用,确保学校建设资金专款专用。编办、人社部门会同教育行政部门共同做好教师核编定岗工作,定期清理各部门挤占、挪用、截留中小学教职工编制问题,并合理确定农村边远地区教师机动编制,尽快消除教师队伍结构性矛盾。宣传、公安、文化、卫生、工商、交通运输、水电、消防等部门要立足本职,密切配合,共同促进义务教育均衡发展。

(二) 落实各项政策,保障学龄儿童受教育机会均等

全面落实国家教育政策法规,重点解决城乡之间、区域之间、学校之间的不平衡和贫困家庭学生上学问题。义务教育阶段适龄儿童入学率100%,小学在校生巩固率100%,初中在校生巩固率99.8%。

1. 保障困难学生入学

积极开展贫困生救助、学困生帮扶活动，2014 年，共发放各类资助款 1 167.3万元，受惠学生达 10 990 人，同时动员和鼓励社会团体和个人对家庭经济困难学生进行资助，全县没有一个学生因家庭贫困而辍学；落实外来进城务工人员子女就学和城镇居民享受同等待遇，县域范围内 15 所学校共接受外来务工人员子女 2 152 人；开展关爱留守儿童行动，对全县留守儿童现状进行深入调研，采取代理家长与留守儿童结对关爱，有效解决他们的思想困惑、生活困难。加强对学习困难学生的关心和帮扶，做好孤儿教育工作，建立政府主导，民政、教育、公安、妇联、共青团等多部门参与的工作机制，保证城乡适龄孤儿进入寄宿生活设施完善的学校就读。

2. 严格执行招生政策

按照就近入学原则，确定每所学校的施教区招生范围，并向社会公布。省四星级热点高中招生计划按照 70% 的比例均衡分配到各初中学校。盱眙中学实施特殊录取政策（淮安市唯一），在盱眙中学统招计划 30% 的录取线下降 40 分按志愿择优录取定向分配计划（淮安市其他县区降 20 分录取）。全县各校按照规定范围招生，没有以考试或变相考试等方式选拔新生现象，义务教育阶段学校没有举办或变相举办重点校、重点班情况，全面开展学生素质综合评价。每年 3 月份，都要召开义务教育招生工作会议，为确保招生工作规范有序，维护广大学生、家长的合法权益和盱眙教育的良好形象，在会议现场签订招生承诺书，做到“规范招生宣传、充分尊重学生的自主权利、遵守招生纪律”等，并承诺如有违背，自愿承担一切责任并接受县教育局的任何处理。

3. 加强特殊儿童教育

2009 年，盱眙县投资 2 000 余万元新建了一所具备现代化标准的特殊教育学校，实行全封闭管理，免费（免书费、杂费、住宿费、伙食费）对全县聋哑和智障儿童少年进行义务教育。建立残疾儿童确认、登记和组织入学制度。统筹残疾人教育、康复和职业培训。完善随班就读制度，在普通学校开办特殊教育班或提供随班就读条件，接收具有接受普通教育能力的残疾儿童少年学习。保障儿童福利机构适龄残疾孤儿接受义务教育。目前，全县 207 名残障儿童中，失能较重的 102 名适龄儿童在县特校就读，103 名症状较轻的残障儿童就近编入普通班级随班就读。全县聋哑及智障等失能儿童少年的入学率达98.9%。同时,加大对特殊教育的投入力度,按时足额拨付特殊教育学校生均公用经费。为特殊教育学校添置必要的教学、生活和康复训练设施,改善办学条件,保障残障儿童平等接受教育的权利,不断提高残障儿童义务教育普及程度。

### (三) 加大财政投入,促进城乡办学条件全面改善

#### 1. 推进硬件装备达标

2010年,盱眙县启动教育现代化建设,投入资金约12亿元,开工建设了300余个教育项目,新增教学用房约25万平方米,新增宿舍、食堂约2万平方米,加固校舍约20万平方米,全县所有中小学全部建有标准塑胶运动场。推进校安工程新三年规划,2014年拆除或封存校舍项目3个,共4 600平方米;启动重建项目5个,共63 300平方米。第三中学、鲍集小学、桂五小学、管镇小学异地重建;城南小学、管镇中学、铁佛小学征地扩建。2014年县实验小学迁建正式启动,新征建设用地114.3亩,新建校舍4万平方米,项目总投资概算1亿元。全县义务教育学校教育装备严格按照《江苏省中小学教育技术装备二类标准》配置到位。2012年8月15日,省政府授予盱眙县"江苏省教育现代化先进县"称号。教育现代化的创建实现了城乡硬件的达标和基本均衡。

#### 2. 优化升级信息平台

全县中小学每个班级均标准配置电子白板、实物展台,全县小学生均拥有计算机0.12台、初中生均拥有计算机0.16台,教师每人配备笔记本电脑。全县中小学拥有多媒体网络计算机专用教室75个,计算机资料及软件制作室55个、校园网络管理中心55个、校园广播系统55套、学校安全监控系统55套,全县中小学100%实现光纤连接。

#### 3. 实施教育装备提升

实施农村中小学教育装备提升三年计划(2014—2016)。2014年提升明祖陵、黄花塘中小学等16所学校,共投入资金1 279.60万元。2015年将盱城小学、王店小学等12所学校纳入装备提升计划,按市教育局预算,每校提升经费约85万元,共计资金1 020万元。2014年底,全县有18所中小学、8个乡镇被评为市教育现代化先进学校和先进乡镇。

### (四) 建立健全机制,提高城乡师资均衡水平

建立科学的教师配备、管理、交流、补充等机制,不断优化师资队伍,促进

城乡师资的整体提升、均衡提升。

1. 建立优质资源向农村倾斜的激励机制

根据地域和交通便利等因素，实行差别化的激励性绩效工资方案，分“城区片、城乡结合片、河西片、山区片、村完小、教学点”不同区域来确定绩效工资系数。对长期在农村学校工作的教师，在培训和评先、评优、职称评聘等方面给予倾斜。新招聘的75名教师全部分配到农村学校任教。在编制财政预算时，除按在校生数均衡安排义务教育经费外，注重向河网地带、偏远山区学校和城乡薄弱学校倾斜。教师工资及时足额发放，住房公积金缴存比例明显提高，切实维护了教师队伍的稳定性。

2. 推进义务教育学校校长教师交流制度

根据江苏省《关于进一步推进义务教育学校教师和校长流动的意见》（苏教人[2012]19号）等文件精神，盱眙县出台了《关于全县教育支教工作的实施意见》（盱教发[2014]113号）等推进教师管理机制改革的配套文件，以促进县域内师资均衡配置，健全向农村中小学倾斜的教师管理机制，推进教育公平。在同一学校任教满6年、离法定退休年龄在5年以上的教师，在同一所学校任职满两届（一届任期一般为3~5年）的校长，须在县域内的义务教育学校间进行交流。2013~2014两年，全县共有193名校级领导进行交流，858名教干、教师交流支教，全县交流比例达15.08%，有效缓解了全县教师的区域性、学段性、结构性矛盾。

3. 建立农村教师跟岗学习机制

根据《盱眙县关于农村学校选派青年教师到城区学校学习培训的通知》（[2014]114号）精神，每年有计划安排农村学校的青年教师到城区学校学习培训，借力城区学校优秀师资力量，提升其职业素养和专业水平，也带动农村学校教师整体素质的提升，同时又推进了城乡师资的均衡。为保障跟岗培训活动顺利开展，县教育局精心制定工作方案，分学段确定培训学校，分学科成立优秀指导教师团队，实行“一对一”导师制、学科组培训团队制度、教研员跟进制度，参训教师在导师指导下参与顶岗上课、听课观摩、校本研修和班级管理，不断提高自身教育教学水平。2013年和2014年秋季全县共安排91名农村青年教师到城区学校跟岗学习培训。

4. 实施校长教师专业培训计划

一是学校结对。盱眙县分别与青岛市教育局和南京市鼓楼区教育局达成学校间结对协议,通过学校管理工作帮扶、教育教学工作帮扶、教师专业发展帮扶等措施有效提升教师专业化水平。目前,县实验小学、铁佛中学、城南小学等25所学校分别与青岛市实验小学、青岛市四十四中学、南京拉萨路小学等名校结成友好学校,开展交流合作。二是校长培训。在暑假期间,组织全县的校长到青岛进行为期一周的集中考察培训。三是教师培训。聘请国家、省级知名教育与管理专家到盱眙实施制度化、常态化的教师专题培训。2014年度先后邀请祁智、杨启亮、马斌等15位知名专家学者,胡存红、冷蔚玲等18位省内外名师来县里讲学或授课,培训教干、教师5 000人次以上。

(五)加强教学管理,提升薄弱学校学业质量

制定《全县义务教育质量提升行动方案(2013—2016)》,根据全县义务教育学校的校情和质量现状,按照分类定标、分层推进、整体共进的原则,提出"一年薄弱提升、二年基本合格、三年优质均衡"的学业质量提升目标,明确了义务教育质量提升的三年目标。总体目标为:巩固率达标。义务教育初中巩固率达99%以上,小学达100%,辍学现象基本消除。"择校热"得到有效遏制。每所公办学校择校生比例低于招生总数的10%。学业质量均衡。每所学校的学生学业检测合格率达95%以上,每所初中被优质高中计划内录取比例数基本相当。综合素质评价优良。每所学校的学生综合素质评价优良率达90%以上,每个学生至少掌握1项艺术特长和2项体育运动技能,体质健康测试合格率、优秀率分别达90%和10%以上。教育质量满意。社会对学校教育质量的满意度达90%以上。力争通过三年的努力,全县的教育质量达到高位均衡。另外,全县还专门成立了全县义务教育质量提升工作领导小组,切实加强《三年行动方案》的执行和行政推动。设立全县义务教育质量提升工作专项经费、奖励经费、补助经费,全面落实县委、县政府《关于解决全县教育系统有关问题的意见》(盱发〔2013〕6号)和县教育局出台的一系列文件,为《三年行动方案》的实施提供政策支撑和资金保障。

1. 全面推行教师聘任

推行学校选聘班主任、班主任选聘教师的逐级选聘方式。班主任由学校从班级任课教师中择优选聘,凡是没有被选聘的教师一律转岗或交流,凡是不服从县局统一交流安排的人员一律予以待岗。

2. 常态化随机督查

不定期组织人员随机督查学校规范办学、工作效能、教学管理、领导示

范、校园文化、安全卫生和阶段性重点工作等方面工作，及时通报督查结果，提出整改意见，切实增强学校规范办学和过程管理意识，提高常态化管理水平。每次常态化督查都能做到“有始有终、善始善终”“有督查必有通报、有通报必有落实”。2014 年，全县落实中小学责任督学挂牌督导制度，聘请专兼职督学 37 名，集中组织了 5 次对 16 所学校教育教学常规管理工作的随机督查。2015 年在学校常态化随机督查时，还结合教育部《义务教育学校管理标准(试行)》，对学校督查的项目和内容再完善、再优化。

3. 强化教学工作视导

教研室对全县学校进行随机视导与集中视导相结合，加强对薄弱学校的专项视导，每学年对义务教育阶段学校的教学工作进行不少于一次的集中视导。每次教学视导检查必须制定详细的工作方案，对照县局质量提升的各项工作要求，提出整改意见。视导中，首先从校长的“三个坚持、三个深入”入手，到中层以上干部的“四个带头”，再到教师教学常规管理的“精细化”和学生素质教育的“特色化”。2015 年开学初，全县教育局将中小学分成 14 个组，副局长亲自带队，对 54 所中小学和 53 所幼儿园进行检查指导，发现问题及时纠正。

4. 加强学业质量检测

县教育局每学期都对全县义务教育阶段学校学生的学业质量进行检测，每次检测结束都召开全县质量分析会，采用 PPT 的形式，通报并分析检测结果，把各学校的学业质量拿出来晒一晒，在全县教育系统公开。建立全县所有班级教师的任课信息表，详细分析到每一个学校，每一门学科，每一个班级，让不达标的校长坐不住、冒冷汗。2015 年 1 月 16 日，县里召开教育教学工作会议，分析全县教育质量监测情况，用真实的数据，让大家心服口服、摆正心态；用客观的分析，让大家发现问题、寻找差距。“聚焦质量”已成为今后工作的“新常态”。

5. 实行质量提升奖惩

县教育局已经形成了以创新机制为动力、以质量提升为核心、以督查检测为手段、以质量问责为保证的行政推动策略，牢固确立凭教育实绩用干部，凭教育质量定奖励的指导思想。县教育局出台《盱眙县义务教育质量提升工作奖惩实施办法(暂行)》，建立学校、校长、教干、班主任、教师“五位一体”的学年度考核奖惩制度。设立全县义务教育质量提升先进奖、质量提升进步奖和质量提升达标奖,只有获奖的学校方可享受当年学校推荐校级后备干部和县级以上学校、个人表彰资格。凡是质量提升未达标学校,将取消当年学校推荐校级后备干部和县级以上学校或个人表彰资格。

### (六)深化内涵建设,实现城乡教育的优质均衡

#### 1. 注重制度建设

制度管人体现的是公正、公平,体现的是依法治教、依法治校的现代理念。一是健全岗位管理制度。坚持按需设岗、竞聘上岗、按岗聘用原则,县里出台了《关于全县义务教育阶段公办学校内设机构设置及规范中层干部职数的实施意见》《关于在全县义务教育阶段公办学校进一步推行岗位管理的实施意见(试行)》,进一步规范学校校级领导、中层以上干部的岗位职数,强化岗位管理意识。二是出台考核奖惩制度。出台了《全县义务教育学校校长考核办法》《全县义务教育质量提升工作奖惩实施办法(暂行)》,修订完善了《全县义务教育学校教师奖励性绩效工资考核分配实施办法》《全县义务教育教学质量考核办法》《全县教育目标考核办法》等一系列考核奖惩制度。三是制定规章约束制度。县里出台了《全县学校招投标管理办法》《全县教师支教工作实施意见》《全县民办学校违法违规招生处理办法(暂行)》,修订完善了《盱眙县中小学教学管理基本要求》等一系列规章制度。

#### 2. 建设特色学校

积极引导中小学走个性化、特色化、品牌化的内涵发展之路,不断缩小校际间的办学差距。推进特色学校建设坚持"三个结合":一是与课程开发相结合;二是与社团活动相结合;三是与学校文化建设相结合。全县中小学已初步形成"一校一品位、一校一特色、一校一亮点"的良好发展态势。明祖陵中学充分挖掘地方文化资源,发挥名人效应,把具有鲜明地域特色的大明文化引入校园文化建设中,打造地域文化,彰显新型办学理念;黄花塘中学充分利用地方资源优势,创建了富有文化底蕴和教育内涵的"五铁"教育特色,打造特色鲜明的"铁的信念、铁的意志、铁的纪律、铁的品质、铁的团队"的"五铁"文化。五墩实验小学致力于国学精髓的挖掘与中国传统文化的传承,积极倡导"读圣贤书、立君子品、做有德人"的育人理念,把国学经典诵读引入课堂,引向家庭,辐射社区,让全校师生在诵读经典中涵养心灵,在传承传统中升华情感。特色学校建设也带动了全县教育的全面发展、均衡发展。中国教育报以"学生人人琴棋书画 校园处处生机盎然,盱眙'一校一品'成素质教育引

擎”为标题，头版刊登了盱眙县特色学校建设成果。

3. 打造平安校园

加大财政预算内用于校舍维修经费的投入，确保当年危房当年消除，全县70%的食堂达A级食堂标准。2012年，投入300余万元作为中小学“三防”经费，用于购置警用器材、添置监控设备、发放保安工资及55个标准化校园警备室的建设。2013年，投入463.94万元为全县10所农村小学的43辆校车购买保险、安装定位监控系统、聘用驾驶员以及日常运营维护，切实解决边远农村1 156名学生上学难问题。各学校以平安校园创建为主线，以落实校园安全工作全员责任制为切入点，重点加强学生乘车安全管理、食品安全管理，校园安全隐患排查及整治、校园及周边的治安综合整治工作。落实安全工作零申报制度，责任追究制度，“一岗双责”制度。深入开展省、市平安校园创建活动，经常性地开展安全教育和安全应急演练，打造平安和谐教育。

2012年10月，盱眙县顺利通过“全国义务教育发展基本均衡县”省级督导，2013年11月，盱眙县在全国首批创建成为“全国义务教育发展基本均衡县”。

## 四、盱眙县推进义务教育均衡发展的问题与思考

### （一）教育投入的“增长”和“持续”

教育的均衡发展，核心是优质资源的均衡配置，首要的是政府对教育的投入，国家、省均衡发展现场考察评估的重点都放在了政府教育投入的增长比例上。没有教育投入的“增长”和“持续”，就没有教育基本的均衡保障，苏北地区县域经济与社会发展的现状，使得教育投入的逐年增长普遍存在较大的困难。随着国家计划生育政策的调整，县域内的生源也将逐年增多，再加上农村人口向镇区和城区的集聚，原先的均衡也将逐步变得不均衡，因此，教育均衡也是一个动态的过程。

### （二）教育均衡的“低位”与“高位”

实现教育的均衡发展，不是仅仅满足于县域城乡学校之间“有学上”的“低位”要求，而是实现城乡学校共同“上好学”的“高位”标准。“低位”均衡既是硬件装备的低标准，也是教师结构、教师素质、教育质量的低水平；“高位”均衡既是办学条件的高位达标，也是学校特色发展、文化建设、内涵建设的高水平。

### (三) 优质学校的"界定"与"认可"

政府部门、学者专家、家长社会对优质学校的"界定"与"认可"有着很大的不同。办人民满意的教育,肯定是学业质量高的教育,但是,仅仅满足于高升学率的教育肯定不是真正优质的教育。上海市推出"新优质学校"项目的标准:"尽管每个孩子的家庭背景、生活经历各异,学习基础、学习习惯不同,但只要他走进学校,就能够促进其内心世界的发展和学习习惯、学习能力的形成,当他走出学校面对社会的时候,能够充满自信,这就是一所优质的学校。"教育的优质均衡发展就是要把优质学校办到学生的家门口。

### (四) 师德师能的"培训"与"提升"

教师是学校质量的支撑,是学校质量提升的关键。我们清醒地看到,师德问题不解决,内在动机无需求,再好的培训也是"微效果",再新的举措也是"低效益",再多的投入也是"高能耗"。为此,县里制定了严格的教师培训规范和要求,把教师培训的课时和效果与评先评优、职称评聘,以及即将实施的五年一周期的教师资格认定相结合,用压力和机制,催生和激发教师的进取意识和内在动机,真正把师德师能的"提升"落到实处。

### (五) 公办与民办的"健康"与"协调"

公办教育是主导,民办教育是补充,而盱眙的公办与民办教育却呈现出逆反的状态发展。2013 年,盱眙县委、县政府出台《关于解决全县教育系统有关问题的意见》(盱发〔2013〕6 号)文件,对民办学校进行清理规范,在民办学校任教的公办教师,按 4∶3∶3 比例三年内全部回归原学校(2013 年已回归 142 人,2014 年回归 106 人,剩余 2015 年全部回归完成)。同时,严肃招生计划,合理控制民办学校招生规模,让公办教育与民办教育"健康"与"协调"发展。

### (六) 上级政策的"落实"与"执行"

推进教育均衡发展的职能在政府,关键在政府有关推进均衡政策的有效"落实"与"执行"。省政府《关于深入推进义务教育优质均衡发展的意见》(苏政发〔2012〕148 号)要求:"加大教师培训投入,各地安排的教师培训专项经费不低于教师工资(含绩效工资)的 1.5%,学校年度公用经费总额用于教师培训的部分不低于 5%。""以'县有校用'为导向,加快教师由'学校人'向'系统人'转变。完善县域内校长、教师交流的政策措施,促进校长、教师在城乡之间、学校之间合理流动。校长在同一学校连任一般不超过 2 届,教师包括骨干教师原则上以每年不低于15%的比例进行交流。”“严格落实四星级普通高中70%以上招生指标均衡分配到所有初中的规定。”当前，“落实”与“执行”的困难，关键在于经费的不足、机制的协调，以及高考制度的改革。

义务教育的均衡发展是世界潮流也是基本国策，是发展方向和也是工作目标，实现县域义务教育的优质均衡发展，利在千秋，功在当代。

## 第二节　金湖县推进义务教育均衡发展实践

### 一、金湖县基本概况

金湖县位于江苏省中部，地处淮安、扬州、安徽滁州两省三市交界处，县域面积1 394平方千米，人口35.74万人，辖11个镇、7个场圃，淮河入江水道贯穿腹地，南水北调东线工程从境内通过，上连洪泽湖、下接运河长江，境内高邮湖、宝应湖、白马湖三湖环抱，森林覆盖率20.31%，综合环境指数全省第一。金湖是尧帝故里、荷花之都，荣获国家级生态示范区、国家平原绿化先进县、国家科普示范县、国家生态县、国家园林县城、江苏省卫生县城、江苏省文明城市等称号。

从2000年起，按照省教育厅的要求，县委县政府制订规划方案，把布局调整任务细排到具体项目、具体时段、具体责任人，层层推进，逐项落实。到2008年，全县已全面完成了省里“高中集中到县，初中集中到片，小学集中到镇”的工作任务，撤并各级各类学校56所，重组了中心初中5所。2010年，金湖县启动苏北首批“江苏省教育现代化先进县”创建工作，异地新建了金湖娃艺术小学。目前，全县有小学26所。其中，县直小学4所（实验小学、育才小学、金湖娃艺术小学、宝应湖中心小学）；镇中心小学11所（黎城镇城南实验小学、戴楼镇中心小学、金南镇中心小学、闵桥镇中心小学、塔集镇中心小学、银集镇中心小学、涂沟镇中心小学、前锋镇中心小学、吕良镇中心小学、陈桥镇中心小学、金北镇中心小学）；完全小学11所（戴楼镇官塘小学、金南镇金沟小学、金南镇卞塘小学、闵桥镇横桥小学、塔集镇夹沟小学、银集镇淮建小学、前锋镇淮胜小学、前锋镇白马湖小学、陈桥镇新农小学、吕良镇孙集小学、涂沟镇唐港小学）；小学办学点2个（黎城镇城东办学点、金南镇南望办学点）。初中9所：外国语学校、实验初中、金南中学、塔集中学、银集初级中学、白马湖初级中学、三河中学、吕良中学、枫叶国际学校，其中枫叶国际学校为民办学校。全县义务教育阶段学校布局基本合理。

为进一步推进县城区义务教育阶段学校布局的优化,正在实施育才小学东迁和城南新区实验学校建设工程。

## 二、金湖县推进义务教育均衡发展的工作措施

### (一) 实施"四个强化",追求学校发展的优质均衡

#### 1. 强化组织领导

县委、县政府高度重视教育工作,始终把教育放在优先发展位置上,把义务教育均衡发展作为改善民生的实事来抓,列入党政工作的重要议事日程,纳入县域社会事业发展规划。全县多次召开县委常委会、县长办公会研究教育发展问题,县主要领导、人大、政协领导经常到教育系统进行调研,专题听取教育情况汇报,研究解决均衡发展过程中遇到的硬件建设、教育质量提升、教师队伍建设、教师绩效工资发放等实际问题。县里先后出台了《金湖县推进义务教育优质均衡发展实施方案》《金湖县教育事业发展规划纲要(2011—2015)》《金湖县贯彻江苏省中长期教育改革与发展规划纲要实施方案》,制定下发了《关于成立金湖县实验小学教育集团的通知》《关于建立金湖县教育发展联盟,推进区域学校联片组团发展的实施意见》《关于进一步加强义务教育学校教师交流工作的实施意见》等文件,把发展教育,尤其是提升农村薄弱学校办学水平列为教育均衡发展重中之重的大事来抓。

#### 2. 强化顶层设计

全县将义务教育均衡发展列为教育现代化先进县创建工作的首要任务,把加快推进义务教育均衡发展作为政府的实事工程和民心工程摆上突出位置。县教育局根据全县义务教育的发展现状,制定了《金湖县教育局关于推进义务教育均衡发展的实施意见》(金教发〔2010〕17 号),县人大、县政协组织多次专项督查,助推教育优质均衡发展的各项规划得到有效落实。为确保科学有序地推进全县义务教育均衡发展,全县在制订义务教育优质均衡发展规划上力求充分体现三个理念:

一是体现科学规划的理念。依据教育现代化建设标准,根据未来人口居住规模,进行适度超前的教育规划和建设,使教育布局更加合理,资源配置更加均衡。

二是体现高位均衡的理念,通过重组、改建扩建和易地新建,构建义务教育高位均衡发展的框架,力争让每一个孩子都能享受到便捷、优质的教育。

三是体现面向全体的理念。对农村学校的总体思路是:政策倾斜,扶持

义务教育阶段农村学校和薄弱学校发展，具体做法是：按照省教育厅“六个一样”的要求，通过不断加大经费投入，完善教育装备，组建教育联盟，开展教师交流等有力举措提升学校办学能力和水平。对城区学校的总体思路是：加快推进城区学校建设，尽快实施城区施教区调整。具体做法是：按照“一主四辅”新型城镇化发展要求，科学制订调整方案，出台并完善《金湖县义务教育阶段学校布局调整规划(2013—2020)》，育才小学东迁工程已正式启动，进入全面施工阶段；城南新区学校建设工作正在积极推进，已完成了规划设计。城区两所学校建好后，城乡学校办学条件将得到全面优化，能满足学生对优质教育资源的需求，义务教育均衡差异系数将进一步减低。

3. 强化教育投入

完善“以县为主”的教育管理体制，优化财政支出结构，不断增加教育投入，力求义务教育预算内经费拨款增长比例高于地方财政性收入增长比例，教育投入逐年增长，教育财政拨款的增长高于财政经常性收入的增长，教育经费全部纳入财政预算，实行预算单列。

一是经费投入优先安排。以2014年为例，全县预算内教育事业费拨款增长比例高于财政经常性收入增长1.26个百分点，县财政教育支出占财政一般预算支出的比例达19.18%，比2013年提高0.18%。对学生不足100人的学校，公用经费按100人拨付，确保每所学校有足够的办学经费。

二是校舍抗震全面达标。投入4亿多元用于校安工程建设，新建加固了28万多平方米，校安工程开工率、竣工率均居淮安市第一，获省“中小学校舍安全工程先进集体”称号，闵桥镇荷花荡小学、吕良镇孙集小学、塔集镇夹沟小学、前锋镇淮胜小学、戴楼镇官塘小学、陈桥镇孙集小学等11个镇14所村小校舍均是新建的楼房，达7级抗震标准。继续加大对农村薄弱学校的投入，不断消除义务教育均衡发展的薄弱环节，2014年为农村中小学新建了13片塑胶运动场，累计投入1 500万元。

三是教育装备现代化。2010年由县财政统一出资，城乡统一标准，同步推进，为大部分班级配备了电脑、电子白板、一体机等，全县所有学校教育设施设备均达江苏省二类标准；2013年投入近500万元，按照省装备一类标准给外国语、吕良镇中心小学添置了设备；2014年再次投入1 000多万元用于中小学装备提档升级建设，8个项目顺利通过市教育局、财政局组成的项目验收组验收。目前，全县各学校专用教室齐全，每百名学生拥有计算机台数小学达15.11台、中学达14.44台;授课班级与多媒体教室配置比达1∶0.75;小学生均图书24.25册,初中生均图书39.76册,均超省定标准。中小学省合格学校比率、现代教育技术覆盖率、校园网建有率均达100%。真正实现了“最美的地方是学校,最现代化的地方是学校,最具人气的地方是学校”。

4. 强化环境建设

全县各中小学根据各自的特点创设不同风格与追求的校园环境,鼓励和引导学生参与班级文化建设,加强班风、学风、教风建设,做到润物细无声,把教育的目的和科学的文化知识,融进校园的每个角落,让教室成为学生表现自我,培育个性的场所。实验小学每一面墙壁尽力发挥宣传教育功能,积极打造育人环境,学校精心布置宣传阵地,优化校园文化特色,发挥环境布置育人功能,不断拓宽环境教育的内涵,加强“校园之声”、画廊、墙报等文化阵地的指导管理;外国语学校的校训、校风以多种方式在校园内呈现,引领师生的教育行为,校园文化的教育功能得到较好发挥;2013年,金南镇中心小学“四小活动”综合实践课程成功申报江苏省小学特色文化建设首批项目后,把“四小活动”综合实践课程的开发应用与新一轮教育现代化有机结合起来,着力于活动教室、教学设备、环境布置、实践基地等平台和载体方面的建设,为“四小活动”的开展创设良好的条件和氛围,他们立足本地实际,开发身边各种鲜活的课程资源,实现了教学时空、教学理念、教学方式、作业形式、学生精神面貌的“五个转变”,彰显了办学特色,提升了办学品位和质量。

(二)完善“四项机制”,追求教师队伍的优质均衡

1. 完善用人机制

全县始终把教师队伍建设作为提高教育教学质量、促进城乡教育均衡、办人民满意教育的头等大事来抓。严把教师招聘关。优化新教师公开招聘办法,坚持“凡进必考、择优录用”的原则,把好教师队伍入口关,逐年补充一批优质师资,三年中向社会公开招录了110名大学生,有效缓解了部分学校学科教师紧缺的问题。建立和完善教职工考核和评价机制,出台考核标准,规范考核程序,公开考核结果,为教职工晋级、聘任、培训、奖惩提供可靠依据。

2. 完善教师交流制度

注重城乡教育一体化发展,成立了实小“教育集团”,组建了六个城乡“教育联盟”,建立了教干、教师交流机制,加强集团内、联盟校间交流;深入实施校长“二三五工程”,引领全体教干坚持深入教育教学一线,下派县直小学的

副校长到乡镇小学做校长，选派县城学校名师到基层学校任教干，安排农村教师到县城学校顶岗学习；积极探索“县管校用”机制，通过校际间教师、教干交流，促进全县教师正常流动，有效实现资源共享、优势互补、合作共赢。2014年教师交流面达 15.4%。

3. 完善教师培训制度

积极组织教干、教师参加省、市组织的培训，狠抓县级培训与校本培训，强化对教师的考核，提高教师业务水平和工作能力，全县小学专任教师大专及以上学历达 99%，初中专任教师本科及以上学历达 97%。出台了《关于进一步加强教师队伍建设的实施意见》，财政按教师工资总额的 1.5% 安排培训专项经费 268 万元；整合教师培训资源，成立了吴汝萍等“名师工作室”，全力推进学科基地建设，加大吕良中心初中、金湖外国语学校、实验小学、银集中心初中、金南中心小学教科研项目建设；与晓庄师范学院合作，请省专家为全县近 200 名数、理、化骨干教师进行了专项培训，中小学教师专业素养和业务能力全面提高。积极实施“三百工程”“千校万师支援农村教育工程”，通过支教、顶岗培训等形式让教师互相学习，让教育信息互相传递。积极整合教师培训资源，搭建教师成长平台，建立教坛新秀、骨干教师、学科带头人、特级教师等教师专业成长梯级发展规划。借助教育集团平台，积极开展“信息化应用能力考核”“教师考学”“教师基本功竞赛”等活动，促进全县教师综合素质专业提升。

4. 完善集团办学机制

重视义务教育的公益性和普惠性，注重城乡教育一体化发展，实行战略性组合，深化联盟办学机制，将办学条件、师资队伍等教育资源优化重组，成立了“实小教育集团”，组建了“六个城乡教育联盟”，积极探索资源共享、优势互补、合作共赢的办学模式，努力促进学校办学水平和质量整体提升。

（三）落实“四个狠抓”，追求教育管理的优质均衡

1. 狠抓教育质量

建立健全以提高教育质量为导向的管理制度和工作机制，不断更新办学理念，明确提出“抓五全（全面、全心、全力、全员、全程）、提质量”。小学阶段突出教学“六认真”的规范引领作用，坚持把教学“六认真”要求的贯彻落实作为提高教学质量的必要途径，不断强化教学管理的各个环节，引领教师认真备课、认真上课、认真布置和批改作业、认真评价、认真辅导、认真学习与反

思。近年来,先后两次修订《新课程教学"六认真"总要求》及其《实施说明》,增强其科学性和可操作性。同时,强化教学"六认真"的督查考核,实现每学期对所有学校教学视导全覆盖,真正让教学"六认真"成为每个教师的自我要求和自觉行动,为教学质量的大面积提升提供最关键的保障。对全县初中现状进行了深入细致的调研,对每一所初中、每一门学科、每一位教师的教学工作都进行认真的解剖,并分别形成翔实的调研报告,在此基础上,我们制定并实施了《质量提升三年规划 2014—2017》,深入实施"初中质量提升年"项目,从建构高效生命课堂、优化教学过程管理、强化教学常规督查、科学检测教学质量、推进质量评价改革等方面提出提升初中质量的具体举措。精心打造一批先进的教学管理和课堂教学新模式,"校长二三五工程"和"18420"课堂教学模式分别被评为淮安市基础教育十大管理模式和十大教学模式。完善全员抓质量的体系,进一步明确学科教研员、学校校长、分管教学的校长、教务主任、教研组长和备课组长的工作职责。完善了质量监测机制,与周边县区组成了初中质量检测联合监控网络,切实增强试题命制、考试组织、结果呈现和数据运用等环节的科学性、有效性和规范性。制定了校长例会、质量诊断、定期通报等一系列提升教学质量的规章制度。针对县内各初中的实际情况,改革原有质量评价方式,推行教学质量纵横双向考核,动态追踪管理,充分发挥质量评价的导向作用,促进质量全面提升。

2. 狠抓规范办学

县政府教育督导室建立专职督学、责任督学、兼职督学三支常态督导队伍,对基层学校进行全方位督导。按照省、市、县教育行政部门的要求,严格规范义务教育阶段公办学校办学行为;按照江苏省课程设置方案的要求,督查各校开齐开足规定课程,并要求学校课表上网公示,接受监督;积极实施作业效能监测工程项目,切实减轻学生过重课业负担,规范学生在校集中授课时间及回家作业时间;积极开展阳光体育、"体艺 2 + 1""快乐星期几"等活动,确保学生每天在校体育锻炼达 1 小时,体艺活动水平明显提高,学生综合素质有了很大程度的提升。

3. 狠抓教育公平

严格执行《义务教育法》《江苏省义务教育管理条例》和有关学籍管理规定,实行"阳光招生",制定下发了《金湖县义务教育阶段学校招生工作意见》,建立了以政府为主导的留守儿童关爱体系,全面实施农村留守少年儿童食宿条件改善工程，住校生吃住条件均达省定要求。特殊教育学校为全县残疾儿童提供了温馨的学习、生活环境。深入实施“育才兴教”工程，构建家庭贫困子女助学“绿色通道”，近三年，累计资助家庭经济困难学生2.5万人次，共计1 637万元，家庭经济困难学生受帮扶比例达100%，没有一个学生因经济困难而辍学。外来务工人员子女与本地学生享受同等入学就读机会，目前全县义务教育巩固率为100%，高中阶段教育毛入学率为99%。

4. 狠抓均衡推进

一是通过整合教育资源，“调”出均衡。全县义务教育正从“初步均衡”向“优质均衡”迈进，义务教育公平度显著提升。按照省规定，结合全县人口分布情况，以提高质量为核心，有计划、按步骤，稳妥推进学校布局调整，撤并了生源少、规模小、办学效益低的中小学，实现了教育资源的优化重组，教育布局基本合理。

二是坚持改革创新，“改”出均衡。通过成立实验小学教育集团、组建城乡“教育联盟”，实施“三百工程”、“千校万师支援农村教育工程”，积极构建教育共同体，建立了义务教育阶段教干轮岗、教师交流制度，推进城乡学校连片组团发展，从而最终促进城乡教育均衡协调发展。

三是通过交流骨干，“促”出均衡。2010年起，全县陆续在初中、小学把骨干教师的均衡配置作为推进义务教育均衡发展的重要途径，通过骨干教师促进学科基地建设，充分发挥基地学校优势，整合全县中小学各学科优质教育资源，加大教学研究力度，全面提高全县中小学教师素养和教学质量，进一步促进义务教育阶段城乡学校的优质均衡发展。

（四）着力“四项创新”，追求科研水平的优质均衡

1. 创新教研方式

教育要发展，关键在创新，根本在改革，全县教育不断下移教科研重心，着力引导广大中小学教师以学生和课堂为中心，以提高质量为目的，大面积开展角度小、周期短、内容实、易推广的“微型课题”研究；持续推进“小班化”背景下提升农村学校教育教学质量系统工程，重视金湖中学省级信息技术、吕良中心初中省级“初中数学互动式学习平台”、银集中心初中省级“初中英语课程基地”、金南镇中心小学的“四小活动”等省级项目研究，强化实验初中市级物理学科等课程基地建设。

2. 创新体艺教育模式

不断深化素质教育培养方式，积极实施体艺“2+1”项目，深入开展阳光体育一小时活动，狠抓“快乐星期几”的有效开展。在体艺教育活动中，关注对学生兴趣的培养，强化学生体质体能训练，更注重打造金湖体艺特色，创新“名校办名队”的模式，全县手球、羽毛球等项目的管理富有成效，市政府还在全县召开了管理现场会，推广经验做法，2014年，金湖县承办了省十八届运动会的手球比赛，县里手球和羽毛球代表队取得了优异成绩，金湖县被市委、市政府荣记二等功。

3. 创新校本教育特色

近年来，县里利用丰厚的人文教育资源，精心构建特色鲜明的校本课程与特色文化。各校结合本地风土人情编写了许多各具地方特色的校本教材，如《走进水乡金湖》《水·生命之源》《走进生活与社会》《走进人文与绿色的闵桥》《给儿童一个创造的空间》《金湖地方文学作品选读》等，为提高学生综合素质提供了极好的平台。金湖娃艺术团、剪纸等艺术教育已形成品牌，成为县里对外宣传的名片。

4. 创新评价方式

尊重客观规律，科学评价学校及教师的工作实绩，引导和带动学校全面实施素质教育。每年开学初，根据省、市教育工作会议精神，围绕素质教育要求，布置落实全年教育教学工作目标任务，要求学校坚持全面的、科学的质量观，强调在教育教学管理中把以学生为本、以学生的发展为本，以学生的健康成长为本作为工作重点，年终把学生综合素质发展状况作为考评学校、教师的重要依据之一。对学生的评价强调三个导向：

一是由单一成绩评价转向多元成长记录袋评价，对待学生的评价，坚持“以人为本”，采用评价内容多元性、评价过程动态化的评价方式，努力用发展的眼光对学生进行客观、公正的评价，督促学校用好学生成长记录袋，不断激励学生，为学生健康快乐成长创造宽松的环境。

二是由问题诊断性评价转向激励性评价，激励手段的正确运用，可以让孩子变得更活泼开朗，求知欲更旺盛，对未来充满信心。鉴于此，倡导全县教师在平时的教育教学工作中，给学生以更多的赏识和赞扬，让学生感受到进步，感受到阳光。由于师生关系平等和谐，教育收到了事半功倍的效果；

三是由老师挑刺转为温馨提醒，帮助学生查找学习、生活中的疏漏点，分析问题形成的原因，这样的方式，学生更容易接受，同时也极大地改善了师生关系，提高了教育成效。

### 三、金湖县推进义务教育均衡发展的工作成效

几年来，县委县政府合理配置教育资源，深入实施素质教育，全力推进义务教育优质均衡发展，努力促进教育公平。先后被评为全国体育工作先进县、全国特殊教育先进县、江苏省基础教育先进县、江苏省农村教育综合改革先进县、江苏省义务教育均衡发展先进县、江苏省全面实施素质教育先进县、江苏省基础教育课程改革先进集体、江苏省关心下一代工作先进集体……先后被确定为江苏省素质教育实验区、江苏省课程改革实验区……2010 年在苏北率先建成“江苏省教育现代化先进县”，2012 年创建成“江苏省体育强县”，2013 年通过“全国义务教育发展基本均衡县”省级评估验收，2014 年 4 月通过“全国义务教育发展基本均衡县”国家认定，同年顺利接受“江苏省学前教育改革发展示范区”省级评估验收。2014 年度跨越发展、社会事业目标考核全市第一，教育工作目标被评为市一等奖。省政府曹卫星副省长先后两次对县教育工作进行专题调研，并给予了充分肯定。

#### （一）教育发展水平显著提高

一是学校建设标准化，“十二五”期间，全县加大义务教育投入，根据县域总体规划调整，科学制定学校标准化建设的规划，落实经费，加快实施，通过中小学网点调整工程、危房改造工程、校安工程、“校校通”工程等，积极改善学校办学条件。在生均用地面积、生均集中绿地面积、生均建筑面积、高学历教师比例、电脑配置生机比、生均图书配置、校园网络系统建设等方面，全县义务教育阶段 34 所公办中小学办学条件均达到江苏省标准化学校办学条件的基准标准，有效实现了校校标准化。

二是教育装备现代化，按照省定一类标准，为 8 所中小学添置、更新教育装备，开展“数字化校园”创建活动，推进“三通两平台”建设，不断加大软件资源投入，实现了宽带网络校校通，省级教育资源服务平台全覆盖。

三是优质资源均衡化。仅 2014 年，全县新创建市教育现代化先进学校 8 所、先进镇 5 个，创建省优质幼儿园 1 所、省市级社区教育中心 2 个、省市级绿色学校 4 个、省市级依法治校示范校 2 个、省级健康促进学校 9 个、市科技教育特色学校 2 个、市居民学校 11 个、市语言文字示范校 1 个、市经典诵读基地学校 1 个、县级安全文化示范学校 2 个。

（二）教育公平有效维护

一是均衡发展取得实效。坚持统筹城乡发展，全县小学、初中均衡发展8项指标综合差异系数分别为0.48、0.43，均低于国家小学0.65、初中0.55的标准。

二是稳步推进紧密型集团建设。做强实验小学教育集团，做实六个“城乡教育联盟”，教师在集团内合理交流，各项工作统一管理，协调推进，促进了农村学校和薄弱学校办学水平的快速提升。

三是扶困助学扎实开展。积极做好贫困家庭以及残疾适龄少年儿童接受教育工作。严格落实各项资助政策，全县没有一名学生因贫失学，全年累计资助家庭经济困难学生11 033人次，共912.79万元。

（三）素质教育深入推进

一是德育工作彰显特色。坚持立德树人，学习周恩来总理，践行“五德”教育，已创建省“周恩来班”2个，市“周恩来班”55个，市“优秀学生社团”14个，申报“市优秀德育教材”12本。开展“八礼四仪”养成教育系列活动，全面完成“国家生态县”“中华诗词之乡”“省文明城市”创建任务。认真做好关心下一代工作，成立“红枫名师工作室”。

二是课程基地建设深入推进。金湖中学、吕良中心初中两校顺利通过了省教育厅课程基地建设评估专家组的验收，金南镇中心小学的“四小活动”顺利推进，银集中心初中英语课程基地被批准为江苏省薄弱初中质量提升项目，特殊教育学校“创建家园式多重障碍儿童学前康复中心”被批准为江苏省特殊教育发展工程项目。

三是教学质量稳步提升。坚持“全面、全心、全力、全员、全程”抓质量，积极开展微型课题研究，以探究小班化教学为突破口，全面提升农村学校教学质量。深入开展“初中质量提升年”活动，促进初中教学质量全面提高，近年来，全县中考巩固率一直名列前茅，及格率、低分率均好于全市平均水平。加强义务教育阶段学业水平的监测工作，2013年被教育部表彰为“全国基础教育质量监测优秀组织奖”。

四是体艺工作扎实开展。每年成功举办少儿才艺电视大赛、庆“六·一”文艺会演和中小学生田径运动会。积极开展《国家学生体质健康标准》测试工作，数据上报面达100%，市抽测合格率达到99.71%。2014年9月承办了江苏省第十八届运动会的手球比赛，县手球队代表淮安市参加江苏省第十八

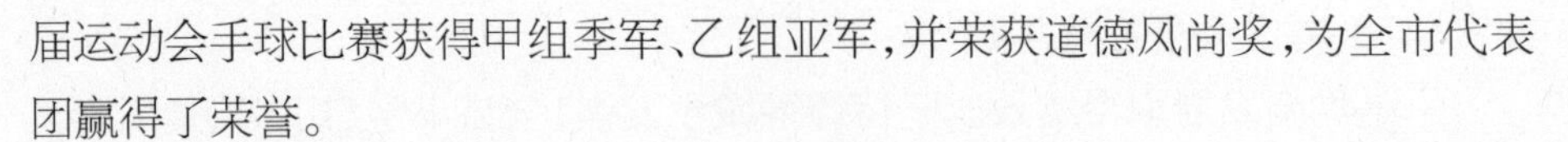

届运动会手球比赛获得甲组季军、乙组亚军，并荣获道德风尚奖，为全市代表团赢得了荣誉。

（四）队伍素质全面提升

一是开展师德主题教育。邀请“江苏省师德模范”著名特级教师李凤遐来金湖为1 200多名教师做师德报告。健全教师师德档案，建立“师德建设示范校”，评选开展了“做党和人民满意的好老师”演讲比赛、“学习模范教师，争做师德标兵”主题教育活动。

二是提升队伍专业素质。实施学历提升工程，不断提高教师队伍学历层次。开展教师全员培训，先后邀请省内5位“人民教育家培养对象”来县里送教，16位全国优秀教师、省特级教师为物理、化学骨干教师进行了集中授课培训。2014年，有1人被评为“全国模范教师”，1人被评为正高级教师，2人被评为省特级教师，新评选了教坛新秀60名。

三是强化教师均衡配置。2014年面向社会招聘38名中小学、幼儿园教师。根据县委县政府《关于进一步推进义务教育学校教师交流工作的实施意见》，通过集团内交流、校际间交流、上挂、下派支教、让农村初中富余教师转岗到县城小学任教等形式，共交流教师145名，占应交流教师数的15.4%。

（五）发展环境不断优化

一是切实加强作风建设。教育局党委及直属16个党（总）支部紧紧围绕“为民务实清廉”这一主题深入开展党的群众路线教育实践活动。局机关梳理出“四风”方面的问题98条，各学校面向社会征求意见400余条，着力开展校园安全、师德师风等8个方面的专项整治活动，完善了教师管理、目标考核等6项制度。

二是切实保障学校安全、稳定。推进“依法治校示范校”“禁毒示范校”“安全文化示范校”创建工作，开展了“安全生产月”“中小学安全教育日”等主题教育活动，开展校园食品安全、校车安全、校园消防安全和校园周边环境专项整治活动，全面完成食堂升级改造任务，建立“安全事故隐患排查治理信息系统”，全年各校累计上报安全隐患446条，整改446条，整改率达100%。

（六）办学行为进一步规范

一是课程开齐开好。严格执行课程计划，实行学校课程开设、作息时间、课外文体活动安排上网公示制度，并定期开展督查和视导。全县中小学按要求开设综合实践活动、体育、艺术、品德、社会、劳技、实验等课程。近年来，全县深入实施中小学生课外文体活动工程,完善“教”“体”联合督查制度,积极实施“体艺2+1”项目,广泛开展了中小学阳光体育运动和大课间活动,确保学生每天至少一小时的体育活动时间。

二是专项督导、综合督导有序进行。重视“减负”督查,全县高度重视“减负”工作,精心落实“减负”措施,教育局成立“减负”领导小组,层层签订了“减负”责任书,并配备录音举报电话。2014年组织了2次专项调研、42次专项督导活动,2015年开展了26次专项督导,通过督查,推进了“减负”长效管理机制建设,有力地促进了中小学校办学行为的规范化。2015年上半年起,在全县小学、初中学校启动了课堂教学改革和作业效能改革,促进了教师的行走方式和学生学习方式的改变,提高了课堂教学效率,有力地减轻了学生过重的课业负担,涌现出了一批好的课改典型。

三是招生规范有序。全县严格执行义务教育法、省义务教育管理条例和有关学籍管理规定,实行相对就近、划片入学。每年成立由分管副县长任组长的金湖县义务教育中小学招生工作领导小组,县教育局下发了《金湖县义务教育阶段学校招生工作意见》《关于严明招生纪律进一步加强和规范小学、初中招生工作的通知》,实行“阳光”招生,努力遏制择校现象。优质普通高中招生名额分配到县域内各初中的比例不断提高,2013年、2014年均达到70%。

## 第三节　洪泽县推进义务教育均衡发展实践

### 一、洪泽县基本概况

淮安市洪泽县,地处江苏省中部,位于洪泽湖东畔,因湖设置,借湖得名。洪泽县地处北纬33°02′—34°24′、东经118°28′—119°10′,横跨“两湖”,纵贯“三水”(淮河入海水道、淮河入江水道、苏北灌溉总渠),地处苏北中部,位于淮河下游,属淮河冲积平原的一部分。东依白马湖,与淮安市淮安区、金湖县及扬州市宝应县水陆相依;南至淮河入江水道(三河),与盱眙县毗邻;西偎洪泽湖,与宿迁市泗洪、泗阳两县隔湖相望;北达苏北灌溉总渠,与淮安市清江浦区以苏北灌溉总渠、淮河入海水道为界。

淮安市洪泽县总面积1 394平方千米,其中水域面积占55%,人口38.8万。洪泽县呈西高东低之势。全境东西跨度63千米,南北跨度38.5千米。下辖蒋坝等6个镇、朱坝等3个街道、1个省级开发区。洪泽县交通便利,宁连高速和宁连一级公路穿境而过，京沪、宁徐、徐淮盐高速公路环绕周边，到淮安涟水机场半小时，到南京禄口机场一个半小时，到上海城区不足5小时。洪泽湖南承淮河，北接苏北灌溉总渠和入江水道，连接长江、京杭大运河，是国家南水北调的重要水上走廊，是连接淮河、京杭大运河和长江的重要水上交通枢纽，有水运码头多座，最大装卸能力超50万吨，距连云港港口120千米。

洪泽县素有“淮上明珠”“鱼米之乡”的美称，是湖滨新兴生态旅游城市。洪泽境内名胜古迹众多，汇集着被誉为“水上长城”的洪泽湖大堤（全国重点保护文物）、历尽沧桑的镇水铁牛、乾隆御碑、老子炼丹台、龟山巫支祁（水母娘娘）井等历史景观。洪泽县是淮安市经济较为发达的县区，2015年，洪泽区实现地区生产总值230.81亿元，按可比价计算，比上年增长10.8%。第一产业增加值31.58亿元，增长2.7%；第二产业增加值95.46亿元，增长11.8%，其中工业增加值81.49亿元，增长11.8%；第三产业增加值103.77亿元，增长12.2%。人均地区生产总值68 368元，增长10.6%。经济结构进一步优化，三次产业增加值比例调整为13.7∶41.4∶44.9，二、三产业增加值占GDP的比重为86.3%，比上年提高0.5个百分点。全区私营企业4 487个，比上年增加702个；私营企业注册资本（金）为187亿元，增长10.5%。个体经营户22 759户，比上年增加1 402户；个体经营户注册资金为22.33亿元，增长5.2%。

2014年，洪泽县各级各类学校共有在校生47 362人。其中，普通高中在校生5 092人；普通中等专业学校在校生2 181人；技工学校在校生3 764人；初中在校生8 844人；小学在校生18 763人。近年来，洪泽县深入推进义务教育均衡发展，着力提升农村学校和薄弱学校办学水平，全面提高义务教育质量，努力实现所有适龄儿童少年“上好学”，对于坚持以人为本、促进人的全面发展，解决义务教育深层次矛盾、推动教育事业科学发展，促进教育公平、构建社会主义和谐社会，进一步提升国民素质、建设人力资源强国，具有重大的现实意义和深远的历史意义。

2010年5月，洪泽县成为江苏省首批、淮安市唯一的省义务教育优质均衡改革发展示范县创建县，2011年12月通过江苏省教育现代化建设先进县评估，2013年11月顺利通过全国义务教育发展基本均衡县督导认定……洪泽县始终坚持教育优先发展战略不动摇，以推进义务教育均衡发展为主线，从改善办学条件、缩小城乡办学差距，到健全教师交流制度、加大教师流动，再到深化内涵建设,提升育人水平,在力促教育优质均衡的路途中,走出了一条具有"洪泽特色"的均衡发展之路。

## 二、洪泽县推进义务教育均衡发展的举措与成效

### (一) 转变思路,促进教育均衡

提起2010年以前的农村初中的状况,很多洪泽的教育人很是感慨。由于城乡的差距,农村初中的优质师资加速流向县城,与此对应的,是生源不断向县城集中。2009年,全县12所农村初中,在校生共4 612人,平均每个学校不足400人,而仁和中学当年秋季初一招生,只来了12个学生。而10年前,这些学校在校生都在1 000人左右。全县农村初中教师共573人,按照正常的师生比例,绰绰有余。可是,信息技术、音乐、美术等课程教师却严重不足。这些年,全县一直在加大改善农村办学条件,完善各项保障制度,鼓励县城教师下乡支教,但收效并不明显,城乡教育差距不仅没有缩小反而有加剧扩大之势。

面对日益萎缩的农村初中教育状况,家长不满意,群众不满意。怎么办?"能不能换个思路,把孩子们接进城,也有利于推进教育均衡发展。"这并不是一句心血来潮的话语,而是经过反复调研、科学论证、切合洪泽实际的有效路径。2010年,洪泽的教育工作者默默地做了一件大事:撤并了6所农村初中,把1 200多名初中学生都请进了县城的新区中学读书。

在实施这一举措前,虽然有大量的调研论证,但效果如何,群众能否接受,谁也不敢保证。家长普遍关注的是,孩子进城读书了,家庭负担会不会加重?结果证明,广大家长的担心变成了放心。每到周末,县公交公司的车辆准时送孩子们回家,星期天下午再把他们接到学校,而且每辆接送车都有教师跟车,以保障每名学生的安全。政府每年要投入120多万元,一方面用于这些学生来回免费乘车的费用;二是用于困难学生的生活补助,对孤儿伙食费一分不收,全由政府补贴,家庭比较困难的学生,政府补贴70%,补助面达到60%~70%。这项举措的成效也是显著的,第一个学期,进城读书的农村学生的各科成绩都有很大提高,学生和家长对学校各项工作的满意度达90分以上。省教育厅厅长沈健视察洪泽教育时,对洪泽结合实际推进教育均衡的举措褒奖道:洪泽把农村初中学生集中到县城享受优质教育资源,这是我省推进教育均衡发展,缩小教育区域差距的典型。

近两年,该县又相继实施了城区学校布局调整、城区义务教育施教区调

整、农村中小学薄弱学校扶持等举措，教育资源优化布局日趋合理，优质教育资源的覆盖面进一步扩大，2 万余名学子享受了优质教育资源，教育均衡发展水平稳步提升。

(二) 加大教育投入，改善办学条件

教育均衡首先落实到学校的办学条件提升上。近年来，全县严格落实"三增长一提高"政策，确保教育拨款增长比例高于财政经常性收入增长比例，其中，2012 年教育财政拨款增长比例高于财政经常性收入增长 29.28 个百分点，财政预算内安排义务教育公办学校生均公用经费均高于省定基准定额标准，生均财政预算内教育事业费逐年增长，2012 年财政预算内教育经费占财政总支出的 14.95%，高于省定比例 1.15 个百分点。足额征收、规范使用教育费附加、地方教育附加费，建立健全教师工资发放制度，及时足额兑现绩效工资，在做到"公用经费一样多"的基础上，适当向老子山镇九年制学校等农村偏远学校倾斜。建立学校债务化解机制和债务风险控制机制，坚决制止义务教育学校新增债务。根据《江苏省义务教育学校现代化办学标准》，加大硬件设施投入，做到"校园环境一样美、教学设施一样全"。截至目前，全县共投入 5.2 亿元，拆除、加固、新建校舍 27.2 万平方米，其中新建校舍 23.3 万平方米；投入 3 870 万元，为全县义务教育学校配齐配足各类实验设备仪器、音体美器材和图书，全县小学、初中生均仪器设备值分别为 2 197 元、3 495 元，生均图书分别为 30 册、41 册，百名学生拥有计算机分别为 15 台、25 台，全县中小学校实现"三个全部"，即学校全部建有多媒体教室、网络教室和网络管理中心；班级全部实现千兆光纤连通，配备数字式电子交互白板；学校全部安装校园安全网络监控、校讯通家校联系系统，全县城乡学校办学条件差距逐步缩小、不断趋于优质均衡。

"现在学校的变化真是翻天覆地，过去低矮的平房变成了高大敞亮的教学楼，现在学生每个宿舍里都有卫生间，这在三十多年前，我们想都不敢想。"谈起学校条件的改善，一位在共和中学工作了近四十年的老教师情不自禁地回想起刚参加工作时的情形，感慨万千。

而来自老子山镇九年制学校的教师们，感触则更为深刻。因为老子山镇特殊的地理位置，其相对其他乡镇距离县城较远。长期以来，办学条件、教育教学质量相对落后。对此，在改善办学条件时，洪泽对于此类学校更为侧重。教学楼、综合楼、教师公寓、塑胶运动场相继开工建设，为偏远地区教师营造了良好的工作生活条件。

### (三)创建“明星学校”,提升农村学校品位

“书似青山常乱叠,灯如红豆最相思。”高良涧小学教学楼里挂着一幅书法作品,笔力老道,很见功底,这是该校毕业学生刘灿留给母校的纪念,而更多学生的书法作品,展示在书法长廊和学生的校史室里。

早在2000年,高良涧小学就把写字教学作为实施素质教育的切入点,形成了学校的一大特色。学校提出“两定一考核”工作方法。“两定”是指定辅导时间,定辅导老师;“一考核”是指期末对学生书写规范汉字的能力和水准进行考核。经过不断地实践和探索,学校形成了“激趣导入—读帖感悟—指导示范—描仿临练—品评矫正”的写字教学模式,每学期都有200名左右的学生获得江苏省书法等级证书,作品或在江苏省中小学生书法展示赛中获奖,或在刊物上发表,一些作品还被凤凰出版传媒集团刊印在其所出版的小学生习字册上。

2011年,洪泽县积极探索义务教育优质均衡改革发展方式,开始进行农村中小学“明星学校”的创建工作。此项工作被江苏省教育评估院领导誉为“洪泽在推进教育现代化创建过程中的又一创新实践”。高良涧小学也以此为契机,对照创建标准,扎实做好各项工作,成为洪泽县首批明星学校。

对学校来说,通过明星学校的创建,硬件设施达到了教育现代化的标准,科学实验室、电脑室、音乐室、美术室、舞蹈房等一应俱全。高良涧小学张辉校长自豪地说:“我们投入43万元装备了学校图书馆,管理员是图书管理专业本科毕业的专业人才,每个班级都有图书角,加大了学生的阅读量,拓展了学生的视野,提高了学生的综合素质。”

对于教师来说,创建工作也是一种历练。张渝老师把平时对课堂教学的要求,以及自己对课堂教学的感悟,提炼成一篇具有较高价值的交流论文,在淮安大市英语教师培训班上交流发言。她感慨地说:“没有明星学校的创建,我也许就不会取得这样的成绩。”

对于学生来说,创建工作给他们带来了实实在在的收益。学校开设了个人潜能秀、潜能大舞台、潜能展示台等阵地,让学生在活动中增强技能、强健体魄。一位学生家长说道:“潜能展示台”起到了无声的教育作用,他家孩子原先写字潦草,自从老师要求他在展示台上贴出他的书写纸后,他就不再马虎了,而是认真对待,认真书写,他还参加了书法等级考试,并取得了不错的

成绩。

在明星学校创建机制的促进下，各农村中小学改变了对学生传统的评价模式，变一元为多元，学业成绩仅仅作为评价指标之一，除此之外，每个学生每学期还有思想品德、普通话测试、经典诵读、课外阅读、规范书写、体艺特长等方面的评价指标和要求，促进了学生的全面发展。

(四) 加强教师队伍建设，提升师资整体素质

有优越的硬件资源，还要有优秀的教师队伍。2014 年 9 月，朱坝中心小学赵可军、石怀金两位老师到老子山九年制学校支教，至此，从县城下派到老子山九年制学校支教的教师已达 34 人次。"下派到我校的城区教师业务水平高、责任心强，对我校教师的成长起到了很好的引领示范作用；我校进城交流的教师也在新的平台上得到更多的锻炼。"老子山九年制学校校长沈安鸿谈起教师交流时深感这项工作成效显著。

为推进校长、教师交流，加快师资均衡配置，县教育局努力推进集团化办学，放大名校效应，先后组建了以城区优质学校为龙头，以薄弱学校为成员的 5 个中小学教育集团，集团内部实行人员集中管理、设备使用共享、招生管理统一、教学管理联动、教学质量统一考核。健全教师交流机制，将其作为一项重要的考核指标，对主动到农村任教的教师，在培养培训、评优评先、职称评聘、考核奖励等方面予以倾斜。三年中，城区学校下派支教教师 177 名，农村教师赴县城跟班学习交流 202 人次，全县义务教育阶段学校共招聘教师 99 名，其中 71.7% 以上补充到农村学校，通过支教、帮扶等措施的落实，进一步提升了全县农村学校教师的整体教学水平。

师资队伍是教育的保障。该县多措并举加强教师队伍建设，不断加强教师职业道德教育和专业素质培训，进一步优化和均衡配置教师资源，努力实现"教师素质一样好"。为加强教师素质提升，积极整合各类教育培训资源，在苏北率先成立了教师研修中心，统筹安排教师培训工作。三年中，先后举办各类培训班 128 个，培训教师近 2.2 万人次，教师培训覆盖率达 100%，特邀 67 余名资深专家、学者来洪泽讲学，有效地促进了教师专业的成长。加大骨干教师培养，举办骨干校长、骨干教师高级研修班，滚动评审县"五类骨干"教师，年均发放骨干教师教研补贴 100 余万元，进一步激发了骨干教师的教育教学潜能。全县现有省人民教育家培养工程培养对象 1 名、省特级教师 6 名、市县级骨干教师 323 名，市县骨干教师占专任教师的 17.6%。

### (五) 推进自主学习模式,构建深化课堂改革

教育均衡发展的落脚点在于教育教学质量的均衡提高,这是教育行政、教研部门及学校始终应抓好的核心工作。为了全面实施教育优质均衡发展,全县狠抓以“自主学习”为核心的课堂教学模式的构建。通过引导学生自主学习,促进每个学生幸福成长。

自主学习是学生发展的重要路径,课堂教学改革必须建构引领学生自主学习的教学模式。为进一步推进全县中、小学课堂教学改革,县局出台了《关于实施以“自主学习”为核心课堂教学模式指导意见》。在具体实施过程中,为保证《意见》落实到实处,县局又制订了《推进构建以“自主学习”为核心的课堂教学模式实施方案》。同时,县里还将这项工作列为整体工作和重点工作,纳入全局整体工作计划和阶段重点工作安排。两年来,洪泽县教师研修中心先后26次邀请专家前来对教师进行培训;先后6次组织校长、骨干教师赴浙江温州、山东杜郎口中学等校学习;多次组织全县所有初中教师到市开发区徐杨中学学习;另外,县教师研修中心每年都组织教师参加教学基本功竞赛和自主学习理论竞赛。

实验中学政治教师骆殿兵在谈及以“自主学习”为核心的课堂教学模式时,认为此模式在不同学科中的运用是有所区别的,如语文课堂讲究自学感悟、交流研讨、点拨引导、反思总结;数学课堂讲究自主探究、交流展示、精讲点拨、当堂训练、当堂检测。但不管怎样,这些都是为了充分突现学生在学习过程中的主体性和主动性,让学生尽最大可能去亲历新知的发生、发展与应用,为其终身发展奠基。

近年来,洪泽县整体推进“自主学习”课堂教学模式改革,成效显著。围绕这一模式,洪泽县实验小学构建的“自问自探”课堂教学模式、洪泽县第二中学构建的“四步转换”课堂教学模式等,被评为淮安市“十大优秀课堂教学模式”,也都取得了很大的成效。有关专家认为,“从关注课本到关照人本”,突破的不仅是根深蒂固的传统教学观念,更改变了包括课堂教学在内的教育生态。

### (六) 深化内涵建设,提升育人水平

均衡发展,首先要有发展,在发展的基础上追求均衡;没有发展的均衡,只能是一种低水平、不充分的均衡;没有均衡的发展,是不全面、难持续的发展。对老百姓而言,早已不满足于当初的“有学上”,而是追求“上好学”。为

推进高质量的均衡教育，全县坚持三化同步，深化学校内涵建设，有效提高义务教育阶段学校的育人水平。

一是素质教育常态化。建立督学责任区制度，强化素质教育督查，指导和保障学校科学推进素质教育。倡导"学生个性一样得到弘扬"的理念，落实运动会、艺术节、科技节、读书节的"一会三节"定期举办机制，创成市级以上"周恩来"班41个，国家、省、市优秀家长学校23所，建成社会实践基地10个。大力推进课堂教学改革，积极开展课例、微型课研究，积极推行"自主学习为核心"的课堂教学模式。二是办学行为规范化。认真落实《江苏省中小学管理规范》，严格执行省"五严"规定，科学制订课程计划，中小学生每天锻炼一小时，学生课业负担得到有效解决；公有民办学校办学机制及时转变到位，区域内义务教育划区招生学校比例达100%。加强学校财务管理和资产管理，坚决执行"收支两条线"规定，各项收支透明化、制度化。配齐配足中小学保安，不断健全校园安全监管体系，深入开展"平安校园"创建活动，应对突发事件和自然灾害的能力不断提高。多年来，全县未发生过一起学校安全责任事故。校园管理特色化。坚持文化引领，彰显办学特色，按照"一校一品牌、一校一特色"的思路，走内涵发展道路，引导中小学校根据自身条件和基础，全面加强学校文化建设，力求用优秀的主题文化引领学生健康成长，"成长文化""潜能文化"等校园主题文化建设在省市颇具影响。

（七）贴心呵护，让孩子感受家的温暖

在洪泽该县中小学在校生中，留守儿童有近8 000人，占在校生总数的22%。多年来，全县把关爱农村"留守儿童"作为一项惠及民生，事关全局、利系长远的战略任务，切实加强领导，精心组织实施，扎实推进"留守儿童"关爱工程，取得了优异的成绩。

一是构建特色的学校关爱文化。全县针对留守儿童的心理特点，以及各个学校的自身特点，有计划、有步骤地开展各种特色活动，让留守儿童在丰富多彩的活动中学会自我管理、自我保护、自我成长，各校形成了各具特色的关爱文化。县实验小学的"成长教育"，力求让每一个孩子都能感觉到每一天都在成长；高良涧镇中心小学的"潜能"文化，努力让每一个学生都能迸发出生命的潜力；朱坝镇中心小学的"亲情连线"，力争让每一个留守儿童都能享受到爱的阳光；东双沟镇中心小学的"感恩"教育，努力让每一个留守儿童都能体会到父母外出打工的不易。

二是构建留守儿童健康成长的舆论环境。县里面向社会、面向家庭，面向留守儿童，拓宽宣传途径，充分利用报纸、电台、电视台等主流媒体，开展多种形式的宣传活动，多角度、多层次聚焦留守儿童工作，大力传播关爱留守儿童的工作理念，把关爱留守儿童的信息传递到千家万户，使关爱工作深入人心，让更多的人参与到这一行动中来，努力在全社会形成关注、关爱留守儿童健康成长的良好社会环境，逐步形成了留守儿童"心理有依赖，学习有进步，成长有关注，生命有阳光"的关爱氛围。

三是完善心理教育机制。全县各学校认真开设心理健康教育课，开设了"知心姐姐"信箱、"心灵小苑"和"健康驿站"等心理健康教育场所，"留守学生"可以写信给老师，遇到什么不懂或者想不明白的事，可以直接去"心灵小苑"和"健康驿站"和老师沟通。特别是针对品德行为偏差和心理障碍的留守儿童，各学校积极开展心理咨询、心理矫正活动，帮助留守儿童消除不良的情感体验，树立乐观向上的生活态度，培养正确的人生观和价值观。

四是完善亲情教育机制。除正常的课堂教育外，全县各学校还创新教育渠道和方式，开展"四个一"活动，即每月至少给父母写一封信，每周至少给父母一个电话，每周至少写一篇思念父母或者感恩父母的日记，每月一次"亲情教育"中队主题会等。此外，还开设了"家长讲坛"，邀请在家教方面有一定经验的家长给其他家长学校学员开课，指导学校、家长开展留守儿童关爱工作，收到了很好的效果。

全县留守儿童关爱工作受到全国、省、市各级领导的充分肯定，被确定为联合国儿童基金会、国务院妇儿工委实施的留守儿童社会干预 5 个试点县之一。东双沟镇中心小学被评为"江苏省教育系统关心下一代工作先进集体"，该校关爱留守儿童工作还作为全省唯一、全国六个直播点之一，被新华社、路透社、美联社等 800 多家媒体向全球直播。东双沟、西顺河、岔河镇中心小学被评为市优秀"留守儿童之家"，同时，有 20 多人被评为市关爱"留守儿童"工作先进个人。

### (八) 千师访万家，让家校更密切

2013 年 9 月以来，洪泽县教育局在全县教育系统大力开展"千师访万家"活动。"家访"成为洪泽人口中的高频词汇，家访这一教育的常规工作引起了不太常规的反响，短时间内，就在全县乃至省市引起强烈反响。

为深入开展此项工作，洪泽县教育局成立了"千师访万家"工作领导小

组、督查小组，建立了党委成员、科室联系点制度。各校也成立了活动领导小组，明确工作职责，精心组织开展。教育局班子成员与科室长带头深入学校进行家访，各校校级班子带头进行家访，这激发了广大教师参与家访活动的积极性和主动性。“‘千师访万家’活动了解了群众的所思所盼，找到了教育发展与群众需求的差距，找准了家、校教育的契合点，促进了家、校的沟通配合”；“‘千师访万家’活动，对加强师德师风建设、提升教师队伍整体素质，起到积极的促进作用”；老师一改过去“有问题请家长”为“出校门、进家门”的方式，主动与家长面对面交流，树立了良好的社会形象……

“千师访万家”活动受到了媒体的高度关注，《新华日报》《中国教育报》等多家媒体，将洪泽县“千师访万家”活动作为典型深入报道，新华社编发的通稿《江苏洪泽县：千师访万家　帮扶特困生》被新华网、人民网、新浪网、凤凰网等近百家重要媒体刊载。

“千师访万家”活动得到了各级领导的高度肯定，省教育厅厅长沈健点赞道：“家访是走群众路线的重要方式，可以直接倾听广大家长的意见，回应群众关切。”县政府副县长徐琳对此活动做出批示：“做法很好，值得宣传推广。”

校园环境一样美，教学设施一样全，公用经费一样多，教师素质一样好，管理水平一样高，人民群众一样满意，是洪泽教育优质均衡的价值所系，洪泽教育人在推进义务教育均衡发展进程中，以敢于担当的勇气和奋勇争先的豪迈，书写了人民满意的“洪泽篇章”。

# 第六章　淮安推进义务教育均衡发展的思考与建议

教育公平是社会公平的基石，推进城乡义务教育均衡发展是实现社会公平正义的基础，是推动经济社会稳中求进、协调健康发展的关键。党的十八大报告中明确提出“大力促进教育公平，合理配置教育资源”和“均衡发展九年义务教育”的重要论断，充分说明了统筹城乡义务教育均衡发展的重要现实意义。根据目前江苏省淮安市经济社会发展的现状以及县域推进义务教育均衡发展的实践，研究者对淮安市推进城乡义务教育均衡发展的基础与形势进一步深入分析，并对淮安市推进义务教育均衡发展提出了几点政策性建议，为淮安市政府推进区域内城乡义务教育均衡发展决策提供参考。

## 第一节　淮安推进义务教育均衡发展的基础和形势

“十二五”时期，是淮安教育发展史上综合实力提升最快、品牌特色最为显著、人民群众得到实惠最多的时期之一。几年来，在淮安市委市政府的正确领导和社会各界的关心支持下，淮安教育坚持以办好人民满意教育为宗旨，以教育现代化建设为主线，注重公平普惠、均衡发展、内涵提升，全市教育发展不断提质增效，保持苏北领先的良好发展态势，基本形成了较为优质的现代国民教育体系和较为完善的终身教育体系，实现了区域教育基本现代化，在苏北率先通过义务教育基本均衡国家督导认定，成为全国义务教育学校管理标准实验区，教育工作受到国务院表彰，在省内外打响了“学在淮安”教育品牌。

### 一、淮安“十二五”义务教育取得的成就

#### 1. 教育资源总量显著提升

淮安市在“十二五”期间累计投入财政教育经费418.5亿元，其中投入100多亿元高标准新建改建中小学255所、幼儿园168所，新增学前教育学位4万个。全市各级各类学校、成规模幼儿园达到755所，在校生87.04万人，

专任教师5.13万人，其中义务教育阶段专任教师3.21万人；省优质园、省三星级以上普通高中学校比例分别达39.8%、96.4%；学前三年教育毛入园率达97.6%，义务教育巩固率达99%。

2. 教育公平水平显著提升

淮安全市的中小学校安工程圆满完成，学校标准化、农村中小学装备水平提升等工程顺利实施，180所农村学校教育装备达到省一类标准，城乡学校硬件水平明显提高。建立了52个基础教育集团，带动200多所新建学校和薄弱学校加快发展，全市义务教育发展达到国家基本均衡水平。完善教育经费保障机制，生均公用经费逐年增长。义务教育施教区覆盖全民，热点高中70%招生计划分配到辖区内初中学校。贫困人群教育关爱帮扶体系不断健全，教育资助力度不断加大，实现所有学段全覆盖，荣获省教育资助绩效评估“五连冠”。

3. 教育教学质量显著提升

坚持立德树人，“生态德育”特色鲜明，省级“周恩来班”数量占全省1/3，红色德育、国防教育在全国产生影响。课程改革全面实施，教体结合九类项目布点学校达261所，阳光体育运动和艺术展演受到教育部表彰。深化课程改革，建成省级中小学课程基地45个。学生学业质量不断提升，义务教育质量监测成绩进入全省前列；高考二本以上录取数每年超过万人，录取率保持苏北第一；职教创新、信息化等大赛成绩全省领先，技能大赛成绩苏北领先。

4. 教师队伍素质显著提升

淮安近几年来，通过评选产生淮安“最美教师”、“功勋教师”和“十大师德之星”，这些师德标兵，成为广大教师的学习楷模，有力地促进了教师队伍的师德建设。教师学历层次大幅上升，全市小学教师专科学历、初中教师本科学历分别达96.94%、91.68%，教师研究生学历比例分别达2.16%、5.8%。另外，全市培育出一批名师名校长、学科带头人和骨干教师，至2015年底，全市共有市级学科带头人680人，在职特级教师92人，中小学正高级教师24人，人民教育家培养对象8人。这些高水平、高素质的教师群体，成为淮安义务教育发展的重要力量，也是淮安义务教育发展中的标志性成果。

5. 教育品牌影响显著提升

遴选产生市“十大教育管理模式”和“十大教学模式”，淮式教学流派初步形成。学校品牌影响日益增强，一批学校全国全省有名气。全国义务教育学校管理标准实验区建设扎实推进,经验做法得到教育部认可。多次举办高层论坛、专题研讨等活动,总结推广"学在淮安"品牌建设经验。出版了《学在淮安》,《中国教育报》头版头条刊载《"学在淮安"成百姓口碑》。在2015年省教育厅组织的第三方问卷调查中,人民群众对淮安教育的满意度达85.38%,教育已成为淮安对外形象宣传的一张靓丽名片。

淮安义务教育在"十二五"时期虽然取得了显著成绩,但与先进地区相比,与江苏教育现代化指标体系相比,与人民群众接受优质教育的期盼相比,还存在一些问题和不足。在淮安市教育整体发展上,办学条件仍需改善,教育投入和经费保障水平有待进一步提高;优质教育资源总量仍显不足,教育资源配置和学校布局有待优化;教育体制机制、人才培养模式等重要领域和关键环节的改革尚未取得实质性突破,教育改革有待深化;教育国际化水平还需提高。在县区教育发展上,各地教育发展不平衡,县区之间教育现代化监测成绩差距较大;城镇化进程加快,各地城区义务教育的服务供给压力较大;部分县区城乡差距、校际差距较为突出,城区部分学校存在大规模、大班额现象;义务教育教师队伍的学历、学科、性别、年龄、职称等结构性矛盾依然存在,名师名校长数量不多,教师队伍整体素质需要进一步提升。

## 二、淮安推进义务教育均衡发展的形势

### 1. 党的十八大提出"努力办好人民满意的教育",推动我国由人才大国迈向人才强国

十八届三中全会开启了全面深化改革新征程,深化教育领域综合改革成为重要方面。十八届四中全会全面部署依法治国,对依法治教提出更高要求。十八届五中全会提出创新、协调、绿色、开放、共享的发展新理念,为未来五年教育改革发展指明了方向。省委省政府提出要大力实施科教与人才强省战略,为"迈上新台阶、建设新江苏"做出新的更大贡献。"十三五"时期是淮安全面建成小康社会的决胜阶段,是奠定苏北重要中心城市地位的决战阶段,需要更好地发挥教育的基础性、先导性、全局性作用,以教育的现代化促进人的现代化。

### 2. 建设"强富美高"新淮安要求淮安教育进一步增强综合实力

淮安市第六次党代会第五次会议和市七届人大第五次会议围绕建设"强富美高"新淮安,提出了淮安市"十三五"的"三大发展任务",每项任务都与教育紧密关联。全面建成小康社会要求加快教育现代化建设,以教育现代化引

领经济社会现代化。基本确立苏北重要中心城市地位要求构筑苏北教育高地，扩大“学在淮安”品牌对周边区域的影响力和辐射力。“打造增长极，共筑崛起梦”，要求进一步增强教育服务能力，发展好各级各类教育，为淮安更高层次科学跨越发展提供强有力的人才支撑和智力支持。

3. 满足群众教育新需求要求淮安教育进一步推进公平优质

当前，“上好学”已经取代“有学上”成为人民群众对教育的新需求。同时，人民群众对教育公平的关注程度持续提高。回应与满足人民群众对公平教育、优质教育不断增长的需求和期待，要求淮安教育加快各级各类优质资源建设，调整优化学校布局、办学规模，加快缩小城乡、区域、校际、公办和民办教育之间的发展差距，破解城乡二元结构难题，扩大优质教育资源向城郊、乡镇辐射，重点提高农村地区公共教育服务能力和水平，不断提高教育整体水平和质量，让人民群众有更多的获得感。

4. 策应学龄人口新变化要求淮安教育进一步加强资源配置

“十三五”期间，生育政策调整以及人口流动等因素将交织影响淮安市各级各类教育适龄人口规模，对相应的资源配置产生新的压力。根据淮安市的人口预测，未来五年，淮安市基础教育中，学前教育规模保持递增趋势，小学教育规模会有一定起伏，初中教育规模先增后减，高中教育规模呈现先减后增趋势。学龄人口变化将使淮安学前教育面临资源不足的挑战，义务教育和高中教育主要面临优化资源配置和布局结构的挑战。此外，伴随着淮安市城镇化的快速推进，城区的流动人口将有一个较大的增幅，其所带来的留守儿童教育问题需要引起更高的关注。

5. 适应现代教育新趋势要求淮安教育进一步深化综合改革

当前，发达国家和地区已经将教育作为促进经济增长、提高国际竞争力的关键，并为此制订了新一轮教育发展战略与规划。省内先进地区都积极围绕全面提高教育质量、促进教育公平等内容，积极寻求教育改革新途径，力求实现教育体制创新和教育品质的卓越。面对省内外你追我赶的教育改革发展形势，地处苏北腹地的淮安市，要实现教育的跨越式发展，教育必须抢抓机遇，以更为前瞻的理念、更加扎实的举措、更具担当的精神，深化教育领域综合改革，探索跨越发展的新路径，增强赶超发展的新活力，开创教育事业发展的新局面。

## 三、淮安义务教育均衡发展的指导思想和发展目标

### （一）指导思想和工作方针

在推进义务教育均衡发展的过程中，淮安市将确立如下的指导思想：高举中国特色社会主义伟大旗帜，以邓小平理论、"三个代表"重要思想、科学发展观为指导，全面落实党的十八大、十八届三中四中五中全会和习近平总书记系列重要讲话精神，牢固树立和自觉践行创新、协调、绿色、开放、共享的新发展理念，大力弘扬周恩来精神，全面贯彻党的教育方针，深入实施教育规划纲要，以教育现代化为统领，以立德树人为根本，以提高质量为核心，以促进公平为重点，以改革创新为动力，以服务经济社会发展为导向，办好公平普惠、优质多样、充满活力、人民满意的一流教育，大力彰显人人学有其所、人人学有所得、人人学遂其愿的"学在淮安"品牌特色，全面实现从"学有所教"向"学有优教"的跨越。

工作方针是工作进程中需要遵循的指导性建议。推进淮安市义务教育均衡发展，应遵循的工作方针有：

（1）优先发展。切实落实教育优先发展的战略地位，充分发挥政府的公共职能，经济社会发展规划优先安排教育发展，财政资金优先保障教育投入，公共资源优先满足教育和人力资源开发需要。强化政府承担优先发展教育的公共责任，调动与发挥市场对教育资源的配置作用，促进教育优先发展的落实。

（2）育人为本。坚持立德树人，深入推进素质教育，全面提高教育质量。关心每个学生，促进每个学生主动发展、全面发展、个性发展。尊重教育规律和学生身心发展规律，为每个学生提供适合的教育，着力培养学生创新精神、实践能力和服务国家、服务人民的社会责任感。

（3）优质均衡。坚持公平与卓越兼顾原则，推进高质量全民教育，促进人的全面发展；加强分层分类指导，促进公共教育资源向农村地区、薄弱学校倾斜，不断扩大优质教育资源总量，加快缩小教育发展差距，实现"学有优教"。建立健全教育资助体系，推进全纳教育，切实保障特殊群体受教育权利。

（4）创新开放。深化人才培养体制、考试招生制度、教育管理体制、教师管理体制机制等重点领域和关键环节的改革与创新，营造创新文化氛围，建立多元教育评价制度，重视培养学生的创新意识和创新能力。扩大教育对外开放，汲取国外创新教育资源，着力推进学校国际合作交流和中外合作办学。

（5）结构优化。坚持把教育结构调整优化作为教育改革发展的重要基础性工作，不断完善教育体系。大力发展学前教育，优化中小学布局结构；优化教师队伍结构，促进城乡双向合理流动；合理控制公办教育与民办教育的比例，满足群众的多样化教育需求。

### （二）发展目标

通过深入实施《淮安市中长期教育改革和发展规划纲要（2010—2020）》，淮安市义务教育主要发展指标达到教育现代化水平，基本形成体系完备、优质均衡、布局合理、特色鲜明的区域义务教育发展新格局，义务教育发展水平和综合实力显著提升。

#### 1. 教育现代化全面达标

2019 年全市实现教育现代化省定目标。全市义务教育巩固率达 100%。其中，清河区 2016 年完成创建，清浦区、金湖县、淮安经济技术开发区 2017 年前完成创建，淮安区、洪泽县 2018 年前完成创建，淮阴区、涟水县、盱眙县 2019 年前完成创建。

#### 2. 教育公平有效保障

坚持教育的公益性和普惠性，保障公民依法享有平等受教育权利，教育服务均等化水平大幅提升，教育资源配置更加科学，义务教育城乡、区域、学校、群体之间的差距显著缩小，困难群体平等接受教育得到充分保障，扶困助学体系更加健全，人民群众对教育的满意度明显提高。

#### 3. 教育质量整体提升

牢固树立科学的教育发展观、全面的教育质量观，教育内涵发展水平不断提高，素质教育全面推进，教师队伍建设的力度持续加大，教育信息化水平显著提升，优质教育资源明显增多，富有淮安特色的各级各类教育质量保障体系基本形成。达到省定优秀标准的各级各类学校比例达 80% 以上，国家教育信息化标准达标率 90% 以上，学生、社会对学校的满意度达 90% 以上。

#### 4. 体制机制更具活力

改革的系统性、整体性、协同性有效加强，重要领域和关键环节改革取得实质性突破，教育治理体系和治理能力现代化基本实现，政府、学校、社会之间新型关系基本建立，管、办、评分离的治理结构和现代学校制度进一步确立，教育国际交流合作广泛开展，教育发展活力不断增强。

表6-1　2020年淮安义务教育发展主要指标

| 序　号 | 项　目 | 指　标 |
| --- | --- | --- |
| 1 | 义务教育巩固率 | 100% |
| 2 | 义务教育城乡、学校间条件均衡化比例（其中：教师合理流动比例） | 100%<br>（15%以上） |
| 3 | 达到省定优秀标准的学校比例 | 80%以上 |
| 4 | 义务教育学校省定办学标准达标率 | 100% |
| 5 | 国家教育信息化标准达标率 | 90%以上 |
| 6 | 《国家学生体质健康标准》合格率 | 95%以上 |
| 7 | 学生、社会对学校的满意度 | 90%以上 |
| 8 | 学校对政府管理和服务的满意度 | 90%以上 |
| 9 | 财政教育支出占一般预算支出比例 | 高于省核定比例 |
| 10 | 全社会教育投入增长比例 | 高于GDP增长比例 |

（三）淮安推进义务教育均衡的发展任务

1. 优化义务教育学校布局结构

坚持适应需求和公平均衡原则，进一步缩小义务教育城乡、区域、校际、群体差距。优化农村义务学校布局，按照新型城镇化建设、重点中心镇布局和人口结构变化的实际情况，兼顾方便学龄儿童就近入学的原则，新建、扩建小学和初中，办好村小、教学点和农村初中，满足群众需求。贯彻《江苏省义务教育学校办学标准（试行）》，全面改善办学条件，办好每一所学校。通过集团化办学、名校托管、学校联盟、城乡对口帮扶、学区管理等方式促进薄弱学校发展，加大优质教育资源辐射力度。

2. 健全义务教育均衡发展机制

统筹城乡发展，建立城乡一体的义务教育发展机制，强化政府推进义务教育优质均衡改革发展的主体责任。加大对财力困难地区和相对薄弱学校的支持力度，在财政拨款、教师配备、学校建设等方面予以倾斜，实现城乡基本公共教育服务均等化。完善县域内校长、教师培训与交流机制，促进区域内优质教育资源均衡协调发展。推进义务教育管理标准化建设，强化督导评估，建立义务教育均衡发展评估和激励机制。

3. 深化义务教育课程教学改革

严格执行义务教育国家课程计划和课程标准，不断提高课程实施水平，开发有特色的校本课程。深化课程基地建设和前瞻性教学改革，在扎实做好省级项目的同时，分别培育市级课程基地100个和前瞻性教学改革实验项目50个，形成省、市、县、校四级项目推进网络。改进教学方式，积极运用现代化手段辅助教学，依托淮安教育城域网，开展慕课、微课、翻转课堂、电子书包等新型教学模式和新型载体的试点应用，推进启发式、探究式、讨论式、体验式教学，注重学思结合、知行合一和因材施教。做好义务教育阶段学生学业质量监测工作，不断提升义务教育教学质量。

4. 保障不同群体平等受教育权利

健全外来务工人员随迁子女受教育保障机制，坚持以流入地政府负责为主、以公办学校接纳为主，将随迁子女受教育纳入财政保障范围。做好农村留守儿童少年教育和管理，加强对城市流浪乞讨儿童教育的流入地管理，加大对家庭经济困难学生和残疾学生的资助力度。深入实施特殊教育发展工程，完善随班就读保障体系，探索"医教结合"的特殊教育模式，全面实现全纳教育。依法保障特殊教育建设经费和公用经费，加强基础设施和师资队伍建设，确保每所特殊教育学校达到教育现代化办学标准。

按照义务教育学校省定标准，高水平、高质量推进义务教育学校标准化建设，加大校园建设和教育装备投入力度，按照省定编制标准及教育教学需要配齐配足教职工，坚持"以县为主"办好每一所义务教育学校，重点改善农村学校和薄弱学校的办学条件。大力推进标准班额办学和小班化教学，对部分班级数和班级学生数超出标准规模的学校，采取招生限额和新建学校等途径逐步予以分流，达到标准班额和规定的学校规模。到2017年，省定标准义务教育学校比例达80%；到2019年，所有义务教育学校达到省定办学标准。

## 第二节　推进淮安义务教育均衡发展的政策建议

推进城乡义务教育均衡发展，是一项综合性的系统工程。在2015年，淮安在江苏的苏北地区率先通过义务教育基本均衡国家督导认定，成为全国义务教育学校管理标准实验区。因而，在追求淮安市城乡义务教育均衡发展的进程中，除了统筹城乡经济社会一体化发展、建立完善义务教育财政体制外，还需要推进相关领域的配套改革，进一步健全、完善相关制度安排和工作机制，从而达到标本兼治，从根本上实现城乡义务教育均衡发展。

## 一、统筹城乡发展，大力推进淮安城镇化建设水平

### （一）树立城乡经济社会一体化发展的政策理念

城乡二元结构是世界各国在工业文明取代农业文明过程中出现的普遍现象，统筹城乡经济社会一体发展、实行城镇化是国际上破解城乡二元结构的流行做法。目前，我国城乡之间固有的一些体制矛盾还没有根本解决，城乡差距已经成为制约我国实现全面小康社会乃至现代化目标的主要因素，城乡统筹协调发展还存在体制障碍，经济、社会、教育等方面的差距，在某些地区甚至呈现加大的趋势，长期下去势必造成矛盾加剧，影响国民经济的良性运转，影响中华民族伟大复兴的中国梦的实现。对于淮安，江苏省对其发展定位是成为辐射苏北2 000万人口的中心城市。要实现“强富美高”新淮安的建设目标，在当前整个经济社会面临重要转折的时期，淮安必须树立城乡经济社会一体化发展的政策理念。所谓城乡经济社会发展一体化，就是将城市和农村视为一个整体，使城乡经济社会协调发展、共同繁荣，逐渐缩小城乡在经济和公共服务等方面的差别，最终使二者融为一体的过程。其核心是让农民共享改革发展的成果。要加快完善城乡发展一体化体制机制，尽快形成以工促农、以城带乡、工农互惠、城乡一体的新型工农、城乡关系，促进城乡要素平等交换和公共资源均衡配置，努力在城乡规划、基础设施特别是公共服务等方面推进一体化。

淮安市的城乡经济社会一体化发展，要突出规划引领，启动新一轮城市总规修编和“多规合一”空间信息平台建设，完成高铁新区等40多项重大规划。要围绕提升淮安中心城市功能，加快“一廊四区多片”重点功能片区建设，金融中心一期全面施工，周恩来故里旅游景区在苏北首批晋升5A级，古淮河西游记文化旅游区部分运营并启动5A级创建，形成“南有秦淮河、北有里运河”。让水上旅游品牌靓丽呈现，金湖荷花荡晋级国家级水利风景区，白马湖生态环境保护工程成为江苏样板，现代有轨电车载客运行，连淮扬镇铁路淮安段全面开工，徐宿淮盐铁路启动开工，淮安机场成为国家开放机场，二类水路口岸通过省验收，争取淮河入海水道二期同步二级航道工程实现重大突破。在市、县、区联动方面，要着力推进重点中心镇建设，淮阴区的码头镇入选全国第三批特色景观旅游镇；要深入开展“四城”同创，创成苏北首家省级生态市、国家生态市，争取顺利通过创模复核省级评估、国家卫生城市复审，完成全国文明城市首轮年度测评，实现村庄环境整治和区域供水全覆盖、

苏北领先，全国可再生能源建筑应用示范市高分通过验收，生态新城通过全国首家国家级绿色园区示范工程验收。

当前，应按照公平原则全面推进城乡一体化发展，首先要把保障农民发展权放在首位，加快城乡产业结构调整，强化城乡产业之间的协作和联系，鼓励城市资金、人才等生产要素进入农村，推进涉农工业和农产品加工业从城市向农村转移；其次要按照公平公开的原则合理配置财政资源以及公共服务等资源，以城乡基本公共服务均等化为导向，进一步优化财政支出结构，努力构建城乡统一的基本公共服务制度。城乡基本公共服务的均衡发展是推进城乡一体化的重要内容，义务教育是最基本的公共服务。因此，统筹城乡义务教育均衡发展是推进城乡一体化的必然要求，是实现城乡经济社会一体化发展的必由之路。

### （二）大力发展农业和农村经济，努力缩小城乡发展差距

经济因素是影响城乡义务教育差距的首要因素。当前，包括淮安市在内，农业依然是国民经济中最薄弱的产业，农村依然是祖国大地上最落后的地区，农民依然是整个社会中最困难的群体。目前我国“三农”问题突出，农民收入增长乏力、就业压力大、产业结构不合理、消费需求不足、人民生活不富裕，二元结构导致城乡差距过大。据测算，我国城乡差距已超过3倍，超过国际公认的警戒线。淮安在“十二五”期间，城乡居民收入分别是“十一五”末的1.6倍和1.8倍。2015年，淮安市城镇居民人均可支配收入28 105元，农村居民人均可支配收入13 128元[①]，城乡居民收入比2.14∶1。与“十一五”相比，淮安城乡居民收入虽然有较大的增长，但淮安市城乡居民收入差距依然较大，达到2.14倍。因此，淮安城乡经济社会发展一体化的重点、难点仍然是在农村，必须大力发展淮安的农业，加快农村经济步伐，尽快打破城乡二元结构束缚，缩小城乡经济差距，努力解决制约城乡经济社会统筹发展的根本性问题，逐步建立城乡社会事业稳定健康发展的经济物质基础，推动城乡义务教育优质均衡发展。

#### 1. 加快探索农村土地制度改革，鼓励土地流转经营

1949年以后，我国的土地制度先后经历了公社体制下的集体所有、统一

---

① 淮安市统计局、国家统计局淮安调查队：淮安市2015年国民经济和社会发展统计公报（2016年4月18日发布），见淮安统计信息网：http://tjj.huaian.gov.cn/index.html.

经营(1958—1978)和“集体土地、家庭承包经营”两种形式。改革开放前,公社对土地进行统一规划、统一生产、统一管理,实行平均主义的按劳分配,严重削弱了农民农业生产的积极性,因此1978年后确立了“土地集体所有、家庭承包经营、长期稳定承包权、鼓励合法流转”的新型农村土地制度。但现有的土地制度制约了农业和农村经济的进一步发展,土地利用率低、流转开发制度不健全等成为推进城镇化和城乡发展一体化进程中所面临的首要问题。因而,实施土地制度创新是促进淮安农业发展,缩小淮安城乡差距的突破口。土地是农民赖以生存的基础,是发展农业和农村经济的根本。根据淮安市统计局统计,截至2014年底,淮安户籍人口达到了5 602 459人。至2015年底,淮安全市常住人口城镇化率为58.2%。[①] 按照这一数据,淮安现人口总数的40%、约230万人是农民,人多地少将是淮安城乡一体化发展进程中的一个长期矛盾。因此,要在保护好现有耕地的基础上,提高土地的利用效率。要加快土地制度尤其是农村土地制度改革,完善统一的土地使用和流转制度,打破目前单一的城市建设用地征用模式,深入研究推进征地制度改革,解决管理不严、补偿过低、侵害农民利益等问题,探索集体建设用地入市的方式和途径,实行同地同权同价;注重发挥市场机制作用,使农民可以公平转让土地承包经营权和宅基地使用权,对农村土地进行公开交易,鼓励农村土地流转经营,如采取出租、入股、转包等形式,促进土地向专业大户、经营能力强的龙头企业集中,这样做一方面有利于提高淮安市农业的规模化、集约化、现代化经营水平,另一方面还可以提高农民进城能力、推动富余的农村劳动力向城镇流动。

2. 进一步加大对“三农”的投入力度

按照城乡统筹平等发展的理念,在加快城市化和工业化发展的同时,要完善政策机制,进一步调整国民收入分配格局,加大对农业、农村和农民的投入力度,促进农业和农村经济快速健康发展,从而尽快缩小城乡发展差距。淮安市政府要加大对“三农”的支持力度,着力构建淮安现代农业产业体系和企业化经营模式。深化农村土地制度改革,以土地确权颁证为基础,加快农村土地流转经营,构建以农业合作社、家庭农场、农庄等为主的新型农业经营

---

① 淮安市统计局、国家统计局淮安调查队:淮安市2015年国民经济和社会发展统计公报(2016年4月18日发布),见淮安统计信息网:http://tjj.huaian.gov.cn/index.html.

体系和模式，进一步提高农业集约化、规模化经营水平。扩大公共财政覆盖农村范围，坚持财政支出优先支持农业农村的发展，积极整合财政支农资金，真正形成支农资金的稳定投入渠道。推进农村金融创新，创新金融产品和服务。鼓励各类金融机构特别是农业银行、农发行、农村信用社切实履行服务农业、支持农业发展的职责，简化手续，为龙头企业、种植大户、农民专业合作组织及农业项目提供信贷支持。探索现代农业保险体系，为农村经济发展提供更多的资金保障。

### （三）促进农村人口向城市转移，推进城市化进程

以城乡分割为特征的我国二元户籍制度，背后承载着教育、医疗、就业等诸多利益关系，它强化了二元社会结构，成为城乡政策差异的主要根源。面对淮安市的农村经济社会发展滞后、城乡不平衡进一步加大的现状，必须加快户籍制度改革，逐步使公共服务和社会福利与户籍分离，改变城乡二元结构，促进农村人口向城市转移，努力缩小城乡发展差距，逐步实现城乡一体化。户籍制度改革的目标是从根本上将户籍制度与那些不恰当的制度联系分割开来，促进城乡居民自由迁徙，让公民在自由、财产等权利上实现平等，享有义务教育、就业医疗等权利均等化，充分保障城乡居民平等享受各项基本公共服务和参与社会管理的权利。

#### 1. 实行全国统一的户籍制度

传统的二元户籍管理制度的最大弊端是限制迁徙自由，把居民划分为“农民”和“市民”，其结果必然是利益向城镇“非农业人口”倾斜，广大农民成为“二等公民”，以致形成了城乡分割的二元社会，把大批农民挡在工业化社会之外，形成了一种城乡壁垒，减缓了我国城镇化发展的速度，造成了城乡发展差距。因此，要改革与创新户籍制度。在宪法中恢复居民的迁徙自由权，使公民真正实现平等的权利，同时制定户籍法，推动户籍管理的法制化，逐步建立户口在居住地登记、随居民流动自由迁徙的统一户籍管理制度，逐步取消城乡户口划分，实现户口登记地与实际居住地一致，确立户籍地、居住地一元化管理体制。

#### 2. 剥离福利待遇

我国现行的户籍制度附加了许多行政的、经济的、个人权益等方面的功能，据统计目前与户籍挂钩的个人权益包括教育权利等 20 多项，这种附着在户籍上的权益差异阻碍了公共资源在城乡之间的优化配置，影响了人们对社

会公平的心理认同。户籍制度改革要消除城乡之间在教育、医疗等方面的不公平和二元化的政策制度,逐步实现城乡政策的统一和制度的公平。因此,要剥离附着在户籍之上的福利待遇,推行城乡一体化的社会保障制度和福利待遇,改变户籍制度与其挂钩的现象。当前应逐步使公共服务、社会福利与户籍分离,推行居住证制度,分步放开落户条件,逐步恢复户籍的主要功能,使之成为国家用于身份证明和社会管理的重要手段。

3. 加快城镇化进程

城镇化是打破城乡分割、改变传统“城乡二元”的重要途径。一是要加快淮安市的农村人口向城市转移,逐步统一淮安的城乡劳动力市场,加强对城乡劳动力市场引导和管理,形成城乡劳动者平等就业的制度。二是放宽小城镇户籍政策,鼓励农民向小城镇集中,已经在小城镇就业、居住并符合一定条件的农村人口应办理常住户口。三是在城市有稳定职业和住所的农业人口,可按当地规定在就业地或居住地登记户籍,并依法享有当地居民应有的权利,承担应尽的义务。

淮安市2015年底常住人口城镇化率为58.2%,意味着城镇化进程还有很大的空间。淮安的农村人口向城镇转移可分两个阶段稳妥进行:第一阶段为过渡期(到“十三五”末):对常住外来人口统一发放居住证,保障公民基本权益,并享受本地部分公共福利。当持证人有固定住所和稳定收入来源、居住或持证达到一定年限后,应转为正式城市户口。在实际操作中条件可由各地根据情况制定,但门槛不能太高。第二阶段为并轨期(到“十四五”末):当城乡一体化的公共服务制度基本建成、基本覆盖全部常住人口时,要取消居住证制度,实行居住证与户口并轨,即完全按常住地登记户口。

总之,户籍制度是我国社会管理制度的基础,在半个世纪的社会变迁中,户籍制度与其他制度互相依存,其改革牵一发而动全身。户籍制度改革的难点是依附于户口制度之上的其他福利制度安排,如义务教育制度、社会保障制度和劳动用工制度等,如果二元社会结构下的这些不公平的福利性制度安排没有得到根本性的改变,即便是在全国范围内实行了统一的户籍登记制度,那么进城务工就业的农民依然无法纳入到城镇公共服务的覆盖范围之中,其子女依然无法享受到城市学校的免费义务教育。淮安在前几年出现的义务教育上学难、择校热等现象,反映了城市义务教育供给与城区人口义务教育入学需求之间存在着极大的矛盾。因此,户籍制度改革不只是简单地将

"农业户口"换成一纸"城市户口",它还涉及教育、医疗、社会保障等一系列制度的变革,其核心是解决城乡公共服务均等化的问题,其改革需要顶层设计。只有从整个制度着眼进行改革,稳步推进农民有序市民化,保证转移出来的农村人口成为真正的城市居民,防止出现以户籍城镇化为表象的"被城镇化",才能真正解决二元户籍制度带来的城乡发展不均衡问题,进而才能消除义务教育发展中的城乡不均衡问题。

## 二、建立完善保障城乡义务教育均衡发展的财政体制

财政体制是处理一国各级政府间财政关系的基本制度,是确定中央与地方以及地方各级政府之间财政分配关系的根本制度。建立财政体制是为了保证国家在各级政府间合理分配财力,保障各级政府行使职能必备的资金需要。目前,我国已经开始建立公共财政体制的基本框架,政府财政逐步从原来的经济建设型财政转变为公共型财政。公共财政以弥补市场失灵、满足社会公共需要为目的,其财政支出应该主要用于公共服务、公共产品和公共基础设施等公共投入方面。公共型财政具有以下两个典型特征:一是财政运行目标的公共性,即把满足社会公共需要作为组织国家财政活动的主要目标或基本出发点;二是财政支出活动的公共性,即国家财政收支的安排,除满足国家政权机构的运转外,应主要集中用于社会公共需要或公共产品方面。一国教育财政体制是其财政体制的重要组成部分,建立在公共财政基础上的教育财政体制,是政府主导但又利用市场机制配置教育资源的体制。政府的作用就在于解决市场失灵和促进社会公平,在教育领域保障义务教育的公共利益和追求义务教育的社会公平则是政府管理教育的最基本的责任。

### (一)政府财政要加大对整个教育的投入力度

教育投入是支撑国家长远发展的基础性、战略性投资,是教育事业的物质基础,是公共财政的重要职能。要想实现统筹城乡教育发展的目标,4%的教育投入还远远不够,据保守测算,教育经费至少要占到 GDP 的 7%,统筹目标才可能实现。据统计,现在我国人均教育经费 160 美元,而这一指标美国是 3 000 多美元,韩国是 1 800 美元,世界平均水平是 400 多美元,这是以全口径教育经费统计的。而其中财政性教育经费我国现在仅 105 美元。① 因此,各

---

① 胡瑞文:国家中长期教育改革和发展规划纲要主要精神解读[J].中国高等教育评估,2010,(2).

级政府要调整理财思路，优化财政支出结构，大力压减行政性开支和经济建设性支出。政府投入应逐步退出竞争性领域，努力构建公共财政体制框架，明确其提供公共教育服务职责，切实加大对教育尤其是义务教育这一公共产品的投入力度，保障学校办学经费的稳定增长。争取到2020年实现国家财政性教育投入占GDP的比例达到5%的目标。在义务教育投入方面，各级政府要严格按照《义务教育法》(2006年修订)的要求，切实达到"三个增长"，即义务教育财政拨款的增长应当高于财政经常性收入的增长，并按在校学生人数平均的教育费用逐步增长，教师工资和学生人均公用经费逐步增长。同时，明年的新增财政收入应更多地用于教育投入，并明确将新增教育经费的一定比例用于农村教育。建立对教育经费财政投入的法律监督制度，加大对义务教育投入的监督力度。各级政府要严格按照《教育法》的规定，向同级人民代表大会或其常务委员会专题报告教育经费预算、决算情况，接受监督。对各级政府公共教育经费占GDP比例增长及其"三个增长"情况，要建立审核和监督、检查机制，并于每年人代会期间向社会公布。同时，要切实解决教育投入虚增问题，防止某些部门为了完成上级下达的教育投入达标任务，通过财政收入的空转造成财政数据的膨胀和教育投入的虚增，有关部门要加大对教育投入的审计、监督力度，确保财政教育投入实实在在地增长。

### （二）加大对义务教育的投入力度，提高义务教育在教育总支出中的比重

政府财政投入是教育发展尤其是义务教育发展的主要资金来源，从世界各国教育财政投入的实践来看，国际上一般用公共教育支出占GDP的比重作为衡量一国政府对教育投入的指标。研究资料表明，当人均GDP达到800～1 000美元时，要想实现教育与经济的良性发展，公共教育经费占GDP的比例下限是4.07%～4.25%。[①] 2003年我国人均GDP就已超过1 000美元，达到1 090美元，2006年人均GDP首次突破2 000美元，2012年，我国人均GDP达到6 100美元，步入人均收入中等国家行列。但是，我国公共教育经费占GDP的比重一直低于20世纪末世界的平均水平，而且财政教育支出占GDP的比重增长缓慢，近五年间仅增长0.15%。与其他国家公共教育经费占GDP比例增长情况看，我国2012年财政性教育经费支出占GDP的比重虽然达到了

---

① 刘明慧：城乡二元结构的财政视角研究[M]，北京：中国财政经济出版社，2008年版，第224页.

4%，但比世界平均达到4%的时间晚了27年。我国公共教育经费占GDP的比例仍然低于4.4%的世界平均水平和发达国家5.5%的平均水平，这一投入比例在全世界188个国家中排在第100多位，依然是世界上对教育投资较少的国家之一。与大陆相比，台湾在经济起飞阶段，GDP的12%～20%都投向了教育；美国虽然经济总量很大，但教育经费占GDP的比例一直保持在6%～7%。义务教育是国家最重要的基本公共服务，同时，由于义务教育阶段的受教育对象广泛，并且传授的是最基本的科学文化知识，能够将人类社会积累的文明成果世代相传，不断推动人类社会进步，因此义务教育在人类社会发展中发挥着承前启后、继往开来的积极作用。纵观世界各国的发展历程，义务教育已经成为提高国民素质和全社会文明程度，促进国家发展和民族振兴的重要手段。世界发达国家发展的经验证明，现代化进程中国家竞争的实质就是人力资源的竞争，历史事实也告诉我们，教育赶超是实现一国经济赶超和综合国力赶超的先决条件。特别是韩国和日本的经验尤为值得我们借鉴。韩国的“新村运动”开展了40多年，始终把发展教育事业作为新村运动的核心。日本坚持教育立国百年如一日，实现了国民素质的大提升，建成了世界经济强国。因此，我国作为发展中国家，要想实现中华民族伟大复兴的中国梦，实现城乡经济社会一体化发展，必须加大政府对教育尤其是义务教育的投入。

目前，我国教育财政支出的结构是“高重心”型，高等教育财政支出的相对比重偏高，而义务教育财政支出的比例相对偏低。义务教育是整个教育的基础，对于同样一定规模的教育支出，义务教育会产生更大的外部性，其产生的社会效益要远远大于非义务教育的社会效益，而且积极发展义务教育还有促进社会公平的作用。因此，目前这种“高重心”的教育支出结构不利于整个教育事业的健康发展，必须改变教育财政支出结构，进一步提高义务教育投入所占比重。各级政府应建立义务教育投入基本标准，按照教职工编制、工资、学校建设和学生人均公用经费等标准，确定义务教育经费预算，为义务教育发展提供可靠稳定的经费来源。

### （三）明确政府均衡发展义务教育的主体责任

保证全体国民、不管其身居城市还是农村，都享有大致均等的免费义务教育，这是政府义不容辞的责任。“免费”是指不论是城市居民还是农村居民，都不必为其个人或子女所接受的义务教育直接承担成本补偿或融资责任;"均等"是指我国居民,不论其出身如何,在接受义务教育国民待遇的机会上都是同一的、均等的,这种权利是任何机构和个人都不可以阻止或剥夺的公民的基本权利之一。必须明确政府均衡发展义务教育的责任,各级政府要强化义务教育公平的价值理念,牢固树立推进义务教育均衡发展的政策理念,建立合理的教育资源配置和共享机制,并将义务教育财政均衡作为推进城乡义务教育均衡发展的核心目标。目前,在解决各级教育投入总量不足的同时,重点解决教育资源配置城乡非均衡的问题,由省级政府制定城乡统一的基本办学标准并确保实施。全面推进义务教育学校标准化建设,确保城乡义务教育学校大致拥有均衡的物质条件和师资条件,同一级政府管理的义务教育学校,原则上每个学生都应获得相同的教育资源。实行生均拨款制度,目前多数地区政府对义务教育学校拨款不是按学生人数,而是按城市与农村的重点与非重点两个标准来划拨,造成同一行政区域内的城乡义务教育学校之间教育资源差距巨大,因此要在同一行政区内,对所有义务教育学校一视同仁,取消城市与农村的重点与非重点学校之间的界限,保证城乡学校基本办学条件相同。同时,应该按照弱势补偿原则,在教育资源的配置中,对农村义务教育给予更多的政策照顾和倾斜,逐步实行对农村地区义务教育学校高于城市学校的拨款标准,以缩小城乡义务教育差距,促进城乡义务教育均衡发展。

### (四)建立事权与财力相匹配的公共财政体制

为缩小城乡义务教育差距,满足社会公众对义务教育公共服务的需求,需要在明确中央和地方事权的基础上,调整规范中央和地方的收入划分,建立事权和财力相匹配的公共财政体制。同时,在公共财政体制框架下,合理划分义务教育责权,为构建义务教育管理新体制打下基础。

一是要合理划分政府之间的事权。在公共财政体制下,应按照公共产品的基本属性来划分各级政府的事权。明确中央政府应该主要负责那些全国性的或者跨区域的公共事务,地方政府主要负责本辖区范围内有关经济、社会发展的各项公共事务。对各级政府在基本公共服务领域交叉或重叠的事权,争取尽可能进行明确的细分并形成共担方案,并以法律或者法规形式予以明确。同时,各级政府事权的划分,不仅要明确某项事权的主体归属及其在各级政府之间责任的分担,还要涉及该事权的决策、管理与执行、支出和监督等具体职责分工。从中央和地方的职能分工来说,涉及事权决策与监督的职能应该适当向中央或者省级政府倾斜，支出责任应该适当上移，具体管理或执行要由低级别政府（市县）负责。

二是要根据承担的事权明确各级政府的财力，解决财力保障问题，确保财力与事权相匹配。针对目前我国“地方承担事权较多，财力相对不足”的普遍情况，应尽快合理划分税基，酌情减少共享税，充实地方税体系，适当增加壮大地方税收入，提高地方政府尤其是县级政府公共服务的保障能力。为保证县级政府能够拥有相应财力保障公共服务，可以允许县级保留大部分新收缴的企业所得税和个人所得税，允许县级政府获得一定的新增税收；同时，逐步建立以财产税支撑的地方财政收入制度，适时开征房产税并将其收入归属地方，割断地方对土地财政的过度依赖。

三是要合理划分义务教育责权。首先，义务教育的支出责任应该主要由中央政府承担。根据公共产品的属性，收益范围具有全国性的公共物品应当主要由国家提供，地方收益的公共产品应当由地方政府提供。义务教育对于提高国民整体素质具有战略意义，也是一国公民最基本的权利，其收益范围覆盖全国，属于跨地区外溢性强的公共产品，而且义务教育在调节收入分配方面也发挥着十分重要的作用。同时，由于各地自然禀赋和经济发展水平各不相同，我国基层政府财力水平千差万别，大多数县乡政府财力薄弱尚属“吃饭财政”。如果将提供义务教育这一公共产品的责权全部或大部分归属基层政府，那么就难以保证义务教育这一最基本的公共产品在城乡范围内实现均衡发展，更谈不上优质均衡发展。因此，义务教育这一公共产品应当主要由中央政府提供，其支出责任应该主要由中央政府承担。中央政府主要负责制定我国义务教育的方针政策以及全国性的规章、制度和标准，特别是确定义务教育最基本的国家办学标准；协调处理好各地区、各部门之间的职责，率先履行中央政府应该承担的义务教育投入责任。其次，地方政府应该参与义务教育资源的配置、管理。基层政府具有在信息、效率方面的优势，能够对居民需要和偏好做出更加灵敏的反应，对于本地区基本办学条件以及教师的聘用和考核等事务的决策、执行、管理和监督等比中央政府有更大的优势，而且由多个地方政府参与提供义务教育公共产品可以形成互相之间的竞争，充分调动地方政府的积极性，使地方政府将主要精力投向改进区域内义务教育的管理和促进义务教育均衡发展上来，有利于资源配置效率的提高。

### （五）构建义务教育管理新体制

实施农村义务教育经费保障机制改革后，虽然农村义务教育的投入状况有所改善，城乡义务教育差距有所缩小，但农村义务教育实际投入与现实需求相比仍有很大差距。当前，推进城乡义务教育均衡发展必须强化县级政府作为义务教育管理主体，进一步强化省级政府的经费统筹职责。在建立事权与财力相匹配的公共财政体制的基础上，努力构建“投入以中央为主、分项分级负担，省级统筹管理，具体管理以县为主”的义务教育管理新体制。

#### 1. 建立以中央投入为主、政府间合理分担机制

对于义务教育投入，需要建立政府间合理的分担机制，应根据各级政府的财政能力，对各级在义务教育中的事权和支出责任进行明确合理的划分，形成规范的义务教育财政投入体制。从国际比较来看，虽然各国财政体制相差很大，但义务教育的公共投资主体大多集中在中央或高层地方政府却是不争的事实。改革开放以来，我国国内生产总值增长速度年平均高达9%，2012年国民总收入居世界第二位，物质经济已经有了一定基础。分税制财政体制改革明显提高了财政收入占GDP的比重和中央财政收入占全国财政收入的比重，大大增强了中央财政的宏观调控能力。资料显示，国家财政收入占GDP的比重在2005年是17.5%，2012年这一比例已经达到了21.88%。与此同时，1994年中央财政收入占全国财政总收入的比重为55.7%，而支出只有30.3%，中央财政收入远超支出的趋势一直得到保持并有扩大的趋势，到2012年中央财政收入占全国财政收入的比重略降低为47.89%，但中央本级支出占全国公共财政总支出的比重仅为14.93%。国家综合国力和中央财力的加强，为国家财政发挥宏观调控能力、在全国城乡范围内提供大致相同的公共产品提供了基础。当前，中央财政完全有能力在义务教育公共产品的提供中发挥更大的宏观调控、协调和统筹作用，有能力为城乡义务教育的均衡发展提供更多的公共财政支持。因此，应该按照“利益归宿”原则以及我国现阶段财政收入的实际情况，进一步提升义务教育的投入主体，加大中央财政对义务教育的投入力度，建立相对集中型的义务教育投入体制。从教育经费的基本构成来看，义务教育经费主要由三部分构成，即人员经费、公用经费和校舍建设维修经费。目前可以根据各级政府的实际财力情况，实行分项分级承担义务教育经费。

首先，应由中央政府负担义务教育人员经费。人员经费包括中小学教师

基本工资以及津补贴（以下统称教师工资），约占义务教育经费的70%。据测算，教师工资是义务教育经费支出中最大的一项，全国普通小学教育经费中75%用于工资支出，农村小学达到77%。初中阶段教师工资支出占教育经费的60%，农村地区达到71%。① 如果还是以县为主或者以地方政府为主来负担义务教育阶段教师工资，农村义务教育经费紧张问题将无法得到有效缓解，城乡义务教育差距将无法消除。城乡义务教育均衡发展的重要前提是教师等人力资源在城乡之间的均衡配置，由中央承担义务教育人员经费，就能使全国中小学教师，不管是在城市从教，还是在农村从教，都能获得大致相当的工资水平，当然农村教师工资水平应该高于城市（后文述及）。由中央负担义务教育教师工资，不仅可以改变目前因地方政府负担教师工资导致的城乡教师工资差异现状，还可以充分发挥中央政府的财力优势和宏观调控能力，实现财力与事权的对等，从而推进城乡义务教育均衡发展。

其次，合理确定公用经费的分担比例。按照公用经费实行省级承担为主、中央合理分担的原则，对东、中、西三类地区实行不同的负担比例。② 具体来讲，对东部地区，全部由省级政府承担义务教育公用经费；对中部地区，中央和省级政府分别按照二八比例承担义务教育公用经费，即中央政府和省级政府分别负担公用经费的20%和80%；对西部地区，中央和省级政府分别按照五五比例承担义务教育公用经费，即中央政府和省级政府分别负担公用经费的50%。另外，免费教科书经费全部由省级政府负担。统筹区域内城乡义务教育均衡发展是省级政府的职责，因此省级还应该设立其他义务教育专项，如进城务工子女接受义务教育补助、困难落后地区补助、寄宿生生活费补助、农村地区教师培训经费等，以推进省域内城乡义务教育均衡发展。

再次，确定校舍建设维修经费分担比例。义务教育学校最终都由地方管理，因此，应该充分调动市、县级政府积极性，发挥义务教育"具体管理以县为主"的作用，按照"县级拿大头、市级拿小头"的原则，分担义务教育学校校舍建设维修经费。市、县级政府可分别按照20%和80%的比例分担校舍建设维

---

① 张本波. 农村义务教育经费保障机制实施后的问题及对策[N]，学习时报，2007－8－20.

② 目前，东部地区包括11个省级行政区，分别是北京、天津、河北、辽宁、上海、江苏、浙江、福建、山东、广东、海南；中部地区包括8个省级行政区，分别是黑龙江、吉林、山西、安徽、江西、河南、湖北、湖南；西部地区包括12个省级行政区，分别是四川、重庆、贵州、云南、西藏、陕西、甘肃、青海、宁夏、新疆、广西、内蒙古。

修经费，也可由省级政府根据市、县的财力情况，确定具体的市、县分担比例。

2. 发挥省级统筹管理和县级具体管理的作用

省级政府要发挥统筹职责，以实现区域内城乡义务教育基本公共服务均等化为目标，制订完善本省义务教育经费投入办法和学校基本办学标准，加大对农村、边远和贫困地区的支持力度，保证城乡义务教育学校经费投入和教学、生活条件等资源配置基本均衡。其具体职责是：统筹制定全省范围内义务教育学校的布局规划；根据国家制定的义务教育学校基本办学标准，统筹制定本省城乡义务教育经费投入的各项具体标准，并落实投入任务；核定全省范围内的义务教育教师编制，确定年度教师的引入和培训计划；审核本省范围内的学区调整计划，特别是农村义务教育学校的合并计划等事宜。县级政府要承担义务教育的教学、日常管理和推进县域内城乡义务教育均衡发展等具体职责，“具体管理以县为主”的做法借鉴了世界上大多数国家的义务教育管理经验，如美国、法国、日本等国家，都是分别由最接近义务教育学校的基层政府如学区、市镇、市町村等来承担义务教育的具体管理职责。县级政府的具体职责是：负责中小学教师的配备、交流、管理和中小学校长的聘用、管理；保证中小学教师工资的正常发放；制订本县范围内中小学教学计划；负责中小学学校的设立和调整计划的申请以及中小学校舍的建设、改造维修等事宜。

3. 以法律形式明确各级政府对义务教育的投入职责

目前，我国还没有哪部法律明确规定各级政府对义务教育的投入责任和负担比例，各级特别是中央、省、市、县政府在财政收入不断增长的情况下，到底应该安排多少资金用于发展义务教育，缺乏一个量的界定。立法的缺失也使得各级政府在义务教育投入上责任不清，这进一步加剧了义务教育的经费短缺和投入的城乡差距。当前，应尽快制定《中华人民共和国义务教育投入法》，明确各级政府承担的义务教育投入责任，保障义务教育阶段必须的生均教育经费、生均公用经费的供给，明确界定中央、省、市、县各级政府对义务教育投入的具体比例，规定义务教育资金投入应由中央和省级政府负主要责任。真正建立起与各级政府财政收入同步增长的义务教育投入增长机制，以法律形式保障义务教育投入稳定增长和义务教育资源的均衡配置。

## 三、完善义务教育财政转移支付制度

财政转移支付制度具有资源补偿、协调地区发展、促进公共服务均等化的功能，实行财政转移支付已成为市场经济国家处理中央与地方政府间财政分配关系的普遍做法。通过财政转移支付可以实现财政资金在不同地区、不同层级政府之间的转移，从而有效提高经济落后地区和基层政府的财政能力。实施转移支付的目的是实现财力均衡，以此保证各级政府有实现自己职能所相应的资金。通过义务教育转移支付制度，可以增加基层政府的财力，解决当前我国义务教育经费总量不足和城乡发展非均衡的问题。因此，当前应该借鉴国际经验，进一步明确财政均等化的转移支付目标，完善转移支付政策，扩大义务教育转移支付规模，继续实行一般性转移支付和专项转移支付相结合的做法，真正建立起保证城乡居民有大致均等公共服务的转移支付制度。

（一）扩大一般性转移支付规模，增强基层政府对义务教育财政供给能力

世界各国基本都将一般性转移支付作为中央对地方转移支付的主要形式，由于目前我国一般性转移支付规模偏小，再加上地方财力有限，影响了地方财政提供公共产品或者公共服务的能力。因此，今后中央政府应对现行转移支付加以整合、规范，逐步扩大一般性转移支付的规模，使其成为转移支付的主要形式，建立一般性转移支付资金来源制度和资金稳定增长机制，增强地方政府获得一般性转移支付资金的可预见性。首先，压缩维护既得利益的转移支付，将税收返还、体制补助等纳入一般性转移支付中，并在适当时机逐步取消税收返还。税收返还本质上是推行转移支付制度初期为减少地方阻力而采取的权宜之策，但目前它对转移支付目标起到了一种逆向调节的作用，与公共财政均等化的目标背道而驰。中央政府应该逐年降低、直至最终取消税收返还制度。其次，减少、规范专项转移支付，将某些财力性专项转移支付整合到一般性转移支付中。某些财力性转移支付是由于中央的政策调整而形成的临时性转移支付，如调整工资转移支付、民族地区转移支付等，实际上具有专项转移支付的特征，应将这些分散的财力性专项转移支付整合为统一规范的一般性转移支付，增加地方政府的自主财力规模。减少配套转移支付，由于配套专项转移支付的分配标准是地方能否配套，财政困难的地区由于不能配套就很难获得此类转移支付，某些方面它降低了财政均衡的效果，因此应该减少直至取消。

（二）完善义务教育财政转移支付制度

义务教育财政转移支付是财政转移支付制度的一个组成部分，它在促进

公共服务均等化、实现城乡义务教育均衡发展方面发挥着重要作用。首先，要科学合理确定义务教育转移支付规模。根据义务教育的权责划分和中央财政所承担的投入职能，科学确定中央财政义务教育转移支付规模，这里既包括绝对规模，又包括相对规模。而目前，义务教育财政转移支付总量有限，占（区）县级政府教育财政投入总量比重较低，平均不超过20%。[①] 因此，应增加义务教育转移支付规模，提高其在中央财政转移支付中的比例。中央财政对义务教育的补助主要应以一般性转移支付为主，以增加基层政府的资源配置权。其次，完善义务教育转移支付的计算方法。建立中央财政以省为单位、省级财政以县为单位测算转移支付经费的转移支付制度，科学合理地测算义务教育的最低经费需求和财政负担能力。可以通过建立一定的转移支付公式和模型，最大限度增加分配的透明度。如测算义务教育转移支付额度时，要考虑一个地区的义务教育规模（如学生人数、教师人数、学校数等）和城乡分布情况，同时要考虑这个地区的教育财政能力和投入努力程度。要选取一些不易受到人为控制的、能反映各地收入能力和支出需要的客观性指标，如针对区（县）来说，全县教育财政能力可以用人均财力、教育投入（或义务教育投入）、全县财政收入与全省县级教育投入、全省县级财政收入的差值等确定。实际测算中既要考虑各地经济发展水平的高低、财政能力的强弱，又要考虑各地公共服务支出成本的差异，结合税制、人口、自然环境、经济实力、社会发展等因素和其他特殊因素，全面客观地确定各地的需求水平。第三，尽快完善省以下义务教育转移支付办法。现行的财政纵向转移支付体系中，省级政府对市、县级政府的义务教育转移支付不仅数量小，而且更加随意和不规范。应该通过明确省级政府的义务教育权责，发挥其统筹管理的责任，引导省级政府加大对基层政府的支持力度，提高省级财政的协调功能，建立起省对市、县和市对县的多层次的纵向义务教育财政转移支付制度。

### （三）加强对转移支付资金的监督管理

一是规范中央转移支付的管理。加快制定中央转移支付专门预算及其他相关制度，尽快将中央转移支付资金纳入省级预算，地方各级财政应将上级补助收入及其分配使用情况完整地编入本级预决算。同时，把一般性义务教育财政转移支付从一般性财政转移支付中单独出来，增强义务教育转移支

① 栗玉香. 义务教育财政均衡效果与政策选择[J]. 中央财经大学学报，2010，(1).

付资金分配的透明度。针对转移支付资金可能被“层层截留”“级级瓜分”的乱象，应当减少财政转移支付中间环节。这样有助于避免义务教育转移支付资金的挤占挪用、随意调整、项目预算安排与实际情况不符等现象的发生，提高义务教育转移支付资金效益。

二是健全法律保障机制和监督机制。世界上一些发达国家纷纷用法律来约束规范财政转移支付行为，如德国将财政转移支付的目标、范围等写入法律，其财政转移支付系数也由立法机构讨论确定；美国的主要专项拨款由国会法案确定，财政转移支付中的内容均以法律的形式加以规定。因此，要借鉴发达国家经验，对转移支付特别是义务教育财政转移支付等制度以法律法规的形式明确下来。同时，要加强对义务教育财政转移支付资金的审计监督。由审计机关对各级财政义务教育转移支付资金进行审计，强调财政转移支付资金使用的事后监督，使整个义务教育财政转移支付在规定渠道和监督中运行。实行义务教育财政转移支付项目执行情况定期报告制度，确立从资金拨付到使用的全过程信息公开机制，以便资金能够在公众的监督下有效使用。

## 四、加强城乡义务教育资金管理和使用绩效评价

### （一）建立义务教育专项资金国库单一账户管理体系

在中央、省、市、县设立义务教育资金专户，专门用于义务教育专项资金的核算管理。义务教育中央专项资金拨付各省后，由省级财政部门直接支付到收款人或县级财政，并由县级财政直接支付到收款人或学校，以简化资金拨付程序，减少支付中间环节，提高资金运行效率。建立动态监控机制，中央、省级财政通过动态监控，实时掌握中央、省级专项资金支付情况，及时掌握下级财政部门收到和拨付上级义务教育专项资金的时间、金额等各项详细信息，以促进义务教育专项资金的绩效管理。

### （三）科学编制城乡义务教育学校预算

所有义务教育学校都要科学规范编制预算，这是加强中小学财务管理的关键环节和重要基础。在编制中要进一步细化预算支出科目，强化预算约束力。在预算执行过程中，针对有些学校预算内容和预算执行还存在一定偏差的问题，要切实加强对义务教育学校尤其是农村义务教育学校预算执行过程工作的指导和培训，帮助他们提高理财意识，规范合理使用公用经费，认真熟练掌握预算编制的具体办法，提高学校预算的严肃性和有效性。

### （三）建立城乡义务教育资金绩效评价制度

义务教育财政资金绩效评价是指运用科学、规范的绩效评价方法，对义务教育资金使用绩效目标的实现程度进行科学、客观、公正的衡量比较和综合评判。实行义务教育资金绩效评价是加强预算管理和完善义务教育财政体制的重要内容，绩效评价已经成为合理配置义务教育资源、提高义务教育资金使用效率和保障义务教育目标实现的有效途径。科学合理设计义务教育资金绩效评价指标是实施绩效评价的核心环节，评价指标是反映义务教育财政资金绩效评价总体现象的特定概念和具体数值，是揭示资金使用存在问题的重要手段，它能衡量、监测和评价义务教育资金使用的经济性、公平性和有效性。义务教育资金评价指标体系应主要包括：投入类绩效指标，主要反映各级政府对义务教育的总体投入水平。该指标类型有总量和增量两类，其中财政对义务教育的投入总量指标反映了义务教育投入在总量上是否达到了法定标准，而投入增量指标则反映了义务教育支出总量的增长速度，体现了财政投入的增长程度，主要的增量绩效指标可选用预算内教育经费增长率；过程类绩效指标，该类指标侧重于对财政资源的城乡配置和资金管理效率的评价，是评价义务教育资金使用效率、城乡配置结构和管理效率的指标；产出绩效指标，是用来衡量义务教育投入所带来的成果，指义务教育活动的直接产出，可选用单位财政投入培养的合格小学初中毕业生、文盲率等指标衡量；效果类绩效指标，是指义务教育投入所带来的各类效果，包括义务教育城乡均衡发展程度，可选用义务教育事业费占公用经费的比重、义务教育财政投入城乡所占比重等指标。评价指标确定后，要严格按照指标进行绩效评价，评价工作完成后，要将绩效评价结果作为编制下一年度财政预算的主要依据，并建立严格的奖惩制度，以促进义务教育资金使用效率的提高和在城乡间的均衡配置。

## 五、优化义务教育师资配置，实现城乡师资均衡

师资是教育发展的根本，合理配置义务教育师资，是淮安义务教育实现均衡发展的重要保障。当前，淮安义务教育师资配置存在着城乡学校布局不合理、城乡学校师资严重不均衡、城乡办学条件差异拉大等问题，这些问题的存在，严重制约了淮安教育事业发展的步伐，也制约了淮安作为苏北腹地重要中心城市这一新型城市的发展目标的达成。

当前，淮安义务教育师资配置存在的问题主要有：一是城乡学校布局不

合理。目前，在淮安市主城区及县城城区出现了大型的，甚至学生超万人的超大型学校，而一些乡镇小学、中学学生严重流失，学校办学规模严重缩减。据调查，淮安市主城区一些学校通过实施集团化办学，规模均达万人左右。而一些乡镇中小学，则学生规模较小，如淮阴区杨庄小学学生数仅为 127 人。另外，城乡中小学大量缺编，出现结构性、阶段性缺编的情况，浪费了有限的教育资源。据调查，淮安经济开发区中小学在 2015 年缺编教师 210 人，涟水县中小学教师在 2015 年缺编达到 469 人，原清浦区中小学的音、体、美三门学科教师在 2013 年缺编教师 61 人。教师缺编，一方面加重了在职教师的教学工作量，同时也严重影响了城乡教育质量的均衡提高。二是城乡学校师资严重不均衡。淮安市义务教育学校的优质师资，包括正高级教师、特级教师、学科带头人等大多工作在城区。据统计，2015 年底，全市有市级学科带头人 680 人，城乡分布占比分别为 91.2% 和 8.8%，其中，在职特级教师 92 人，中小学正高级教师 24 人，省人民教育家培养对象 8 人。其工作单位全部在城区学校。于广大的乡村学校难以培养出高水平的师资，即便是培养了高水平、高职称的师资，很快也会“飞向城市”甚或流走。“十二五”期间，淮安市流走的中小学特级教师共 17 人，其中，正高级教师 3 人，省人民教育家培养对象 1 人。三是城乡办学条件仍然存在差异。在教育现代化建设中，虽然乡村学校的办学设施、设备等硬件条件有了极大的改变。2015 年，淮安市中小学校安工程和农村中小学装备水平提升工程顺利完成，加固和重建校舍 30 万平方米，全市 589 幢共 15.1 万平方米 D 级校舍全部消除，按照省一类标准提升了 80 所农村中小学装备水平。同年，淮安市教育局支出决算 63 908.46 万元，比上年增加 23 507.97 万元，增长 58.19%，其中教育(类)支出 60 038.79 万元，主要用于市直属学校与单位的教育事业发展。但和城区中小学相比，乡村学校不仅在硬件设施上有差距，在学校文化及其内涵发展方面差距更为显著。研究者 2015 年和 2016 年通过对淮阴师范学院举办的淮安市中小学新入职教师、乡村小学骨干教师等省市合作培训项目的中小学学员的调查，发现乡村学员对当前乡村学校的硬件建设情况比较满意，但认为乡村学校教师专业方面缺少的因素主要是乡村学校教师教学研究氛围不浓、缺少名师指点等，这导致城乡学校的教师发展差距越来越大，严重挫伤乡村学校教师的积极性。

在淮安实现城乡一体化进程中，要实现淮安义务教育的优质均衡发展，其根本在于合理、均衡布局本区域的城乡义务教育师资，建议从以下几个方面入手：

### （一）加大基础教育投入，科学规划城乡学校布局

加大对义务教育的稳步投入，合理规划城乡学校布局，均衡配置城乡教育资源，是促进义务教育优质均衡发展的关键。淮安市教育主管部门应从以下三个方面开展工作：

#### 1. 做好学校布局顶层设计，科学配置教育资源

要将促进教育公平作为淮安市教育中长期改革发展纲要的重要工作方针，依据淮安城市总体规划和新农村建设规划，编制出台《淮安市城区中小学及幼儿园布局十年规划（2016—2026年）》和《淮安市农村义务教育学校布局专项规划（2016—2018）》等。通过科学制定并落实城乡学校布局规划，实现城乡义务教育资源的合理配置和有序配置。

#### 2. 推进义务教育标准化建设，改善城乡办学条件

要进一步按照江苏省义务教育学校优质均衡发展指标的要求，制定对城乡中小学的经费投入标准；要高标准推进城乡学校校安工程的实施，对校舍中的危房要彻底改造，杜绝死角；推进乡镇义务教育中心小学、初中学校的改造，在软硬件达标的基础上力求均衡。市教育行政管理部门应进一步加大对民办学校的督查力度，努力创建一批优质的民办义务教育学校。

#### 3. 完善集团化办学机制，促进城乡薄弱学校质量提升

目前，淮安市共组建基础教育办学集团86个，其中义务教育学校教育集团26个。基础教育学校集团办学有效地实现了“教育理念、教育资源、教育过程、教育成果”四个共享，以优质学校带动了100多所薄弱学校快速发展。2014年，淮安市主城区小学和初中分别接纳了6 658名、5 314名进城农民工子女入学。农民工子女入学后，和城市居民子女、城市学生混合编班，免费使用书本等学习资源，享受同城待遇。但是，随着淮安主城区的快速扩容，大量进城农民工子女的入学需求和城区优质学校的有限接纳的矛盾越来越突出，如何深入推进集团化办学、改进城乡薄弱学校的教育质量，保障每一个学习者接受公平的、优质的教育，仍然是今后一阶段需要探索的重点。

### （二）实施乡村教师支持计划，促进城乡师资配置均衡化

#### 1. 循序渐进，保证教师交流平稳开展

教师校际流动，由于牵涉到工作、家庭、交通等实际问题，交流工作一直受到教师群体的高度关注。为确保平稳开展，教育管理部门可以按照先试

点、后推开的原则，将市直学校作为推进教师交流工作的排头兵，在“刚性”的教师轮岗政策逐步铺开的基础上，逐步尝试实施“柔性”流动，稳步推进城乡教师的交流工作。可以实行多样化的交流，如市直学校骨干教师到农村支教、市直小学间开展教师轮岗交流、教育集团内部开展互派交流、特级教师和校长轮岗交流等。其中，清河区在区内推进教师轮岗，仅2013年全区就轮岗教师136名，此举有效解决了新、老城区学校布局调整带来的师资不配套、骨干教师过于集中等问题，区内学校招生日趋稳定。通过以点带面的不断尝试，促进教师交流工作逐步平稳展开。

2. 改革创新，丰富教师交流内容形式

针对各地教师交流形式单一的局限，淮安市教育局提出了“轮岗交流、互派交流、城乡支教、对口互培”等教师交流的四种主要形式。轮岗交流是城区义务教育学校间的人员交流，互派交流是教育集团内部的人员流动，城乡支教是城区与农村学校间的学习交流，对口互培是建立城乡学校间长期互助交流模式。采取这四种运行模式后，淮安市每年教师交流数均超过1 500人，2014年更是达到2 440人，教师交流取得了很好的成效。今后一段时期，需要进一步创新教师交流运行的模式，变城市学校教师向乡村学校的单向流动为城乡教师相互流动，变单纯的以教学为主的支教为内容更为丰富的教学、科研、管理等方面的支教，变零散的支教为以“名师工作站”为平台的集中支教，等等，从而让全市义务教育均衡发展迈出了实质性步伐。

3. 突出重点，提升乡村学校教师专业发展水平

淮安市目前城市化的水平、质量均有待进一步提升，乡村教育在今后相当长的一段时间内仍然会存在，乡村教育的发展状况在很大程度上影响着淮安义务教育的整体质量。因而，教师交流工作坚持以乡村学校为重点，着力加强城乡支教力度。教育主管部门应建立乡村薄弱学校档案，形成一所甚至多所城区优质学校与其结对帮扶；选派师德修养高、学识水平高、专业技术职务高、教育教学能力强的“三高一强”教师赴乡村薄弱学校挂职支教；创新性地实施“淮安市乡村教师支持计划(2015—2020年)”，通过建立一批“名师工作站”和“乡村教师发展工作站”，从乡村学校中选拔有发展潜力的年轻教师到城区优质学校开展研修学习；与淮阴师范学院有效推进“淮安市基础教育研究中心”“淮安市新基础教育协同研究中心”等市级研究平台的建设，积极利用淮阴师范学院在教师教育研究和人才培养方面的优势，积极开展大学与

中小学"U-S"协同教育研究,为乡村教师专业发展提供智力支持;各县区也应出台优惠政策,给予乡村教师研修学习的政策保障和经费支持。

4. 实施"区管校聘"制度,积极推进教师人事制度改革

教师人事制度改革一直是教育改革的重点和难点,也是制约城乡学校师资均衡布局的制度性因素。2014年,淮安市清浦区在全市率先成立了教师管理中心,实施"区管校聘"制度,将教师变"学校人"为"系统人",同时辅之以建立学校办学效益评估体系和教师绩效考核评价体系。这一教师人事管理制度改革极大地增强了教师管理工作的针对性与实效性,激发了教育工作的活力。但是,由于受教师人事管理权限及学校岗位编制的限制,教育管理部门推进"区管校聘"教师管理改革难免会碰触政府其他部门的权限和利益,因而,淮安市市政府应统筹义务教育教师人事制度综合改革,主动协调"区管校聘"中的矛盾和利益冲突,发挥政府在教师人事制度综合改革中的主体地位,承担起在推进城乡义务教育师资均衡布局中主体责任。

### (三)加强政策引导,建立城乡师资合理配置的长效机制

1. 加强城乡学校教师交流制度建设

早在2009年淮安市政府就出台了《市政府关于进一步加强教师队伍建设的意见》,在全省乃至全国较早明确提出"建立义务教育师资校际交流制度"。2011年,淮安市教育局出台了《关于进一步加强义务教育学校教师交流工作的意见(试行)》,要求各地、各校开展多种形式的教师交流。随着淮安社会经济的发展,需要进一步加强基础教育师资均衡配置方面的制度建设,通过一系列的制度设计,让淮安义务教育师资均衡布局"有法可依"。

2. 加强教师交流政策执行的督促考核

建议将教师交流工作列入县区年度教育工作目标和分管领导人的年度考核范围,要求各地"教师交流比例不低于15%";明确支教教师、对口帮扶学校的工作任务和相关补助津贴发放标准,切实加强对支教帮扶工作的过程性管理,杜绝"政策执行走样"。

3. 引导城乡教师主动参与教师交流

通过引导城乡教师的合理流动,实现城乡教师的均衡配置和城乡教师的专业发展,进而促进城乡学校教育质量的提高。因而,需要采取有效措施,提高教师主动参与交流的积极性。建议在政策设计中,在参与城乡交流的教师对其专业发展和经济待遇方面提供政策倾斜,把参加轮岗、支教等作为教师

职务提升、职称评聘、特级教师推荐等方面的必要条件。

## 六、建构县域义务教育均衡发展的指标体系和标准

判断义务教育发展均衡状况及其程度，需要一把科学合理、易于测度的“尺子”。基于淮安市推进义务教育均衡发展的政策实践，探索构建县域义务教育均衡发展指标体系和框架显得尤为迫切和重要。

### （一）县域义务教育均衡发展指标建构的原则和内容

义务教育均衡发展，就是不要让应该由政府承担的义务教育，在资源配置上对平等的公民在起点上就存在明显的不公正，而是要在追求起点公平的基础上追求更好的、优质的过程性公平。这个问题的根本解决是极其复杂的，在短时间内、在全国范围内全面解决好是非常困难的。因此，我们必须找准切入点，如以县作为一个基本单位，先在县域内推进均衡。县域义务教育均衡发展就是研究如何解决在一个县域范围内农村义务教育与城市义务教育的均衡发展问题，或农民子女与县镇子女接受相对公平的、更优质的教育问题。这种思路也与江苏省当前义务教育均衡实施评估相一致。另外，县域内经济发展水平比较接近，推进义务教育均衡发展可行性较强。

#### 1. 建构均衡发展指标体系的基本原则

建构县域内义务教育均衡发展的标准框架和指标体系，对确定某个县区的义务教育发展的均衡状况至关重要。县域义务教育均衡发展指标体系的建构，有赖于对均衡发展内涵和外延的理解，有赖于对义务教育发展指标的把握，有赖于对县域尤其是农村县市区的经济社会发展现状特点的了解，并要借鉴国内外先进经验和做法，以先进的理论做指导，做出科学合理的设计。完成这种建构，首先应明确义务教育发展的几个基本原则①：

一是优先超前原则。教育在区域经济社会现代化建设中具有全局性、先导性和基础性作用，必须放在优先发展的战略地位。义务教育作为旨在提高人口素质的基础教育的重中之重，更应该放在突出重要的位置，并适度超前发展。

二是协调统筹原则。义务教育的发展必然要依靠区域经济的支撑，必然要植根于区域经济文化及社会事业发展的土壤，必须结合当地的实际，尤其是与

---

① 于发友，赵慧玲，赵承福. 县域义务教育均衡发展的指标体系和标准建构[J]. 教育研究，2011，(4).

当地的经济发展水平和居民的人均收入状况相适应，与其他事业发展相协调。

三是政府为主原则。教育是一种以培养人为主旨的社会公益事业。教育的公益性决定了它不可能像商品一样完全通过市场来提供，而必须通过市场以外的资源配置机制来提供，这就导致在现代国家中政府所提供的教育越来越具有举足轻重的意义。① 因此，发展教育应该是政府的当然责任，义务教育资源的配置责任应该由政府予以保证。

四是资源均享原则。义务教育是每一个国民共同享有的基本人权，也是每个人必须接受的基本义务，相对均等和追求公平是义务教育资源配置的永恒取向。

五是重在普及原则。义务教育既是每个公民的权利又是义务。义务教育最基本的指标就是普及率。没有较高的普及率，达不到基本普及，质量再高，也不能算作真正意义上的义务教育。义务教育的均衡发展实际上是达到了基本普及以后的更高层次的义务教育发展水平或发展阶段。

六是质量第一原则。义务教育承担着提高全民族素质和培养创新人才的崇高历史使命，质量问题尤为重要。义务教育的其他一切要求、措施、办法等，无不是为了追求义务教育的质量和效益而提出和实施的。质量是义务教育的生命线和根本取向。义务教育质量是包含了普及在内的义务教育总体发展水平的综合指标。高水平、高质量的义务教育，是我们对义务教育均衡发展的最高期待。

2. 县域义务教育均衡发展的主要内容和核心指标的确定

教育均衡发展，是指通过法律法规确保给公民或未来公民以同等的受教育的权利和义务，通过政策制定与调整及资源调配而提供相对均等的教育机会和条件，以客观公正的态度和科学有效的方法实现教育效果和成功机会的相对均衡。② 所谓县域义务教育均衡发展，是指县、市、区根据当地经济社会发展的实际因地制宜、实事求是地调整义务教育发展思路，实现城乡之间不同义务教育学校在办学条件和师资建设上的相对均衡，确保区域内的义务教育均衡、协调、高质量发展，确保不同的受教育群体在受教育权利、条件，以及成功机会等方面达到相对的平等。县域义务教育均衡发展的最基本表现是，

① 劳凯声. 公共教育体制改革中的伦理问题[J]. 教育研究，2005，(2).

② 于建福. 教育均衡发展：一种有待普遍确立的教育理念[J]. 教育研究，2002，(2).

城乡中小学校的经费投入、校舍建设、设施配备以及师资队伍建设均按照统一标准进行，在同一县域内实现学校建设的标准化、师资配备的均衡化，以及教育质量的优质化。其外延主要体现为三个层面的内容：一是义务教育发展与当地经济社会发展协调均衡的问题；二是城乡义务教育在资源配置上的均等均衡问题；三是义务教育实施过程中每个儿童少年所受教育结果的相对均等问题。

1. 环境均衡指标

这一层面的根本问题是反映义务教育与经济发展的关系，体现义务教育与地方经济发展的均衡协调问题，也体现了政府对义务教育的重视程度或义务教育发展的环境问题。在这一层面应主要涉及以下指标：县域内全年国内生产总值、全年财政收入、全年财政总支出、全年人均财政总支出、全年义务教育经费总额、全年人均义务教育经费，以及预算内财政性义务教育经费、义务教育基建费和事业费、义务教育投入占财政总支出的比例等。

2. 城乡均衡指标

这一层面的根本问题反映的是城市义务教育与农村义务教育的差距。县域义务教育均衡发展的核心内容，主要研究城市学校与农村学校在教育资源配置和教育质量上的差异问题，主要因素有：城乡中小学生入学率和按时毕业率、城乡中小学生生均校产、城乡中小学生均教育事业费和预算内生均公用经费，城乡教师学历达标率，城乡小学教师专科以上比例和初中教师本科以上比例、城乡中小学教师工资，以及城乡中小学校长接受资格培训的比例等。

3. 结果均衡指标

这一层面的义务教育均衡发展的根本问题是反映在教育教学和管理过程中能够面向全体学生因材施教，确保教育教学活动的公平、民主，保证全体学生按时合格毕业，主要指标有小学毕业生的按时合格毕业率和初中毕业生按时合格毕业率。

### （二）建构县域义务教育优质均衡发展标准[①]

1. 县域义务教育发展环境均衡度

根据有关的国外比较研究成果，教育的发展与经济相比应该是在适度超

---

① 于发友，赵慧玲，赵承福. 县域义务教育均衡发展的指标体系和标准建构[J]. 教育研究，2011，(4).

前的基础上协调均衡的。对于教育与经济关系的比较，一般用两个比例来描述：一是预算内教育经费占国内生产总值的比例，二是预算内教育经费占财政总支出的比例。从一般意义上讲，衡量一个县、市、区义务教育均衡发展的第一层面上的指标，应该是县域内义务教育投资占同年度整个县区财政支出的比例。义务教育投资就是指全部用于义务教育的包括基建费、危房改造资金、教师工资、办公费、生均公用经费等教育投资，财政支出是指县、市、区政府年内用于政府开支的包括国家、省、市转移支付在内的所有财政预算经费总额。

从国家宏观政策来讲，乡镇财政应主要用于教育，县级财政应主要用于教育和卫生事业。单纯义务教育没有明确的标准要求，但在地方，像县一级地方政府的教育投入应主要用于义务教育。一般来讲，预算内教育经费应占全年全县财政总支出的40%左右，没有对单纯义务教育经费应占财政总支出的比例的参照。笔者认为，义务教育投资（不包括基本建设投资）不能低于全县财政总支出的30%，最高的限额没有可参照的资料。另外，由于不同县的财政状况不同，不同县的人口也不同，即使义务教育经费占财政总支出比例同样的县区，其义务教育水平也不一定一样，甚至比例高的县区，也不一定比比例低的县区义务教育发展得好。人均财政收入和人均义务教育经费是两个非常重要的数据指标。人均义务教育经费的状况决定了义务教育的实施水平和质量。因此，衡量区域内义务教育与经济发展关系的指标，以人均义务教育经费与人均财政总支出的比例来体现更为合理和准确。如以义务教育经费达到30%为相对均衡协调的标准的话，那么，用某县、市、区义务教育经费占财政总支出的比例除以30%，即可得出某县、市、区义务教育发展与经济社会发展等是否相协调的均衡度。用Y表示人均义务教育经费，用C表示人均财政总支出，用$B_1$来表示这一层面的义务教育均衡发展指标，就可用以下公式来表示：

$$B_1 = Y/C/30\%$$

Y的值是决定义务教育水平的指标，$B_1$的值是决定义务教育与经济发展的协调度的指标。Y的值越大，义务教育的发展水平和潜力越大。$B_1$的值越大，义务教育与经济的协调度越高，义务教育发展的环境越好。

这一层面上的义务教育均衡发展指标体现了义务教育发展的外部环境状况，主要反映受政府、社会重视支持的程度和经费投入的力度，均衡度高意味着政府重视投入大，外部环境好。

2. 县域义务教育发展城乡均衡度

这是县域义务教育均衡发展的核心，主要关注点是城乡义务教育学校在教育资源配置上的差异，以及由此带来的普及程度、教育质量上的差异等。主要指标有：一是适龄儿童入学率、按时毕业率，初中生入学率和按时毕业率；二是生均校产，这一指标是指义务教育阶段的学校，按在校生人数平均享受的物质教育资源的数量，主要包括校园、校舍、实验设施、仪器器材、图书资料等教育教学必需的设施，是义务教育实施水平的根本保障；三是教师队伍的学历达标率，小学教师中专科生比例，初中教师中本科生比例，校长队伍学历水平和接受任职资格培训的情况；四是教育经费，在义务教育经费方面，我们重点研究两个指标，即教师工资和预算内生均公用经费，或者总起来说教育事业费。普及程度、办学条件、师资队伍、经费投入等四个方面的指标或因素直接影响着或决定着义务教育的发展水平和实施质量。城市与乡村义务教育是否均衡，同样也是由以上因素来决定或通过上述因素来展现的。县城与乡村之间义务教育均衡的问题，应该是一个比值，也就是县城与乡村教育资源配置之间的一个比值。

用 $B_2$ 表示第二层面的义务教育均衡发展指标，用 $g_1$、$g_2$ 分别表示城乡初中生按时毕业率，用 $p_1$、$p_2$ 分别表示城乡小学生生均校产，用 $p_3$、$p_4$ 分别表示城乡初中生生均校产，用 $c_1$、$c_2$ 分别表示城乡小学教师专科层次的比例，用 $u_1$、$u_2$ 分别表示城乡初中教师本科层次的比例，用 $t_1$、$t_2$ 分别表示城乡中小学校长接受任职资格培训的比率，用 $s_1$、$s_2$ 分别表示城乡教师平均工资，用 $m_1$、$m_2$ 表示城乡小学生预算内生均公用经费，用 $m_3$、$m_4$ 表示城乡初中生预算内生均公用经费。城乡初中生按时毕业率差异，是城乡义务教育水平差异的集中体现，在指标中所占权重为10%；城乡中小学校产的差异实质上是城乡学校办学条件差异的主要体现，在整个指标中所占权重为40%，其中小学、初中各占20%；教师队伍状况是城乡教育均衡发展与否的关键因素，在整个指标中所占权重为30%，教师队伍学历状况占10%（其中，小学教师专科比例占3%、中学教师本科比例占3%、中小学校长培训比例占4%），待遇状况占20%；生均公用经费差异是城乡义务教育差异的重要部分，所占权重为20%，其中小学占10%，中学占10%。用公式表示就是：

$$B_2 = g_2/g_1 \times 10\% + p_2/p_1 \times 20\% + p_4/p_3 \times 20\% + c_2/c_1 \times 3\% + u_2/u_1 \times 3\% + t_2/t_1 \times 4\% + s_2/s_1 \times 20\% + m_2/m_1 \times 10\% + m_4/m_3 \times 10\%$$

按此公式计算，$B_2$ 大于或等于 85% 的为城乡相对均衡发展的义务教育。$B_2$ 小于 85% 的为发展不均衡的义务教育。最理想的均衡状态是 $B_2$ 等于 1 或略大于 1。这一层面义务教育均衡发展指标，主要体现城乡义务教育学校之间在普及程度、办学条件、经费投入、师资队伍等方面的差异程度。

3. 县域义务教育发展结果均衡度

这一层面追求在教育和管理活动中，如何实现教育的公正、公平，进而实现教育结果的相对均等。这一结果的相对均等不是绝对的平等，主要是指通过教学和管理的公正、公平以及因材施教，让尽可能多的儿童都要达到义务教育精神所要求的基本的学业标准。体现这一层面义务教育均衡发展的指标，有按时毕业率、毕业生合格率，其实真正体现教学过程中的公平、公正应主要看教育教学过程中教师对每个学生的关注程度、重视程度以及因材施教的程度，但这方面的程度或状况不易测量也不易统计，很难拿出一个确切的标准来。笔者以顺利圆满完成义务教育学业标准要求的学生占适龄儿童总人数的比例来作为一个统计标准，或者说用按时合格毕业率作为义务教育第三层面上的均衡发展指标。如果用 $B_3$ 表示第三层面上的义务教育均衡发展指标，用 J 表示按时合格毕业的学生数，用 C 表示全体适龄学生总数，其中包括辍学生和应入学而未入学的学生，那么第三层面的均衡发展指标用公式表示就是：

$$B_3 = J/C$$

按时合格毕业率达到 95% 以上，即 $B_3$ 大于或等于 95% 为均衡均等的义务教育，低于 95% 为不均衡。这一层面上的义务教育均衡发展指标主要反映了义务教育学校之间受教育群体接受义务教育结果的情况。因此，我们称其为县域义务教育发展的结果均衡度。

4. 县域义务教育均衡发展综合均衡度

到目前为止，县域义务教育发展的三个层面的均衡程度都清楚了。但是，我们还是不能通过一个统一的指标，确定一个县区义务教育发展是均衡的还是不均衡的，或者均衡的状况如何。

这就需要有一个综合指标，就是通过以上三个均衡度指标各占一定的权重，计算出一个更为合理的综合性指标来。环境均衡度、城乡均衡度和结果均衡度的权重分别用 $k_1$、$k_2$ 和 $k_3$ 表示，这样县域义务教育发展均衡度综合指标可以用公式表示为：

$$B = k_1B_1 + k_2B_2 + k_3B_3$$

环境均衡度、城乡均衡度和结果均衡度的具体权重可根据不同地区的具体情况而确定。笔者认为，环境均衡度是整个县域义务教育均衡发展的决定性指标，其所占比重应超过 1/3，可定为 40%；城乡均衡度是县域义务教育发展是否均衡的根本性指标，其比重也应占一半左右，也可定为 50%；结果均衡度是通过初中生按时合格毕业率来反映的，在城乡义务教育均衡度方面已经有一定的体现，因此所占比重可适当减少，可定为 10%。这样县域义务教育发展均衡度综合指标可以用公式表示为：

$$B = B_1 \times 40\% + B_2 \times 50\% + B_3 \times 10\%$$

我们把这一综合指标称之为县域义务教育发展综合均衡度。通过综合均衡度指标可以判断一个县域义务教育均衡发展的总体水平。这样，环境均衡度、城乡均衡度、结果均衡度和综合均衡度指标就形成了县域义务教育均衡发展的标准体系。我们可以通过相关数据分别判断一个县区义务教育发展的环境均衡状况、城乡义务教育发展的资源配置均衡情况、义务教育发展的结果均衡情况和县域义务教育发展的整体均衡情况。

（三）加强对县域义务教育均衡发展的监测与预警

建构县域义务教育均衡发展的指标体系和标准，其功能在于形成县域义务教育均衡发展的监测与预警机制。淮安市义务教育均衡发展的监测，以县（市、区）义务教育均衡发展状况为监测对象，以定量测量为手段，以经常化的数据收集为基础，判断各县（市、区）义务教育均衡发展的实际状况。义务教育均衡发展监测由淮安市基础教育处具体组织实施，相关处室配合。各县（市、区）教育主管部门按照指标体系建立县（市、区）义务教育发展状况资料台账，在此基础上运用依照县域义务教育均衡发展的标准对本县（市、区）义务教育均衡发展状况进行统计和汇总分析，并于每年年底前形成《淮安市义务教育均衡发展监测和自评报告》并上报地（市）教育局。淮安市教育局在各县（市、区）监测数据的基础上，依照县域义务教育均衡发展的标准对全市义务教育均衡发展的县际差异情况进行综合统计，分析本市义务教育均衡发展总体水平和县际差异，评价结果作为有关评比的重要依据，定期向市政府和市级人大报告，并以适当方式予以公布，接受社会监督。

要重视对城乡义务教育均衡发展情况的考核，在将义务教育考核指标纳入区县政绩考核总体指标的基础上，可以由上级对下级进行义务教育发展情况专项考核，义务教育专项考核也可以与现行的上级对下级的教育综合督导合并进行。目前可以实施由市级政府对县级政府进行义务教育专项考核或督导的办法，以推进县域内城乡义务教育均衡发展。在考核中，通过设置生均经费、生均师资、生均固定资产和入学率、辍学率、毕业率、平均受教育年限等指标体系，从义务教育发展环境均衡度、城乡均衡度、结果均衡度和综合均衡度等四个方面加强对城乡义务教育均衡发展情况的考核。通过比较义务教育均衡发展的各项指标，可以评判某一地区某一时期城乡义务教育均衡发展程度。考核结束后市政府定期公布县域义务教育均衡发展指标，对义务教育的失衡和失误及时、准确和有效地做出测度、监控和调节，对城乡义务教育均衡发展失衡的县(区)由省级政府及时预警并限期整改。

# 后　记

本书萌发写作意念始于2013年。其时，学校组织编写《基础教育改革与发展丛书》，按照丛书设计的要求，选题要符合丛书选题指南的要求，丛书的各部专著、编著之间要有内在的逻辑线索，能够体现“基础教育改革与发展”“淮安或苏北地区”等关键词语。按照这一要求，研究者选择了当下基础教育研究领域中较为热点的“义务教育优质均衡发展”这一研究主题，并从“区域实践”的视角进行研究课题申报，幸运地被作为学校拟出版的这套丛书之一予以立项。

任务是领下来了，但是，这本书的撰写却迟迟没有动笔，个中原因有三：一是研究者本身的教育教学工作繁忙，本书的撰写并没有进入研究者的阶段性目标；二是书稿撰写需要深入开展调研，为便于联系，先前联系的江苏省淮安市教育局基础教育处的陈东处长因年龄原因从工作岗位上退下来，而淮阴师范学院第一附属小学的唐玉辉校长当时正借调在市教育局基础教育处，联系人也就临时作了更换，致使调研活动向后大为延迟；三是学校组织的丛书编写工作小组人员发生变换，来自学校层面的研究压力变小了。然而，任务既然领下来了，总归是要做下去的，不过时间是延迟了一些。但是，淮安市义务教育的发展并没有因此而放缓它那快速推进的步伐，在短短的几年中淮安义务教育变化之大、成就之多都令人欢欣鼓舞。“学在淮安”的教育品牌唱响祖国的大江南北，古老的淮安大地因教育振兴而生机盎然。

当前，淮阴师范学院正处于转型发展之中，可以说是百业待兴。淮阴师范学院地处江苏省苏北腹地的重要中心城市淮安市，学院有义务也有责任为淮安教育的变革发展提供各种可能的服务。作为淮阴师范学院的教师和一直从事基础教育的研究者，如何服务地方基础教育发展，如何在学校转型发展中出一份力，需要我们审慎地思考并躬身力行。好在，这本书的撰写算是一个联络节点，通过对淮安区域义务教育均衡发展的实践研究，既是完成了学校的一个任务，也是对淮安推进区域义务教育均衡发展实践历程的一个总结和提升。

本书是集体劳动的成果,单靠一个人的研究工作是难以完成任务的。在书稿写作过程中,淮安市各区县教育局领导和工作人员给予了大力支持,他们分别是淮安经济开发区的夏郁郁、清河的鸿雁、清浦的张玉霞、洪泽区的李建成、淮阴区的于永芳、淮安区的孙青、金湖县的李道新、盱眙的杨开华以及涟水县初教科的一些同志,感谢上述人员为本书写作提供了宝贵的调研材料。作为共同研究者之一的淮阴师范学院第一附属小学唐玉辉校长,其时借调在淮安市教育局基础教育处,与上述领导和老师多次联系协调,同本书的研究者一道多次深入各区县教育局和基层学校开展调查研究工作,并对搜集到的研究资料进行整理,为本书的撰写做出了重要的贡献。淮阴师范学院教育科学学院院长蒋亦华教授在参与本书写作的同时,也为书稿其他章节的撰写提供了诸多修改意见。另外,感谢淮阴师范学院校长们和学科办的领导与同仁,他们为本书的顺利出版付出了诸多的汗水和心血。

需要说明的是,本书在成稿之时,淮安市行政区划发生了很大的变化,原淮安市主城区的清河区、清浦区合并为清江浦区,原洪泽县更名为洪泽区,为了保持调研活动的原初状态和对参与调研活动人员写作成果的尊重,本书仍然保留了调研之时淮安市的行政区划情况。本书撰写过程中参考引用了诸多学者的研究成果,在此不再一一列出,感谢他们的学术研究成果给研究者带来学术的思考和分享。因研究者学术水平有限,加之时间较为仓促,本书写作过程中难免会存在分析不到位、不全面等不足,敬请读者和同行不吝赐教。义务教育均衡发展研究在今后相当长的一段时期,可能仍然是教育研究的一个主题,并会呈现出多学科、多视角的研究成果。我们也相信,为了义务教育优质、均衡发展,为了学生的全面、主动、健康发展,为了中华民族的伟大复兴,从事这一领域的研究队伍会越来越壮大,研究成果会越来越丰富。

是为后记。

何　杰

2016 年冬日于淮师